CO

여행 프랑스어

French

용기를 내어 프랑스어로 말을 걸어 봅시다.
조금이라도 내 마음이 전해진다면 여행은 좀 더 즐거워질 거예요.
여느 때보다 더 따뜻하게, 같이 경험해 볼까요?

혜지원

『여행 프랑스어』를 가지고…

자, 말해 봅시다.

여행에 필요한 기본 회화부터, 알아 두면 좋을 현지 정보,
편안한 여행을 즐기기 위한 표현과 단어를 모았습니다.
자, 다양한 회화 표현으로 여행 기분을 느껴 볼까요?

모처럼 여행을 왔으니, 현지인 분들과 커뮤니케이션을 해 볼까요? 간단한 인사라도 그 나라의 말로 먼저 말을 걸어 본다면, 현지인 분들도 웃는 얼굴로 반겨줄 겁니다.

맛집 탐방, 쇼핑, 뷰티 등 의사소통이 필요한 순간에 필요한 표현들을 가득 담았습니다. 간단한 의사소통이라도 평소와는 다른 경험을 할 수 있을지도 몰라요. 다양한 회화 표현을 통해 여행을 좀 더 즐겁게 보내 볼까요?

check list

무엇을 추천해 주시나요?
Que me recommandez-vous?
끄 므 흐꼬몽데 부

이 케이크 하나 주세요.
J'en voudrais 1 comme ça.
정 부드해 엉 꼼므 싸

루브르 박물관이 어디 있나요?
Où est le Louvre?
우 에 르 루브흐

유기농 식품인가요?
Est-ce que c'est bio?
에스 끄 쎄 비오

HOW TO

프랑스어

회화 수첩은 현지에서 자주 사용하는 문장을 중심으로 최대한 많은 내용을 담았습니다. 사전에 미리 알아 두고 공부해 놓으면 좋을 정보들도 담았습니다. 현지에서 자주 쓰이는 어휘들도 기억해 둡시다.

"카페에서는 어떻게 말해야 주문할 수 있을까?", "이 화장품은 어떻게 말해야 하지?" 등 순간적으로 당황했던 적은 없나요? 이 회화 수첩은 현지에서 흔히 접할 수 있는 상황별로 정리했습니다. 각 장면에 연관된 문장이나 단어들을 모아 현지에서도 쉽게 사용할 수 있도록 했습니다.

사용하는 포인트는 이곳에

- 상황별 구성으로 문장을 익히기 쉽습니다.
- 여러 가지 장면의 기본 문장에 충실하였습니다.
- 영어와 한국어로 되어 있어, 현지에서도 도움이 됩니다.

1 상황별로 아이콘이 붙어 있습니다.

맛집, 쇼핑, 뷰티, 관광, 엔터테인먼트, 호텔의 각 상황별로 제목의 옆에 아이콘이 붙어 있습니다. 필요한 상황을 바로 찾을 수 있도록 하였습니다.

2 단어를 바꿔서 활용할 수 있어서 편리합니다.

숫자나 지명 등 바꿔 넣는 것 만으로도 문장을 만들 수 있어 편리합니다.

칸탈치즈 3조각 부탁드려요.
Donnez-moi 3 tranches de Cantal.
도네 무아 트헝뜨 트헝슈 드 깡딸르
Could I have 3 slices of Cantal?

3 중요 문장을 찾기 쉽습니다.

특히 중요한 문장은 일목요연하게 정리해서 알 수 있도록 하였습니다.

루브르 박물관에 가고 싶어요.
Je voudrais aller au Louvre.
쥬 부드해 잘레 오 루브흐
I'd like to go to the Louvre Museum.

4 상대의 말도 알 수 있도록 하였습니다.

현지 사람이 자주 사용하는 문장도 적혀 있습니다. 사전에 체크해 놓으면, 당황하지 않고 대화를 이어갈 수 있을 것입니다.

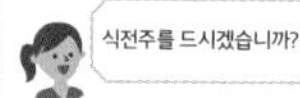

식전주를 드시겠습니까?
Voulez- vous un apéritif?
불레 부 정 아뻬히티프?
Would you like an aperitif?

5 프랑스어 외에 영어도 표기되어 있습니다.

영어도 함께 기재되어 있습니다.
프랑스어가 통하지 않을 경우 영어로 시도해 보세요.

탄산가스가 없는 미네랄 워터를 주세요.
De l'eau minéral, s'il vous plaît.
드 로 미네할 농 가쥬즈, 씰 부 쁠래
I'll have a mineral water,please.

액세서리도 사러 가 봅시다.

프랑스에서만 만나볼 수 있는 센스가 넘치는 액세서리와 수예용품.
내 것도 사고, 선물용으로도 사고, 몇 가지 둘러보다 보면
모두 사고 싶어져요.

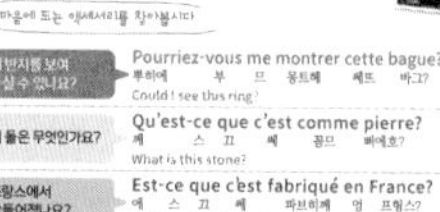

마음에 드는 액세서리를 찾아봅시다

이 반지를 보여 주실 수 있나요?	Pourriez-vous me montrer cette bague? 뿌히에 부 므 몽트헤 쎄뜨 바그? Could I see this ring?
이 돌은 무엇인가요?	Qu'est-ce que c'est comme pierre? 께 스 끄 쎄 꼼므 삐에흐? What is this stone?
프랑스에서 만들어졌나요?	Est-ce que c'est fabriqué en France? 에 스 끄 쎄 파브히께 엉 프헝스? Is this made in France?
어느 정도의 길이를 원하시나요?	Vous voulez quelle longueur? 부 불레 껠 롱거흐? How long do you want?
2m정도로 부탁합니다.	J'en voudrais environ 2 mètres, s'il vous plaît. 정 부드해 엉비홍 두 메트흐 씰 부 쁠래 I'll have two meters of it.
선물용으로 포장 부탁합니다.	C'est pour offrir. 쎄 푸흐 오프히흐 Could you gift wrap it?
따로따로 포장해 주세요.	Pourriez-vous me les envelopper séparément? 뿌히에 부 므 레 정벨로뻬 쎄빠헤멍? Could you wrap these individually?
리본 붙여 드릴까요?	Pourriez-vous mettre un ruban? 뿌히에 부 메트흐 엉 휘봉? Could you put some ribbons?
깨지지 않게 포장해 주시겠어요?	Pourriez-vous me faire un paquet pour que ça ne se casse pas? 뿌히에 부 므 페흐 엉 빠께 푸흐 끄 싸 느 쓰 까쓰 빠? Could you wrap it not to break?
이것은 몇 캐럿인가요?	A combien de carats est ceci? 아 꽁비앙 드 까하 에 쎄씨? What carat is this?

80

6 주고받는 대화 형식으로 내용을 파악할 수 있습니다.

실제 대화 내용을 적어놨기 때문에 어떻게 대화를 주고받으면 좋을지를 알 수 있습니다.

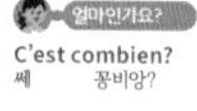

얼마인가요?
C'est combien?
쎄 꽁비앙?

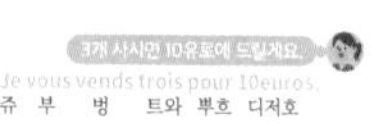

3개 사시면 10유로에 드릴게요.
Je vous vends trois pour 10euros.
쥬 부 벙 트와 푸흐 디저호

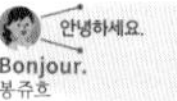

안녕하세요.
Bonjour.
봉쥬흐

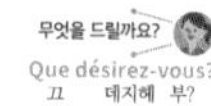

무엇을 드릴까요?
Que désirez-vous?
끄 데지헤 부?

현지 사람과 즐겁게 대화해 봅시다♪

LOOK

일러스트 & 사진 단어

잘 모르는 경우 손가락을 짚어서 소통할 수 있는 일러스트나 사진이 많이 들어 있습니다. 각 상황에서 필요한 단어를 바꿔서 사용해도 좋습니다.

인덱스

상황별로 인덱스를 나누어 놓았기 때문에 바로 필요한 문장을 찾을 수 있습니다.

링크에 대해서

예 참고 P.150

숫자나 음식 등 단어를 바꾸어서 사용하고 싶을 때는 링크 부분에 적힌 페이지로 찾아가면 됩니다.

도움이 되는 단어장 WORD

각 테마를 기본으로 알아 두면 도움이 되는 단어를 한눈에 보기 쉽게 정리해 놓았습니다.

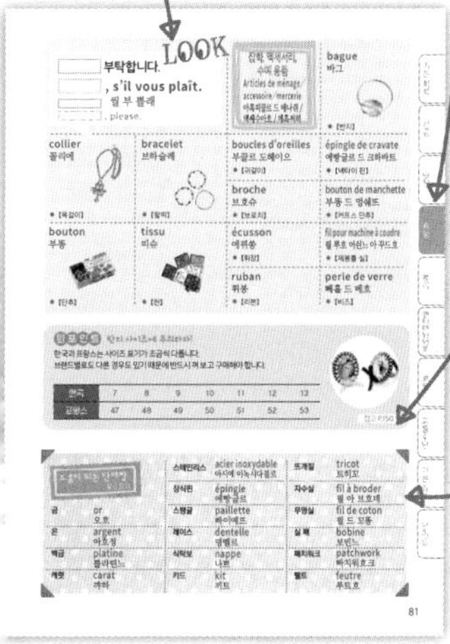

회화 수첩으로 적극적으로 현지 사람들과 의사소통해 보는 방법!

비결 1 책의 가장 앞부분에 나오는 인사나 기본 문장을 사전에 외워 둡시다.

간단한 인사나 기본이 되는 문장을 외워 두면 유사시에 편리합니다. P.10

비결 2 사진과 일러스트 단어를 상대방에게 보여주어서 의사 전달합니다.

하고 싶은 말이 잘 전달되지 않을 때에는 사진이나 일러스트를 보여서 본인의 의사를 전달해 봅시다.

P.32 / 44 / 77

비결 3 한국문화를 소개하고 적극적으로 커뮤니케이션

해외에는 한국문화에 관심 있는 사람도 많습니다. 자기 나라에 대해서 소개할 수 있다면 대화도 꺼내 봅시다.

P.146

●발음과 읽는 법에 대해

다양한 문장 표현과 단어에는 한국어로 표기를 덧붙였습니다. 그대로 읽으면 현지에서 알아들을 수 있을 정도로 비슷한 발음으로 적어 두었으니 적극적으로 소리 내어 말해 보세요. 의문문의 문장은 문장 끝을 올려 읽으면 됩니다.

●프랑스어의 발음은?

[au,eau = 오], [ai, ei = 에], [ou = 우], [oi = 와], [gn = ㄴ발음], [ph = 프] 등 일정한 규칙을 외우면 알파벳 읽는 방법으로 읽어도 무방! 그 외의 주요한 프랑스어 발음 규칙으로는 어미 e의 발음은 [ə] 또는 묵음으로 읽고, [에]와 같은 발음은 하지 않아요. 또 h는 발음하지 않습니다. 그리고 프랑스어는 Paris(파리)처럼 단어의 마지막에 오는 자음은 발음하지 않는 경우가 많아요. 하지만 sac[사크], neuf[너프], sel[셀]처럼 c, f, l, q, r은 어미여도 발음하는 경우도 있기 때문에 주의해야 합니다. 프랑스어의 문법은 p.154를 참고하세요!

Contents

상황별 대화는 6가지 분야로 소개하고 있습니다.

관광 맛집 쇼핑 엔터테인먼트 뷰티 호텔

프랑스는 이런 곳입니다.

북부 지방에 있는 수도 파리에서 남부 지방의 코트 다쥐르까지 둘러볼 곳이 가득한 프랑스. 목적지를 말할 때나 현지인과 대화를 할 때 활용해 보세요.

프랑스의 기본 정보

Q 사용하는 언어는?

A 프랑스어입니다.

알자스 지방의 알자스어, 바이크 지방의 바스크어 등 지방 언어도 있습니다.

Q 화폐는?

A 유로화(€)입니다.

2002년부터 유럽 연합(EU) 가맹국으로서 유럽 연합의 화폐인 유로를 사용하고 있습니다.

Q 추천하는 여행 시즌은?

A 6월~10월이 가장 좋습니다.

6월~10월은 하루의 일조 시간이 가장 긴 쾌적한 계절입니다. 8월은 바캉스 시즌으로 인해 휴업하는 곳이 많으므로 주의해야 합니다. 겨울의 거리도 크리스마스 장식이 아름답기 때문에 인기가 있습니다.

프랑스의 매너를 알아봅시다.

· 제스처를 주의해서 사용하세요

사람 앞에서 코를 비비는 행동은 불쾌감을 드러내고, 입을 손으로 가리고 웃는 것 또한 금기시되어 있습니다.

· 흡연할 때는 항상 주의!

공공장소에서 흡연을 하는 것이 금지되어 있기 때문에, 확인을 받은 후에 흡연을 하도록 합니다. 여행자여도 위반 시에 벌금을 물 수가 있어요.

· 미술관, 박물관에서의 매너

미술관이나 박물관 등에서는 큰 짐은 맡기고 입장해야 합니다. 촬영 금지인 곳도 많기 때문에 주의해야 합니다. 성당에서는 노출이 심한 복장은 피하는 것이 좋습니다.

프랑스의 대표적인 지명

Mont Saint Michel
몽생미셸

Rouen
루앙

Rennes
렌

Brest
브레스트

Orléans
오를레앙

Limoges
리모주

Bordeaux
보르도

오트노르망디 Haute-Normandie
바스 노르망디 Basse-Normandie
몽생미셸 세계유산
브레스트
렌
브르타뉴 Bretagne
페이드라루아르 Pays-de-la-Loire
푸아투 샤랑트 Poitou-Charentes
보르도
아키텐 Aquitaine
스페인

DATA

정식국명 / 프랑스공화국
인구 / 약 7,000만명
면적 / 약 55만㎢
수도 / 파리
한국과의 시차 / -8시간

그 외의 관광지
WORD

센 강	베르사유 궁전	낭트
La Seine	**Château de Versailles**	**Nantes**
라 센느	샤또 드 베흐사이으	낭뜨

프랑스의 현지 상황을 알아 두고 갑시다.

'일요일 영업 금지'라는 법이 있어 일요일은 영업하는 곳이 많지 않아요. 또 8월은 바캉스로 인해 영업을 하지 않는 점포도 많으니 주의합시다.

Chantilly
샹티이성

Paris
파리

프랑스의 수도. 도시의 중심부에는 센강이 천천히 흐르고 있고 강변을 따라서는 아름다운 옛 건물과 새 건물들이 조화를 이루며 들어서 있다.

르파드칼레
rd-Pas-de-Calais
벨기에
카르디
ardie
룩셈부르크
독일
샹티이성
파리
베르사유
샹파뉴아르덴
Champagne-Ardenne
세계유산
스트라스부르
프랑스
le-France
르트르
오를레앙
로렌
Lorraine
알자스
Alsace
부르고뉴
Bourgogne
브장송
프랑슈콩테
Franche-Comté
르발드루아르
re-Val-de-Loire
본
스위스
쟁
usin
세계유산
리옹
론알프
Rhône-Alpes
오베르뉴
Auvergne
이탈리아
프로방스알프코트다쥐르
Provence-Alpes-Côte d'Azur
피레네
yrénées
아비뇽
세계유산
니스
모나코
칸
엑상프로방스
랑그도크루시용
Languedoc-Roussillon
코르스(코르시카섬)
Corse
지중해

Chartres
샤르트르

Strasbourg
스트라스부르

Besançon
브장송

Beaune
본

Lyon
리옹

Nice
니스

Cannes
칸

Toulouse
툴루즈

Aix-en-Provence
엑상프로방스

원포인트

지명을 사용해 말해 봅시다.

[　　　] 에 가고 싶습니다.
Je voudrais aller à [　　　].
쥬 부드해 잘레 아 [　　　]

목적지를 전달할 때는 지명을 확실하게 이야기해요.

어디에서 오셨나요?
D'où venez-vous?
두 브네 부?

저는 [　　　] 에서 왔습니다.
Je viens de [　　　].
쥬 비앙 드 [　　　]

적극적으로 현지인과 커뮤니케이션을 해 보세요.

먼저 인사부터 시작해 봅시다.

프랑스어의 시작은 인사부터!
먼저 기본적인 인사 표현을 알고, 적극적으로 사용하는 것부터 시작해 봐요.

안녕하세요(아침). / 안녕하세요(점심). / 안녕하세요(저녁).
Bonjour. / Bonjour. / Bonsoir.
봉쥬흐 / 봉쥬흐 / 봉수아흐
Good morning. / Good afternoon. / Good evening.

안녕히 계세요. / 안녕.
Au revoir. / Salut.
오 흐부아흐 / 살뤼
Good-bye. / Bye.

네. / 아니오.
Oui. / Non.
위 / 농
Yes. / No.

좋은 하루 보내세요.
Bonne journée.
본느 주흐네
Have a nice day.

감사합니다.
Merci.
멕시
Thank you.

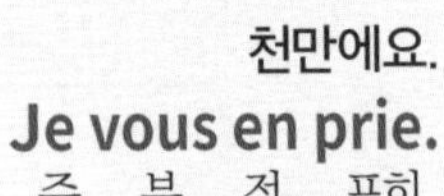

천만에요.
Je vous en prie.
쥬 부 정 프히
You are welcome.

(곧) 또 봅시다! / 내일 또 만납시다.
À bientôt. / À demain.
아 비앙또 / 아 드망
Bye! / See you tomorrow.

이런 제스처는 주의!
한국에서 'OK'나 '돈'을 나타낼 때, 손가락으로 '0'을 만들어서 표현하지만, 프랑스에서는 '가치가 없다'라는 의미가 됩니다.

인사와 관련한 포인트

프랑스에서는 가게나 레스토랑의 점원들은 물론, 같은 엘리베이터에 탄 사람들과도 인사를 나누는 것이 일반적입니다.

안녕하세요. 제 이름은 박영수입니다.

Bonjour. Je m'appelle Park Yeongsoo .

봉쥬흐 쥬 마뻴 박 영수

Nice to meet you. I'm Park Yeongsoo.

만나게 되어서 반가워요.

Je suis content de vous voir.

쥬 쉬 꽁떵 드 부 부아흐

I'm glad to see you.

당신은 한국에서 왔습니까?

Êtes-vous du Corée?

에뜨 부 뒤 꼬헤?

Are you from Korea?

네. 저는 서울에서 왔습니다.

Oui. Je viens de Séoul.

위 쥬 비앙 드 세울

Yes, I'm from Seoul.

실례합니다.

Excusez-moi.

엑스큐제 무아

Excuse me.

네. 무슨 일이세요?

Oui, qu'y a-t-il?

위 끼 아띨?

Yes, what's the matter?

알아 두면 편리한 문장들을 모아 봤어요.

여행지에서 자주 쓰이는 간단한 문장 표현을 모았습니다.
이것만으로도 의사소통의 폭이 확 넓어진답니다.

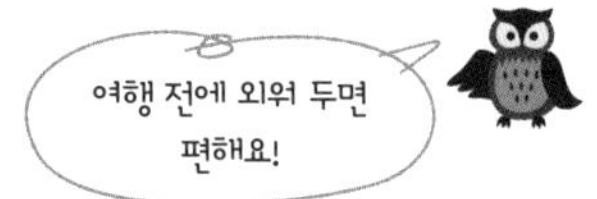

시간이 얼마나 걸리나요?
Combien de temps faut-il?
꽁비앙 드 떵 포띨?
How long does it take?

얼마인가요?
C'est combien?
쎄 꽁비앙?
How much is it?

네, 부탁드려요. / 아니요. 괜찮습니다.
Oui, s'il vous plaît. / Non, merci.
위 실 부 쁠래 / 농 멕시
Yes, please. / No, thank you.

이건 무엇인가요?
Qu'est-ce que c'est?
께 스 끄 쎄?
What is this?

이해가 안 됩니다.
Je ne comprends pas.
쥬 느 꽁프헝 빠
I don't understand.

모르겠습니다.
Je ne sais pas.
쥬 느 새 빠
I don't know.

다시 한번 말씀해 주시겠습니까?
Pouvez-vous répéter?
뿌베 부 헤뻬떼?
Can you say that again?

천천히 말씀해 주실 수 있으실까요?

Pourriez-vous parler plus lentement?

뿌히에 부 빠흘레 쁠뤼 렁뜨멍?

Could you speak slower?

이 종이에 써 주실 수 있으실까요?

Pourriez-vous l'écrire sur un papier?

뿌히에 부 레크리흐 쉬흐 엉 빠삐에?

Could you write on a paper?

한국어[영어]를 할 수 있는 사람이 있나요?

Est-ce qu'il y a quelqu'un qui parle coréen[anglais]?

에 스 낄 리 아 껠껑 끼 파흘르 꼬헤앙[엉글래]?

Is there anyone who speaks Korean[English]?

아주 좋아요. / 그냥 그래요.

Très bien. / Comme ci, comme ça.

트레 비앙 / 꼼 시 꼼 싸

It's very good. / So so.

좋아요 / OK / 안됩니다

Oui./D'accord./Non.

위 / 다 꼬흐 / 농

Sure. / OK. / No.

죄송합니다.

Pardon./ Excusez-moi.

빠흐동 / 엑스큐제 무아

Pardon. / Excuse me.

Pardon은 되물을 때에도 쓸 수 있어요.

미안해요.

Je suis désolé(e).

쥬 쉬 데졸레

I'm sorry.

저입니다. / 당신입니다.

C'est moi./C'est vous.

쎄 무아 / 쎄 부

It's me. / It's you.

이거 주세요.

Je prends ça.

쥬 프헝 싸

I'll take this.

언제? / 누가(누구)? / 어디(에)? 왜?

Quand?/Qui?/Où?/Pourquoi?

껑? / 끼? / 우? / 뿌흐꾸아?

When? / Who? / Where? / Why?

알아 두면 편리한 문장들을 모아 봤어요.

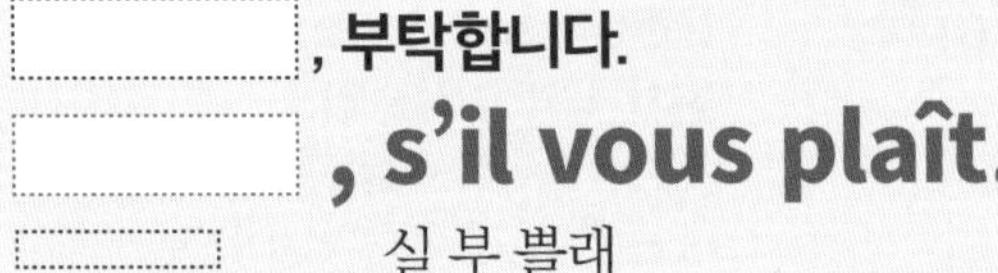

[ ], 부탁합니다.

[ ], s'il vous plaît.

실 부 쁠래

[ ],please.

[ ], s'il vous plaît.은 원하는 것이 있을 때 상대방에게 부탁하는 표현입니다. [ ]에 '물건'이나 '서비스'를 넣어 써 봅시다. 원하는 물건을 받았거나 뭔가 호의를 받았을 때는 Merci(감사합니다)라고 한마디하는 것은 잊지 않기!

커피
Un café
엉 꺄페
coffee

차
Un thé
엉 떼
tea

콜라
Un coca
엉 꼬까
coke

미네랄 워터
De l'eau minérale
드 로 미네랄
mineral water

맥주
Une bière
윈느 비에흐
beer

레드 와인
Du vin rouge
뒤 방 후즈
red wine

소고기
Du bœuf
뒤 붸프
beef

생선
Du poisson
뒤 뿌아쏭
fish

키슈
Une quiche
윈느 끼쉬
quiche

마카롱
Un macaron
엉 마꺄홍
macaron

메뉴
La carte
라 꺄흐뜨
menu

지도
Un plan
엉 쁠랑
map

상점에서 큰 도움이 되는 표현들입니다.

팸플릿(책자)
Une brochure
윈느 브호쉬흐
brochure

영수증
Le reçu
르 흐쉬
reciept

[   ] 할 수 있나요?

Puis-je [   ] ?

쀠 쥬 [   ]?

Can I [   ]?

Point Puis-je ~?는 '~해도 좋을까요?' 라는 표현으로 상대방에게 허가를 구할 때 쓰는 표현입니다. [   ]에 자신이 하고 싶은 것을 넣어 말해 봅시다. 상대방은 주로 Oui.(네)또는 Non.(아니오)라고 답합니다.

사진을 찍다
prendre une photo
프헝드흐 윈느 포또
take a picture

화장실을 가다
aller aux toilettes
알레 오 뚜알레뜨
go to a toilet

주문하다
commander
꼬멍데
order

여기에 앉다
m'asseoir ici
마쑤아흐 이씨
sit here

창문을 열다
ouvrir la fenêtre
우브히흐 라 프네트흐
open the window

예약하다
faire une réservation
페흐 윈느 헤제흐바시옹
make a reservation

체크인하다
faire le check-in
페흐 르 체크인
check in

그곳에 가다
aller là-bas
알레 라 바
go there

여기에 머물다
rester ici
레스떼 이씨
stay here

핸드폰을 사용하다
utiliser le téléphone
위띨리제 르 뗄레폰느
use a phone

나중에 전화하다
vous appeler plus tard
부 자쁠레 쁠뤼 따흐
call later

쿠폰을 사용하다
utiliser un coupon
위띨리제 엉 쿠뽕
use a coupon

걸어서 그곳에 가다
y aller à pied
이 알레 아 피에
walk there

관광지에서 "사진을 찍어도 될까요?"라고 물어 보세요.

여기서 결제하다
payer ici
뻬이에 이씨
pay here

알아 두면 편리한 문장들을 모아 봤어요.

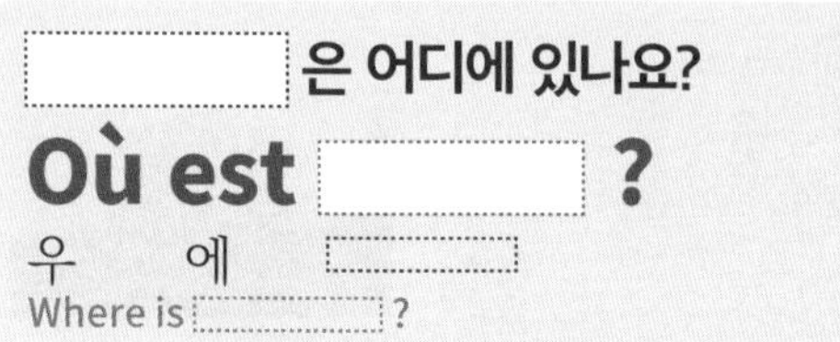

[　　　] 은 어디에 있나요?

Où est [　　　] ?

우 에

Where is [　　　] ?

Où est～?는 '장소' 등을 물을 때 쓰는 표현입니다. 어딘가에 가고 싶을 때나 찾고 싶은 물건이 있을 때 사용합니다. [　　]에 장소, 물건, 사람 등을 넣어 물어 보면 OK! '화장실', '에스컬레이터', '계단'은 복수 명사이므로 **Où sont～?**이라고 합니다.

이 음식점
ce restaurant
쓰 헤스토헝
this restaurant

화장실
les toilettes
레 뚜알레뜨
a restroom

(기차)역, 정거장
la gare
라 갸흐
a station

매표소
la billetterie
라 비에트리
a ticket booth

내 자리
mon siège
몽 시에쥐
my seat

지하철 역
la station de métro
라 스따씨옹 드 메트호
a subway station

안내소
le centre d'informations
르 썽트흐 댕포흐마씨옹
an information center

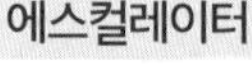

에스컬레이터
les escaliers roulants
레 레즈깔리에 훌렁
an escalator

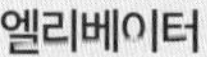

엘리베이터
l'ascenseur
라썽쉬흐
an elevator

계단
les escaliers
레 제스깔리에흐
stairs

카페
le café
르 꺄페
a cafe

은행
la banque
라 방끄
a bank

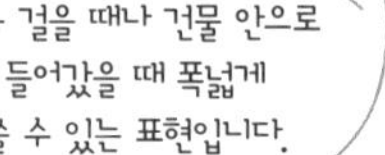

길을 걸을 때나 건물 안으로
들어갔을 때 폭넓게
쓸 수 있는 표현입니다.

우체국
la poste
라 뽀스트
a post office

경찰서
le commissariat
르 코미싸히아
a police station

☐ 을 가지고 있으신가요?

Avez-vous ☐ ?

아베 부 ☐

Do you have ☐ ?

Point Avez-vous ~ ?는 '~이/가 있습니까?' 라고 물을 때 쓰는 표현입니다. ☐에 제품이나 물건, 요리 등을 넣고 가게에서 자신이 원하는 물건을 팔고 있는지 물을 때나, 식당에서 주문을 할 때 사용하세요.

약
des médicaments
데 메디꺄멍
medicines

우유
du lait
뒤 래
milk

잡지
un magazine
엉 마가진
magazine

초콜릿
du chocolat
뒤 쇼꼴라
chocolates

변압기
un transformateur
엉 트헝스포흐마뚸흐
transformer

버터
du beurre
뒤 베흐
butter

잼
de la confiture
드 라 꽁피뛰흐
jam

케첩
du ketchup
뒤 케첩
ketchup

소금
du sel
뒤 셀
salt

후추
du poivre
뒤 뿌아부흐
pepper

휴지
des serviettes en papier
데 세흐비에 떵 빠삐에
paper napkins

배터리
des piles
데 삘
batteries

복사기
une photocopieuse
윈느 포또꺄삐어즈
a copy machine

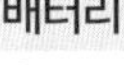

생리대는
serviette hygiénique
(세흐비에 띠지에니크)
라고 합니다.

가위
des ciseaux
데 씨조
scissors

알아 두면 편리한 문장들을 모아 봤어요.

저는 [　　　　]을 찾고 있습니다.

Je cherche [　　　　].

쥬　쉐흑슈 [　　　　]

I'm looking for [　　　　].

Je cherche ~ 는 '~을/를 찾고 있습니다'라고 상대방에게 전하는 표현입니다. '잃어버린 물건', '사고 싶은 물건', '찾는 물건'만이 아닌, '가고 싶은 장소' 등을 전하고 싶을 때에도 쓰입니다.

나의 지갑
mon portefeuille
몽　포흐뜨퓌이으
my wallet

나의 여권
mon passeport
몽　빠스뽀흐
my passport

나의 카메라
mon appareil photo
몽　나빠헤이으 포또
my camera

화장실
les toilettes
레　뚜알레뜨
restrooms

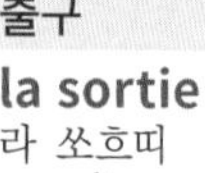

출구
la sortie
라 쏘흐띠
an exit

입구
l'entrée
렁트헤
an entrance

T셔츠
des T-shirts
데　띠 셔흐뜨
T-shirts

신발
des chaussures
데　쇼쉬흐
shoes

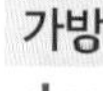

가방
des sacs
데　싸크
bags

화장품
des produits de beauté
데　프호뒤　드 보떼
cosmetics

슈퍼마켓
un supermarché
엉　슈뻬흐막쉐
a supermarket

환전소
un bureau de change
엉　뷔호　드　샹쥬
a money exchange

사람을 찾을 때에도 쓰입니다.

서점
une librairie
윈느 리브해히
a bookstore

아스피린
de l'aspirine
드 라스피힌느
aspirins

[ ] 해 주실 수 있으신가요?

Pourriez-vous [ ] ?

뿌히에 부 [ ]?

Could you [ ] ?

Pourriez-vous~?는 '괜찮으시면 ~해 주실 수 있을까요?'라고 정중하게 상대방에게 묻는 표현입니다. [ ]에 '상대방이 해 주었으면 하는 것'을 넣어 씁니다.

부탁을 들어 주다	도와주다	다시 말하다
me rendre un service 므 헝드흐 엉 쎄흐비스 do me a favor	**m'aider** 매데 help me	**répéter** 헤뻬떼 say that again

천천히 말하다	(방금) 했던 말을 쓰다	택시를 부르다
parler plus lentement 빠흘레 쁠뤼 렁뜨멍 speak slowly	**écrire ce que vous m'avez dit** 에크리흐 스 끄 부 마베 디 write down what you said	**m'appeler un taxi** 마쁠레 엉 딱씨 call me a taxi

길을 가르쳐 주다	담요를 주다	의사를 부르다
me montrer le chemin 므 몽트헤 르 슈망 show me the way	**me donner une couverture** 므 도네 윈느 꾸베흐뛰흐 give me a blanket	**m'appeler un médecin** 마쁠레 엉 메드상 call for a doctor

잠시 기다리다	찾다	안내하다
attendre une minute 아떵드흐 윈느 미뉘트 wait a minute	**chercher** 쉐흑쉐 look for it	**me guider** 므 기데 show me around

짐을 옮기다		연락처를 가르쳐 주다
porter la valise 뽀흐떼 라 발리즈 carry the luggage	앞서 배운~, s'il vous plaît. 표현보다 더 진심을 담아 쓰는 표현입니다.	**me donner vos coordonnées** 므 도네 보 꼬오흐도네 tell me your address

현지인에게 내 마음을 전달해 봅시다.

프랑스어 표현들을 외우는 것은 조금 어려운 일이지만, 감정을 바로 전달할 수 있는 한마디를 사전에 알아 둔다면 현지에서 마치 죽마고우를 만난 듯 쉽게 친해질 수 있답니다.

가볍게 인사를 할 때는

Hello! 엘로
안녕!

영어의 Hello를 프랑스어식으로 읽은 것입니다. 프랑스의 젊은 사람들이 자주 쓰는 표현입니다.

즐거운 기분을 전달하고 싶을 때는

C'est fun! 쎄 펀!
재밌다!

영어의 'Fun'과는 다른 발음인 [펀]이라고 말해 봅시다!

상대방을 위로해 주고 싶을 때

C'est la cata! 쎌라 꺄따
힘들어!

'cata'는 대재해라는 의미인 'catastrophe'의 줄임말입니다. 한국어의 줄임말과 비슷하답니다.

친해진 친구에게는

On se phone (plus tard)
옹 쓰 폰(블뤼 따흐)
나중에 전화할게.

동사인 'telephoner'가 변하여 생긴 최신 유행어입니다.

멋진 사람을 발견했다면

C'est cool! 쎄 쿨!
멋있어!

스타일 좋고 멋진 상대를 봤을 때 쓰면 딱 맞는 표현입니다.

그 외에

Arrêtez de blablate
아헤떼 드 블라블라떼
그만 좀 떠들어

'수다스럽다'라는 의미의 Blabla를 동사처럼 쓰는 최신 유행어입니다.

프랑스 사람들은 자신들의 언어에 대한 자긍심이 높다고 알려져 있습니다. 프랑스어 이외의 언어로 말을 걸 경우에는 답해주지 않을지도 몰라요!

커뮤니케이션의 핵심을 알아두세요.

원활한 의사소통에 필요한 것은 단순히 언어 지식만은 아닙니다.
그 나라의 문화와 사고방식, 행동의 배경을 아는 것이 가장 중요합니다.

'언제나 생글생글' 웃는 얼굴을 기대하기 어려운 것이 프랑스 사람들의 특징. 이것은 무관심보다는 '이유가 없으면 웃지않는다'는 생각이 기저에 깔려 있기 때문이에요.

상대방을 배려하지 않는 사람은 손님이라 할지라도 거부당할 수 있어요. 쇼핑의 매너로 반드시 'Bonjour!'라고 먼저 인사해요.

프랑스어를 포함해 자국 문화에 자긍심을 가지고 있는 프랑스 사람들. 상대방의 문화를 존중하는 자세가 중요합니다.

상대방의 경계심을 푸는 것이 하나의 포인트! 간단한 한마디라도 말을 걸어 본다면 커뮤니케이션이 원활하게 이루어질 거예요.

이런 상황들을 이용해서 실제로 사용해 봅시다.

여행지에서는 여러 가지 상황에 마주치게 됩니다.
맛있는 요리를 먹고 만족하거나, 쇼핑 중에 눈에 들어온 아이템을 사거나 할 것입니다. 길을 잃어버리거나, 물건을 잃어버리는 경우도 있을지도 모릅니다.
좋은 추억을 만들기 위해서 유사시에 여러분에게 도움을 줄 수 있는 것은 현지인들과의 회화입니다.
현지 사람들과 적극적으로 의사소통을 하면서, 여행을 보다 풍부하고 재미있게 만들어 봅시다.

먼저 길거리를 거닐어 볼까요?

예술, 문화, 패션에 맛집들까지…매력이 한가득인 프랑스
먼저 거리를 걸으며 그 매력을 피부로 느껴 봅시다.

길을 묻는 표현

실례합니다.	**Excusez-moi.** 엑스큐제 무아 Excuse me.
루브르 박물관에 가고 싶습니다.	**Je voudrais aller au Louvre .** 쥬 부드해 잘레 오 루브흐 I'd like to go to the Louvre Museum. 참고 P.32
오른쪽으로 돌아가면 왼편에 있습니다.	**Tournez à droite et c'est sur votre gauche.** 뚜흐네 아 두화뜨 에 쎄 쉬흐 보트흐 고쉬 Turn right and it's on your left.
저를 따라오세요.	**Suivez-moi.** 쉬베 무아 Follow me.
이 주소로 어떻게 가나요?	**Comment puis-je aller à cette adresse?** 꼬몽 쀠 쥬 알레 아 쎄 따드헤쓰? How can I get to this address?
이 지도에서 어디입니까?	**Où est-ce sur le plan?** 우 에 스 쉬흐 르 쁠랑? Where is it on this map?
여기가 어디입니까?	**Où suis-je maintenant?** 우 쉬 쥬 맹뜨넝? Where am I?
길을 잃었습니다.	**Je suis perdu.** 쥬 쉬 뻬흐뒤 I'm lost.
이 거리의 이름이 무엇입니까?	**Quel est le nom de cette rue?** 껠 레 르 농 드 쎄뜨 뤼? What is this street's name?
가장 가까운 역이 어디 있습니까?	**Où est la gare la plus proche?** 우 에 라 갸흐 라 쁠뤼 프로슈? Where is the nearest station?

저기요~ 뭐 좀 여쭤볼게요.
Pardon. Excusez-moi.
빠흐동 엑스큐제 무아

정말 감사합니다.
Merci beaucoup.
멕시 보꾸

길을 물을 때 쓰는 단어

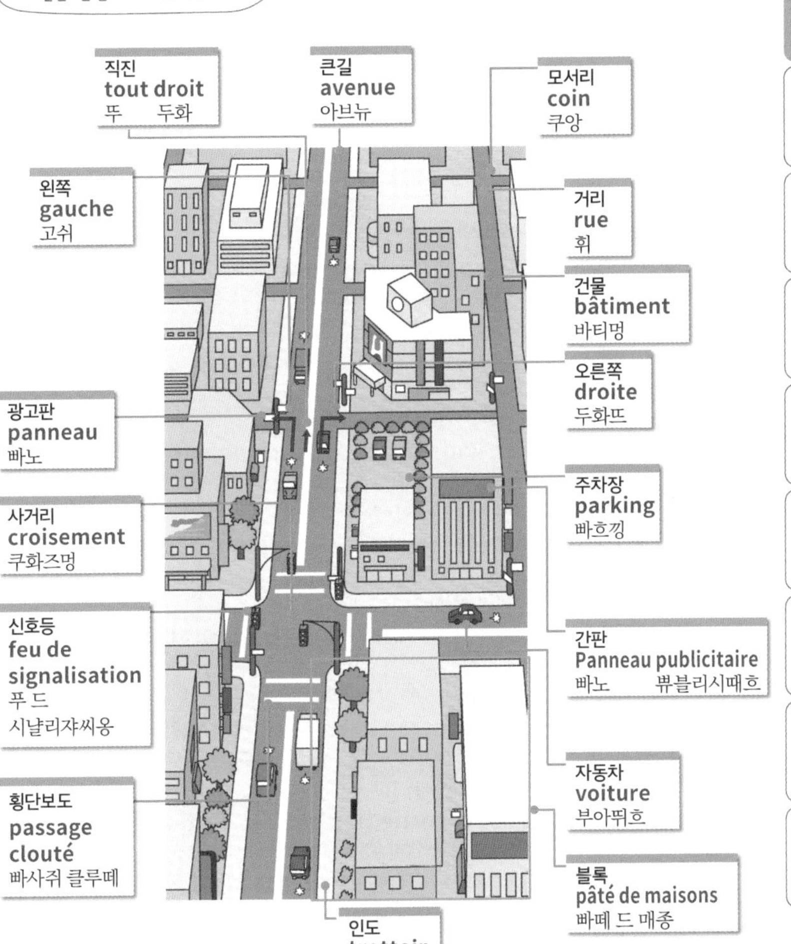

먼저 길거리를 거닐어 볼까요?

관광지에서

오페라 가르니에가 오늘 열려 있습니까?

Est-ce que l'Opéra Garnier est ouvert aujourd'hui?
에 스끄 로뻬하 갸흐니에 에 우베흐 오쥬흐디?
Is the Opera Garnier open today?

네 그렇습니다. / 아니요, 휴일입니다.

Oui, c'est ouvert. ∕ Non, c'est fermé.
위 쎄 우베흐 ∕ 농 쎄 페흐메
Yes, it is. ∕ No, it isn't.

입장료는 얼마입니까?

Combien coûte l'entrée?
꽁비앙 꾸뜨 렁트헤?
How much is the admission?

일인당 9유로입니다.

9 euros par personne.
너 뷰호 빠흐 뻬흐쏜느
9 euros per a person.

참고 P.150

성인 2명 부탁합니다.

Deux adultes, s'il vous plaît.
두 자뒬뜨 씰 부 쁠래
Two adults, please.

참고 P.150

한국어 책자가 있나요?

Avez-vous une brochure en coréen?
아베 부 윈느 브호쉬흐 엉 꼬헤앙?
Do you have a Korean brochure?

몇시에 안내원 동반 관람이 시작하나요?

À quelle heure commence la visite guidée?
아 껠 러흐 꼬멍쓰 라 비짓 기데?
What time does the guided tour start?

이 건물명은 무엇인가요?

Quel est le nom de ce bâtiment?
껠 레 르 농 드 쓰 바티멍?
What is the name of that building?

건물 안으로 들어갈 수 있나요?

Puis-je entrer dans le bâtiment?
쀠 쥬 엉트헤 덩 르 바트멍?
Can I go inside of the building?

출구[입구/비상구]는 어디에 있나요?

Où est la sortie [l'entrée ∕ la sortie de secours] ?
우 에 라 쏘흐띠 [렁트헤 ∕ 라 쏘흐띠 드 쓰꾸흐] ?
Where is the exit[entrance ∕ emergency exit]?

엘리베이터가 있나요?

Est-ce qu'il y a un ascenseur?
에 스 낄 리 아 어 나썽쉬흐?
Is there an elevator?

사진 좀 찍어 주시겠어요?	**Pourriez-vous me prendre en photo?** 뿌히에 부 므 프헝드흐 엉 포또? Could you take a photo?
이것을 눌러 주세요.	**Appuyez ici, s'il vous plaît.** 아쀠이에 이씨 씰 부 쁠래 Press this, please.
플래시를 사용해도 되나요?	**Puis-je utiliser le flash?** 쀠 쥬 위띨리제 르 플라쉬 Can I use flash?
이것은 무엇인가요?	**Qu'est-ce-que c'est?** 께 스 끄 쎄? What is that?
기념품 가게가 어디 있나요?	**Où est la boutique de souvenirs?** 우 에 라 부티끄 드 수브니흐? where is the gift shop?
조명은 몇 시쯤 켜지나요?	**Vers quelle heure sera-t-il illuminé?** 베흐 껠 러흐 스하 띨 일뤼미네? What time does the illumination go on?
이 극장은 언제 세워졌나요?	**Quand ce théâtre a-t-il été construit?** 껑 쓰 떼아뜨흐 아 띨 에떼 꽁스트휘? When was this theater built?
19세기 중엽입니다.	**Au milieu du 19 e siècle.** 오 밀리유 뒤 디즈너비엠므 씨에클르 Mid 19 th century.

참고 P.150

도움이 되는 단어 WORD

관광 안내소	office de tourisme 오피스 드 뚜히즘	광장	place 쁠라스	세계 유산	patrimoine mondial 빠트히무안 몽디알
성	château 샤또	공원	jardin public 쟈흐당 쀠블릭	유적	ruines 휜느
대성당	cathédrale 까떼드할르	강	rivière 리베흐	궁전	palais 빨래
박물관	musée 뮤제	섬	île 일	정원	jardin 쟈흐당
		운하	canal 꺄날	촬영 금지	photos interdites 포또 엉떼흐디뜨
		다리	pont 뽕	출입 금지	entrée interdite 엉트헤 엉떼흐디뜨

먼저 길거리를 거닐어 볼까요?

관광 안내소를 이용해 봅시다

관광 안내소가 어디에 있나요?

Où est l'office de tourisme?
우 에 로피스 드 뚜히즘?
Where is the tourist information?

무료 지도가 있습니까?

Avez-vous une carte gratuite?
아베 부 윈느 꺄흐뜨 그하뛰뜨?
Do you have a free map of this area?

관광 팸플릿을 받을 수 있을까요?

Puis-je avoir une brochure touristique?
쀠 쥬 아부아흐 윈느 브흐쉬흐 뚜히스띠크?
Can I have a sightseeing brochure?

한국어로 된 것이 있나요?

En avez-vous une en coréen?
어 나베 부 윈느 엉 꼬헤앙?
Do you have one in Korean?

추천해 주실 만한 장소가 있나요?

Quels endroits me recommandez-vous?
껠 정두화 므 흐꼬몽데 부?
Could you recommend some interesting places?

당일치기로 추천할 장소가 있나요?

Pouvez-vous me recommander des excursions d'une journée?
뿌베 부 므 흐꼬몽데 데 젝스뀌흐씨옹 뒨느 주흐네?
Could you recommend some places for a day trip?

전망이 아름다운 곳은 어디인가요?

Où sont les beau points de vue?
우 쏭 레 보 뿌앙 드 뷔?
Where is a place with a nice view?

그곳은 오늘 문을 여나요?

Est-ce-que c'est ouvert aujourd'hui?
에 스 끄 쎄 우베흐 오쥬흐디 ?
Is it open today?

쉬는 날이 언제죠?

Quels sont les jours de fermeture?
껠 쏭 레 주흐 드 페흐머뛰흐?
When do they close?

매주 화요일입니다. / 연중무휴입니다.

Le mardi. / C'est ouvert tous les jours.
르 마흐디 / 쎄 우베흐 뚜 레 수흐
Tuesday. / They are open every day.

참고 P.151

그곳까지 걸어서 갈 수 있나요?

Puis-je y aller à pied?
쀠 쥬 이 알레 아 피에?
Can I walk there?

여기서 그곳까지 거리가 먼가요?

Est-ce-que c'est loin d'ici?
에 스 끄 쎄 루이 디씨?
Is it far from here?

가까워요./ 버스로 10분 걸립니다.

Ce n'est pas loin. / Ça prend 10 minutes en bus.
쓰 네 빠 루앙 / 싸 프형 디 미뉘뜨 엉 뷔스
No, it's not. / It's ten minutes by bus. 참고 P.150

걸어서 그곳까지 얼마나 걸리나요?

Ça prend combien de minutes à pied?
싸 프형 꽁비앙 드 미뉘뜨 아 피에?
How long does it take to walk from here?

그곳까지 어떻게 가는지 가르쳐 주시겠습니까?

Pouvez-vous me dire comment y aller?
뿌베 부 므 디흐 꼬몽 띠 알레?
Could you tell me how to get there?

그곳까지 지하철로 갈 수 있나요?

Puis-je y aller en métro?
쀠 쥬이 알레 엉 메트호?
Can I go there by metro?

이 지도로 길을 알려 주시겠습니까?

Pouvez-vous me montrer le chemin sur ce plan?
뿌베 부 므 몽트헤 르 슈망 쉬흐 쓰 쁠랑?
Could you tell me by this map?

랜드마크가 있나요?

Est-ce-qu'il y a des points de repère?
에 스 낄 리 아 데 뿌앙 드 흐뻬흐?
Are there any landmarks?

이 주변에 안내 센터 [경찰서]가 있나요?

Y a-t-il un bureau d'information [un poste de police] par ici?
이 아 띨 렁 뷔호 덩포흐마씨옹 [엉 뽀스트 드 뽈리스] 빠흐 이씨?
Is there an information center[a police station] near here?

도움이 되는 단어 WORD

한국어	프랑스어	발음
교회	église	에글리즈
예배당	chapelle	싸뻴
스테인드글라스	vitraux	스트호
전망대	belvédère	벨베데흐
배	bateau	바또
묘지	cimetière	씸티에흐
탑	tour	뚜흐
천문대	observatoire	업세흐바뚜아흐
수족관	aquarium	아쿠아히움
크루즈	circuit en bateau	쎄흐퀴 떵 바또
야경	vue nocturne	뷔 녹뛰흔느
케이블카	funiculaire	퓌니뀰래흐
분수	fontaine / jet d'eau	퐁텐느 / 제 도
해안	bord de la mer	보드라메흐
벼룩시장	marché aux puces	막쉐 오 쀠스
티켓	billet	비에
매점	kiosque	키오스끄
팸플릿	brochure	브호쉬흐
지도	plan	쁠랑

교과서에서 본 그 작품을 보러 가 볼까요?

루브르나 오르세는 물론, 개인 미술관이나 박물관도 가득 모인 프랑스.
시대를 뛰어넘어 빛나는 미술 작품을 만나러 가 봅시다.

빠르게 안으로 들어가 봅시다

어디서 티켓을 구매할 수 있나요?
Où est-ce qu'on peut acheter des billets?
우 에 스 꽁 뿌 아슈떼 에 비에?
Where is the ticket counter?

PMP를 가지고 있습니다.
J'ai un Paris Museum Pass.
재 엉 빠히 뮤제 패쓰
I have a PMP.

PMP(파리 뮤지엄 패스)은 파리 근교의 미술관과 관광지 입장에 득이 되는 프리패스입니다.

안내 지도는 있나요?
Est-ce qu'il y a un plan du bâtiment?
에 스 낄리 아 엉 쁠랑 뒤 바띠멍?
Do you have a floor map?

몇시에 개관 [폐관] 하나요?
À quelle heure ça ouvre[ferme] ici?
아 껠 러흐 싸 우브흐 [페흠] 이씨?
What time does it open [close]?

박물관 상점이 있나요?
Est-ce qu'il y a une boutique du musée?
에 스 낄 리 아 윈느 부띠끄 뒤 뮤제?
Is there a museum shop?

여기에 보관함이 있나요?
Est-ce qu'il y a des consignes automatiques?
에 스 낄 리아 데 꽁씬느 오또마띠끄?
Is there a locker?

도움이 되는 단어 WORD

요하네스 페르메이르	Johannes Vermeer 조하네스 베흐메이흐	레오나르도 다빈치	Léonard de Vinci 레오나흐 드 방씨
조르주 드 라 투르	Georges de La Tour 조흐주 드 라 뚜흐	에드가르 드가	Edgar Degas 에드갸흐 드가스
테오도르 제리코	Théodore Géricault 떼오도흐 제히코	빈센트 반 고흐	Vincent Van Gogh 방썽 반 고그
기욤 쿠스투	Guillaume Coustou 기욤 꾸스투	오귀스트 로댕	Auguste Rodin 옹귀스트 호당
외젠 들라쿠르아	Eugène Delacroix 외젠 들라쿠아	에두아르 마네	Edouard Manet 에두아흐 마네
		폴 고갱	Paul Gauguin 뽈 고걍
		장 프랑수아 밀레	Jean François Millet 쟝 프항수아 미예

층수표기에 주의합시다.
한국에서 말하는 '1층'은 le rez-de-chaussée(르 헤 드 쇼쎄), '2층'은 le premier étage(르 프허미에 에따쥬), '3층'은 le deuxième étage(르 두지엠 에따쥬)라고 표기합니다. 틀리기 쉬우므로 유의하세요!

느긋하게 둘러보고 싶네요

지금 뭔가 특별한 전시회를 하고 있나요?
Avez-vous des expositions spéciales en ce moment?
아베 부 데 젝스뽀지시용 스뻬씨알르 엉 쓰 모멍?
Do you have any special exhibitions now?

모나리자 그림이 어디 있나요?
Où est "la Joconde" ?
우 에 라 조꽁드?
Where is Mona Lisa?

오디오 가이드 부탁드립니다.
Je voudrais un audio-guide.
쥬 부드해 엉 오디오 기드
May I have an audio guide, please?

이게 맞는 길인가요?
Est-ce le bon chemin?
에 스 르 봉 슈망?
Is this the correct way?

제가 사진을 찍어도 될까요?
Puis-je prendre des photos?
쀠 쥬 프헝드흐 데 포또?
May I take a photo?

가장 가까운 화장실이 어디에 있나요?
Où sont les toilettes les plus proches?
우 쏭 레 뚜알레뜨 레 쁠뤼 프호슈?
Where is the nearest restroom?

도움이 되는 단어 WORD

「레이스를 만드는 여인」	La Dentellière 라 덩뗄리에흐	「작가의 초상」	Portrait de L'artiste 포트해 드 락띠스트
「목수 성 요셉」	Saint Joseph Charpentier 썽 조셉 샤흐뻥띠에	「마를리의 말」	Les Chevaux de Marly 레 슈보 드 마힐리
「메두사 호의 뗏목」	Le Radeau de la Méduse 르 하도 드 라 메듀즈	「이삭 줍는 여인들」	Les Glaneuses 레 글라누즈
「나폴레옹 1세의 대관식」	Le Sacre de Napoléon 르 샤크흐 드 나뽈레옹	「카드놀이 하는 사람들」	Les joueurs de cartes 레 쥬어흐 드 꺄흐뜨
「사모트라케의 니케」	Victoire de Samothrace 빅뚜아흐 드 싸모트해스	「올랭피아」	Olympia 올랭삐아
		「습작, 햇빛 속의 토르소」	Étude, Torse, effet de soleil 에뛰드 또흐쓰 에페 드 쏠레이

현지에서 신청하는 투어로 소확행을!

어디부터 보러 가야 하나 망설여진다면 투어를 신청해 보는 것을 추천합니다.
코스, 일정, 조건 등을 확인하면서 흥미가 있는 것부터 찾아가 봅시다.

투어 내용을 확인해 봅시다

몽생미셸을 가는 버스가 있나요?

Est-ce qu'il y a des bus pour aller au Mont Saint Michel?
에 스 낄 리 아 데 뷔스 뿌흐 알레 오 몽 썽 미쉘?
Is there a bus that goes to Mont Saint Michel? 참고 P.34

하루[반나절] 코스가 있나요?

Est-ce que vous avez des programmes pour une journée entière [une demi-journée]?
에 스 끄 부자베 데 프호그햄므 뿌흐 윈느 주흐네 엉띠에흐 [윈느 드미 주흐네]?
Is there an one-day[a half-day] course?

몇 시에 다시 모이나요?

À quelle heure on doit se retrouver?
아 껠 러흐 옹 두아 쓰 흐트후베?
What time do we have to be there?

어디서 출발하나요?

D'où partons-nous?
두 빠흐똥 누?
Where will we leave from?

셔틀버스 서비스가 준비되나요?

Est-ce qu'une navette est prévue?
에 스 뀐 나베뜨 에 프헤뷔?
Does it include a pickup service?

식사가 포함되나요?

Est-ce que le repas est compris?
에 스 끄 르 흐빠 에 꽁프히?
Does it include the meal?

도움이 되는 단어 WORD

한국어	프랑스어	발음
자리 예약	réservation	헤제흐바씨옹
책자	brochure	브호쉬흐
오전	matin	마땅
오후	après-midi	아프헤 미디
당일치기	d' une journée	뒨느 주흐네
가격	prix	프히
입장료	entrée	엉트헤
지불	paiement	빼멍
추천	recommandation	흐꼬몽다씨옹
취소 수수료	frais d'annulation	프해 다뉼라씨옹
식사	repas	흐빠
버스	autobus	오토뷔스
야경	vue nocturne	뷔 녹뛰흔느
성인	adulte	아뒬뜨
어린이	enfant	엉펑

어떤 장소를 관광하나요?

Quels sont les endroits prévus dans la visite?
껠 쏭 레 엉두화 프헤뷔 덩 라 비지뜨?
Where does the tour visit?

이걸로 할게요.

Je prends ceci.
쥬 프헝 쎄씨
I'll take this.

리츠 호텔에서 탈 수 있어요?

Est-ce qu'on peut me prendre l'Hôtel Ritz?
에 스 꽁 뿌 므 프헝드흐 로뗄 히츠?
Can we join from the Ritz hotel?

리츠 호텔에서 내려주시겠어요?

Est-ce qu'on peut me ramener jusqu'à l'Hôtel Ritz?
에 스 꽁 뿌 므 하므네 쥬스꺄 로뗄 히츠?
Can you drop us at the Ritz hotel?

한국인 가이드가 있나요?

Est-ce que vous avez un guide en coréen?
에 스 끄 부 자베 엉 기드 엉 꼬헤앙?
Does it have a Korean guide?

화장실이 어디에 있나요?

Où sont les toilettes?
우 쏭 레 뚜알레뜨?
Where is the restroom?

몇 시에 출발하나요?

À quelle heure on part?
아 껠 러흐 옹 빠흐뜨?
What time does it leave?

몇 시에 여기로 돌아오면 되나요?

À quelle heure dois-je être de retour ici?
아 껠 러흐 두아 쥬 에트흐 드 흐뚜흐 이씨?
What time should I be back here?

도착하는 데 얼마나 걸리나요?

Combien de temps faut-il jusqu'à l'arrivée?
꽁비앙 드 떵 포띨 쥬스꺄 라히베?
How long does it take to get there?

죄송합니다. 제가[저희가] 투어에 늦었네요.

Excusez-moi, je suis [nous sommes] en retard pour la visite.
엑스큐즈 무아 쥬 쉬 [누 솜므] 엉 흐따흐 뿌흐 라 비지뜨
I'm sorry. I'm[We are] late for the tour.

그 투어를 취소하고 싶습니다.

Je voudrais annuler la visite.
쥬 부드해 아뉼레흐 라 비지뜨
I'd like to cancel the tour.

즐거운 시간을 보냈습니다. 감사합니다.

J'ai passé un bon moment, merci.
재 빠쎄 엉 봉 모멍 멕시
I had a wonderful time, thank you.

LOOK

[ ] 에 가고 싶습니다

Je voudrais aller à [ ].

쥬 부드해 잘레 아 [ ]

I'd like to go to [ ].

관광지 Sites touristiques 씨트 뚜히스띠크

Bois de Vincennes
부아 드 방센느

● 【뱅센 숲】

Musée de L'orangerie
뮤제 드 로항쥐히

● 【오랑주리 미술관】

Musée d'Orsay
뮤제 도흐세

● 【오르세 미술관】

Quartier Latin
꺄흐티에 라땅

● 【라탱지구】

Grand Palais
그헝 빨래

● 【그랑 팔레】

Église St-Germain des Prés
에글리즈 썽 제흐망 데 프헤

● 【생 제르맹 데 프레 교회】

Boulevard St. Michel
블루바흐 썽 미쉘

● 【생미셸 광장】

Sainte Chapelle
썽뜨 샤뻴르

● 【생트샤펠 성당】

Île de la Cité
일 드라 씨떼

● 【시테 섬】

La Seine
라 센느

● 【센강】

Jardin des Tuileries
쟈흐당 데 튈르히

● 【튈르리 정원】

Place de la Bastille
쁠라스 드 라 바스띠으

● 【바스티유 광장】

Hôtel de Ville
오뗄 드 빌르

● 【파리 시청】

Bois de Boulogne
부아 드 불로뉴

● 【불로뉴 숲】

Centre Georges Pompidou
썽트흐 조흐쥬 퐁피두

● 【퐁피두 센터】

Marais
마해

● 【마레 지구】

Montparnasse
몽빠흐나쓰

● 【몽파르나스】

Cimetière de Montparnasse
씸티에흐 드 몽빠흐나쓰

● 【몽파르나스 공동묘지】

Montmartre
몽마흐뜨흐

● 【몽마르트르 언덕】

Jardin du Luxembourg
쟈흐당 뒤 뤽썽부흐

● 【뤽상부르 공원】

Petit Trianon
쁘띠 트히아농

● 【프티 트리아농】

Grand Trianon
그헝 트히아농

● 【그랑 트리아농】

Château de Fontainebleau
샤또 드 퐁땐블로

● 【퐁텐블로 성】

Maison de Van Gogh
매종 드 반 고그

● 【고흐의 집】

Église Jeanne d'Arc
에글리즈 쟝 다흐끄

● 【잔다르크 성당】

Châteaux de la Loire
샤또 드 라 루아흐

● 【루아르 강변의 성】

Maison de Jeanne d'Arc
매종 드 쟝 다흐끄

● 【잔다르크의 집】

Le Lieu Unique
르 리유 위니크

● 【르 리유 유니크 현대 미술관】

Cathédrale St-Gatien
꺄떼드할르 썽 갸티앙

● 【생 가티앵 대성당】

Cathédrale St-André
꺄떼드할르 썽 앙드헤

● 【성 안드레 대성당】

St-Émilion
썽떼밀리옹

● 【생테밀리온】

Château d'If
샤또 디프

● 【이프 성】

Palais Longchamp
빨래 롱샹

● 【롱샹 궁전】

Amphithéâtre
엉피떼아트흐

● 【원형 극장】

Château des Baux
샤또 데 보

● 【레보 성】

Palais des Papes
빨래 드 빠쁘

● 【아비뇽 교황청 】

Pont St-Bénézet
뽕 썽 베네제

● 【아비뇽 다리(생베네제교)】

Pont du Gard
뽕 뒤 갸흐

● 【가르교】

Atelier Cézanne
아뜰리에 세쟌느

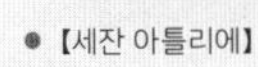

● 【세잔 아틀리에】

Maison Atelier de Jean-François Millet
매종 아뜰리에 드 쟝 프항수아 미예

● 【밀레의 생가】

Maison et Jardin de Claude Monet
매종 에 쟈흐당 드 클로드 모네

● 【클로드 모네의 집과 정원】

Museacutee des Impressionnismes Giverny
뮤조뀨 데 정프레시오니즘 기베흐니

● 【지베르니 인상파 미술관】

Musée National Message Biblique Marc Chagall
뮤제 나시오날 메싸쥐 비블리끄 마흐 샤갈르

● 【국립 샤갈 성서 박물관】

Vinorama de Bordeaux, Musée du vin
비노하마 드 보흐도 뮤제 뒤 방

● 【비노라마 와인 박물관】

Musée d'Art Moderne et d'Art Contemporain
뮤제 다흐 모데흔느 에 다흐 꽁떵뽀항

● 【니스 현대 미술관】

LOOK

저는 [　　　] 을 찾고 있습니다.

Je cherche [　　　] .

주 쉐흑슈 [　　　]

I'm looking for [　　　] .

Arc de Triomphe
아흐크 드 트리옹프

● 【개선문 】

Av. des Champ-Élysées
아브뉴 데 셩젤리제

● 【샹젤리제 거리】

Tour Eiffel
뚜흐 에펠

● 【에펠 탑】

Canal St.Martin
꺄날 썽 마흐땅

● 【생 마르탱 운하】

Opéra Garnier
오페라 가르니에

● 【오페라 가르니에】

Cathédrale Notre-Dame
꺄떼드할르 노트흐 담므

● 【노트르담 대성당】

Place de la Concorde
쁠라스 드 라 꽁꼬흐드

● 【콩코르드 광장】

Basilique du Sacré-Cœur
바질리끄 뒤 사크헤 꿰흐

● 【사크레쾨르 대성당】

Château de Versailles
샤또 드 베흐사이으

● 【베르사유 궁전】

Musée du Louvre
뮤제 뒤 루브흐

● 【루브르 박물관】

Mont-St-Michel
몽썽미쉘

● 【몽생미셸】

Château de Chantilly
샤또 드 셩띠이

● 【샹티이 성】

Musée Matisse
뮤제 마띠쓰

● 【마티스 미술관】

La Promenade des Anglais
라 프홈므나드 데 장글래

● 【영국인 산책로】

Les Arène de Cimiez
레자헨느 드 씨미에

● 【시미에 원형 경기장】

Place Masséna
쁠라스 마세나

● 【마세나 광장】

Parc du Château
빠흐크 뒤 샤또

● 【성의 공원】

Place Stanislas
쁠라스 스타니슬라

● 【스타니슬라스 광장】

Les Parfumeries Fragonard
레 빠흐퓨메히에 프하고나흐

● 【프라고나르 향수 공장】

Le Palais des Festivals et des Congrès
르 빨래 데 페스티발 에 데 꽁그헤

● 【팔레 데 페스티벌 에 데 콩그레】

Cathédrale d'Amiens
꺄떼드할르 다미앙

● 【아미앵 대성당】

Palais des Ducs de Bourgogne
빨래 데 뒤크 드 부흐곤뉴

● 【부르고뉴 공작 궁전】

거리 걷기
Promenade
프홈므나드

hôtel
오뗄

● 【호텔】

gare
갸흐

● 【정거장】

banque
방끄

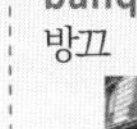

● 【은행】

distributeur de l'argent
디스트히뷰떠흐 드 라흐정

● 【현금 인출기 ATM】

billet
비예

● 【지폐】

monnaie
모내

● 【동전】

change
샹쥬

● 【환전소】

toilettes
뚜알레뜨

● 【화장실】

téléphone public
뗄레폰 쀠블릭

● 【공중전화】

supérette
슈뻬헤뜨

● 【슈퍼마켓】

magasin de vin
매가장 드 방

● 【술집】

centre commercial
썽트흐 꼬멕씨알

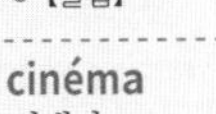

● 【쇼핑몰】

cinéma
씨네마

● 【영화관】

restaurant
헤스토헝

● 【레스토랑】

café
까페

● 【카페】

bistro
비스트호

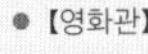
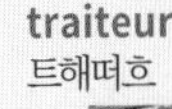

● 【호프집】

traiteur
트해떠흐

● 【뷔페 , 뷔페 조리사】

droguerie
드호게리

● 【잡화점】

pharmacie
파흐마씨

● 【약국】

antiquaire
엉티깨흐

● 【골동품상】

librarie
리브해히

● 【서점】

magasin de disques
매가장 드 디스크

● 【레코드 가게】

boutique de fleuriste
부띠끄 드 플러히스뜨

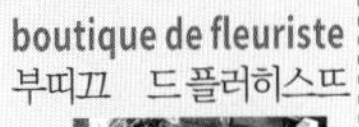

● 【꽃집】

magasin de marque
매가장 드 마흐크

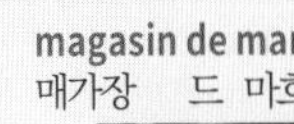
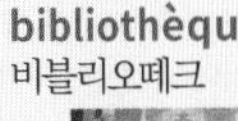

● 【명품 가게】

bibliothèque
비블리오떼크

● 【도서관】

프랑스의 매력적인 세계 문화유산을 찾아서

프랑스에는 일생에 한 번쯤은 보고 싶은 아름다운 건축물과 경관들이 세계 문화유산으로 등록되어 있습니다. 프랑스가 자랑하는 역사적 건축물과 대자연을 만나고 접하고 내 마음을 흔드는 감동적인 체험도 해 보세요.

A 몽생미셸과 그 만
Mont-St-Michel et sa baie

몽생미셸 만에 떠오른 아름다운 순례도에 세워진 수도원입니다. 산책을 즐기기에 딱 좋기 때문에 발이 편한 신발을 신고 가는 것을 추천! 날씨에 따라 보이는 정도가 바뀌는 것이 환상적입니다.

D 퐁텐블로궁과 정원
Palais et parc de Fontainebleau

숲속에 우뚝 서 있는 아름다운 성에는 각 시대의 건축과 예술이 모여 있습니다. 안에 있는 다빈치의 장식을 꼭 봐야 합니다.

B 베르사유 궁전과 정원
Palais et parc de Versailles

루이 14세가 권력의 상징으로서 지은 유럽 최대 규모의 정원은 꼭 둘러봐야 하는 필수 코스! 궁전 안이 혼잡하므로 일정을 짤 때 조금 더 여유롭게 짜야 해요.

C 파리, 센강
Paris, rives de la Seine

쉴리 다리에서 이에나 다리까지의 약 5km의 구간에 각 시대의 역사적 건축물들이 모여 있습니다. 유람선을 타면 강에서 보이는 아름다운 파리의 길거리들이 매력적입니다.

E 스트라스부르, 그랑딜
Strasbourg-Grande île

독일의 분위기가 묻어나는 길거리, 일 강의 유람선을 타면 '그랑드 일'이라고 불리는 옛 도시의 전체를 둘러볼 수 있습니다.

볼거리가 한가득입니다.

파리 근교에도 갈 곳이 많습니다.

프랑스의 세계 문화유산 중에는 파리 시내에서 가볍게 방문할 수 있는 곳과 파리에서 당일치기가 가능한 곳이 10곳이 넘습니다. 추억 속의 문화유산들을 만나러 가 보세요.

F 샤르트르 대성당
Cathédrale de Chartres

옛 도시 샤르트르의 상징에서 '샤르트르 블루'라고 불리는 스테인드글라스가 아름답습니다. 구시가지 산책도 즐길 수 있습니다.

I 산티아고 데 콤포스텔라 순례길
Chemins de St-Jacques-de Compostelle en France

순례의 출발점 중의 하나, '르퓌'에 있는 화산의 용암으로 지어진 '검은 마리아 상'이 유명합니다. 암산에 있는 생 미셸 예배당도 볼거리가 많습니다.

G 생테밀리옹 포도 재배 지구
Juridiction de St-Émilion

길게 늘어선 포도밭의 풍경이 세계 문화유산으로 가 봅시다. 트램을 이용하면 곳곳에 있는 와인 샤토도 견학할 수 있습니다.

J 아미앵 대성당
Cathédrale d'Amiens

프랑스 최대의 고딕 양식 대성당으로 6월 중순에서 9월 말 또는 크리스마스 전후의 밤에 라이트업을 한 모습이 환상적입니다.

H 프로뱅, 중세 시장 도시
Provins, ville de foire médiévale

12~13세기 경 번성했던 당시의 길거리가 그대로 남아 있습니다. 마을의 랜드마크인 세자르 탑에서는 아름다운 전망을 볼 수 있습니다.

K 쉴리 쉬르 루아르와 샬론 사이 루아르 계곡
Val de Loire entre Sully-sur-Loire et Chalonnes

루아르 강 주변에 흩어진 고성들을 둘러볼 수 있습니다. 장대한 성에서 작은 성까지 그 수만 약 100채가 넘는다고 합니다.

조금 사치를 부려 고급 레스토랑에 가 볼까요?

풍요로운 식문화를 가진 프랑스. 모처럼의 여행이니 화려하게 세련된 맛과 분위기를 느끼러 나가 봅시다.

예약할 때에 쓰는 회화표현은 p.102~103도 참고해 주세요.

예약해 봅시다

오늘 저녁으로 예약을 하고 싶습니다.

Je voudrais faire une réservation pour ce soir.
쥬 부드해 페흐 윈느 헤제흐바씨옹 뿌흐 쓰 수아흐
I'd like to make a reservation for tonight.

그 시간대에는 자리가 다 찼습니다.

Nous n'avons pas de tables disponibles pour cette heure.
누 나봉 빠 드 따블르 디스뽀니블르 뿌흐 쎄떠흐
We have no table available at that time.

자리를 마련해 두겠습니다.

Nous préparons une table pour vous.
누 프헤빠홍 윈느 따블르 뿌흐 부
We'll have the table ready for you.

7시에 두 명으로 예약을 하고 싶습니다.

Je voudrais faire une réservation pour deux personnes à 7 heures.
쥬 부드해 페흐 윈느 헤제흐바씨옹 뿌흐 두 뻬흐쏜느 아 쎕떠흐
I'd like to reserve a table for two at seven o'clock

참고 P.150
참고 P.152

비흡연 구역으로 부탁합니다.

Au coin non-fumeur, s'il vous plaît.
오 꾸앙 농 퓨머흐 씰 부 쁠래
Non-smoking section, please.

원포인트 드레스 코드에 대해

레스토랑에 따라 드레스 코드가 정해진 곳이 있으므로, 예약 시에 확인하세요.
드레스 코드가 없는 곳이라면 기본적으로 자유롭게 입고 가도 좋지만, 분위기에 따라 복상을 고르는 것이 좋습니다. 점잖아 보이는 옷차림을 확인하고 준비해 봅시다.

Smart Casual 스마트 캐쥬얼 — 평범한 레스토랑 등

가벼운 분위기의 평범한 옷차림도 OK! 청바지는 입지 않는 편이 훨씬 보기 좋습니다.

Elegant 엘레강트 — 고급 레스토랑 등

남성
재킷과 넥타이

여성
재킷과 원피스에 액세서리 등으로 드레스업

몇 시에 자리를 예약 할 수 있나요?

Pour quelle heure pouvons-nous réserver une table?
뿌흐 껠 러흐 뿌봉 누 헤제흐베 윈느 따블르?
For what time can we reserve a table?

드레스 코드가 있나요?

Comment faut-il s'habiller?
꼬몽 포띨 사비에흐?
Do you have a dress code?

레스토랑에서 해야 할 행동들

Scène 1

리셉션에서 이름을 말하고 안내에 따라 자리로 갑니다.

안녕하세요.
지우 이름으로 예약했어요.
Bonsoir. J'ai réservé au nom de Ji Woo
봉수아 재 헤제흐베
오 농 드 지우

Scène 2

주문은 자신의 테이블 담당자에게

실례합니다.
주문 좀 부탁드릴게요.
S'il vous plaît, on voudrait commander.
씰 부 쁠래 옹
부드해 꼬몽데

Scène 3

식사 중에는 소리를 내지 않도록 주의

죄송합니다.
Excusez-moi.
엑스큐제 무아

Scène 4

떨어뜨린 물건은 본인이 직접 줍지 않습니다.

숟가락을 교환해 주시겠어요?
S'il vous plaît, puis-je avoir une autre cuillère?
씰 부 쁠래 쀠 쥬
아부아흐 윈느 오트흐 뀌에흐?

Scène 5

식사 중에 자리를 뜰 경우

화장실은 어디 있나요?
Où sont les toilettes?
우 쏭 레 뚜알레뜨?

Scène 6

식사 중에 흡연은 가급적 삼가기

흡연 구역이 있나요?
Est-ce qu'il y a un coin fumeur?
에 스 낄 리 아 엉
꾸앙 퓨머흐?

프랑스에서 맛있는 식사를 해 볼까요?

있는 그대로의 프랑스, 향토 요리를 맛볼 수 있는 비스트로, 다양한 각국 요리…
다양하고 풍부한 프랑스의 '맛'을 회화 표현과 함께 즐겨 보세요.

어서 오세요.
Bonjour!
봉쥬흐

식당에 들어설 때

자리가 있나요?

Est-il possible d'avoir une table?
에 띨 뽀씨블르 다부아흐 윈느 따블르?
Do you have a seat?

죄송합니다. 만석입니다.

Désolé, mais c'est complet.
데졸레 매 쎄 꽁쁠레
I'm sorry. All the tables are occupied tonight.

얼마나 기다려야 하나요? / 30분입니다.

Combien de temps faut-il attendre?／Une demi-heure.
꽁비앙 드 떵 포띨 아떵드흐?／윈느 드미 어흐
How long do I have to wait?／Thirty minutes.

기다릴게요. / 다시 오겠습니다.

Nous allons attendre.／Nous reviendrons.
누 잘롱 아떵드흐／누 흐비앙드홍
OK, we'll wait.／We'll come back again.

메뉴와 와인 리스트를 볼 수 있을까요?

Puis-je voir la carte et la carte des vins?
쀠 쥬 부아흐 라 꺄흐뜨 에 라 꺄흐뜨 데 방?
Can I see the menu and the wine list?

지금 주문해도 될까요?

Puis-je commander maintenant?
쀠 쥬 꼬몽데 맹뜨넝?
Can I order now?

추천 요리는 무엇인가요?

Que me recommandez-vous?
끄 므 흐꼬몽데 부?
What do you recommend?

특별 요리가 있나요?

Avez-vous des specialités locales?
아베 부 데 스페샬리떼 로깔르?
Do you have any local food?

키슈 로렌과 양고기 구이를 주세요.

Je voudrais une quiche Lorraine et du mouton rôti .
쥬 부드해 윈느 끼쉬 로핸느 에 뒤 무떵 호띠
I'd like the quiche Lorraine and roasted muton. 참고 P.44

이 요리를 나누어 먹을게요.

Nous partageons ce plat.
누 빠흐따죵 쓰 쁠라
We'll share this dish.

주문을 취소할 수 있을까요?

Puis-je annuler ma commande?
쀠 쥬 아뉼레 마 꼬몽드?
Can I cancel my order?

주문을 변경해 주실 수 있으실까요?

Pouvez-vous changer ma commande?
뿌베 부 쌍줴 마 꼬몽드?
Can you change my order, please?

식사 중에

이것은 어떻게 먹나요?

Pouvez-vous me dire comment manger ceci?
뿌베 부 므 디흐 꼬몽 멍줴 쎄씨?
Could you tell me how to eat this?

실례합니다. 칼을 받지 못했어요.

Excusez-moi, je n'ai pas eu de couteau .
엑스큐제 무아 쥬 내 빠 으 드 꾸또
Excuse me, I didn't get a knife.

숟가락[포크]을 떨어뜨렸습니다.

J'ai fait tomber ma cuillère [fourchette].
재 패 똥베 마 뀌에흐 [푹쉐트]
I dropped my spoon[fork].

탄산가스가 없는 미네랄 워터를 주세요.

De l'eau minérale non gazeuse , s'il vous plaît.
드 로 미네할 농 가쥬즈 씰 부 쁠래
Mineral water without gas, please.

이 음식은 충분히 익지 않은 것 같습니다.

Ce plat n'est pas assez cuit.
쓰 쁠라 네 빠 아쎄 퀴
This dish is rather raw.

잔이 더러워요. 바꿔 주세요.

Mon verre est sale. J'en voudrais un autre.
몽 베흐 에 쌀 정 부드해 어노트흐
My glass is dirty. I'd like another one.

테이블 위를 치워 주시겠어요?

Pouvez-vous débarrasser la table?
뿌베 부 데바하쎄 라 따블르?
Can you clear the table?

와인을 흘렸어요.

J'ai renversé mon vin.
재 헝베흐세 몽 방
I spilled my wine.

여기 좀 닦아 주실 수 있으실까요?

Pouvez-vous essuyer ici, s'il vous plaît?
뿌베 부 에쉬에 이씨 씰 부 쁠래?
Could you wipe here, please?

프랑스에서 맛있는 식사를 해 볼까요?

디저트를 맛보고 싶은데요

디저트 메뉴를 주세요.	**Je voudrais voir la carte des desserts.** 쥬 부드해 부아흐 라 꺄흐뜨 데 데세흐 I'd like to see a dessert menu.
추천하는 디저트가 있나요?	**Quel dessert me recommandez-vous?** 껠 데스흐 므 흐꼬몽데 부? Which dessert do you recommend?
배 타르트를 주세요.	**Une tarte à la poire , s'il vous plaît.** 윈느 따흐뜨 아 라 뿌아흐 씰 부 쁠래 The pear tarte, please.
아직 다 먹지 않았어요.	**Je n'ai pas encore terminé.** 쥬 내 빠 정꼬흐 떼흐미네 I've not finished yet.
커피 한 잔 더 주세요.	**Donnez-moi encore une tasse de café.** 도네 무아 엉꼬흐 윈느 따쓰 드 꺄페 Could I have another cup of coffee,please.

계산서를 받고 싶을 때는 엄지손가락과 검지손가락의 끝을 붙여 허공에 사인을 하는 제스처를 취하면 웨이터가 가져다 줄 겁니다.

계산할 때

계산서 부탁드립니다.	**L'addition, s'il vous plaît.** 라디씨옹 씰 부 쁠래 Check, please.
좋은 시간 보냈습니다. 감사합니다.	**J'ai passé un bon moment. Merci.** 재 빠쎄 엉 봉 모멍 메흐씨 I had a great time. Thank you.
전부 얼마입니까?	**Combien est-ce que ça fait en tout?** 꽁비앙 에 스 끄 싸 패 엉 뚜? How much is the total?
제가 낼게요.	**Je paierai.** 쥬 빼이해 I'll pay.

풀코스의 흐름은 이런 느낌입니다.

1 식전주 apéritif 아뻬히티프	2 전식 entrée 엉트헤	3 생선류 poisson 뿌아쏭	4 육류 viande 비엉드	5 치즈 fromage 프호마쥬	6 디저트 dessert 데세흐	7 식후주 digestif 디제스티프
키르나 샴페인이 일반적입니다.	샐러드나 스프 등 가벼운 음식이 좋습니다.	고기보다 소화가 쉽기 때문에 보통 고기 요리의 앞에 나옵니다.	찜 요리나 그릴 요리가 많습니다.	식후 치즈는 와인과 함께 조금씩 먹습니다.	파르페나 타르트 등 어떤 것이든 양은 많습니다.	브렌디 등 알코올 도수가 높은 것이 많습니다.

계산서에 문제가 있는 것 같습니다.

Je pense qu'il y a une erreur dans l'addition.
쥬 뻥스 낄리 아 윈느 에허 덩 라디씨옹
I think the check is incorrect.

이것은 어느 것의 가격입니까?

A quoi correspond ce prix?
아 꾸아 꼬헤스뽕드 쓰 프히
What's this charge for?

저는 샐러드를 주문하지 않았습니다.

Je n'ai pas commandé de salade .
쥬 내 빠 꼬몽데 드 쌀라드
I didn't order salad.

다시 확인해 주시겠습니까?

Pouvez-vous re-vérifier?
뿌베 부 흐베히피에?
Could you check it again?

(호텔) 방 청구서에 그 가격을 포함시켜 주시겠습니까?

Pouvez-vous l'inclure dans ma facture de chambre?
뿌베 부 렁클뤼흐 덩 마 팍튀흐 드 샹브흐?
Will you charge it to my room, please?

신용 카드로 지불해도 되나요?

Acceptez-vous la carte de crédit?
악쎕떼 부 라 꺄흐뜨 드 크헤디?
Do you accept credit cards?

정말 맛있었습니다.
C'était délicieux. 쎄때 델리시유
는 '잘먹었습니다'라는 의미로도 쓰입니다.

한마디 문장표현

이거 맛이 좋네요.
C'est très bon.
쎄 트레 비앙

모두 만족합니다.
Tout va très bien.
뚜 바 트레 비앙

배가 부릅니다.
Je n'ai plus faim.
쥬 내 쁠뤼 팡

음식을 가져가도 될까요?
Puis-je emporter ceci à la maison?
쀠 쥬 엉뽀흐떼 쎄씨 아 라 매종?

정말 맛있었습니다.
C'était délicieux.
쎄때 델리시유

이것을 치워 주세요.
Pouvez-vous débarrasser ceci?
뿌베 부 데바하쎄 쎄씨?

영수증을 주세요.
Puis-je avoir un reçu?
쀠 쥬 아부아흐 엉 헤쉬?

LOOK

[   ] 이 있나요?

Avez-vous [   ] ?

아베 부 [   ] ?

Do you have [   ] ?

고기 요리
Viandes
비앙드

sauté de côtes d'agneau
쏘떼 드 꼬뜨 다뇨

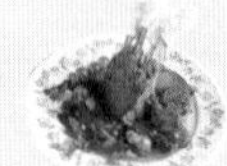

●【양갈비 스테이크】

daube de bœuf
도브 드 붸프

●【소고기 찜】

baeckeoff
베코프

●【베코프】

pigeon rôtis
피종 호띠

●【맷비둘기 구이】

rôti de canard
호띠 드 꺄나흐

●【오리 구이】

gigot d'agneau rôti
지고 다뇨 흐띠

●【새끼 양고기 넓적다리】

bœuf bourguignon
뵈프 부흐귀뇽

●【소고기 와인 스튜】

sauté de foie gras
쏘떼 드 푸아 그하

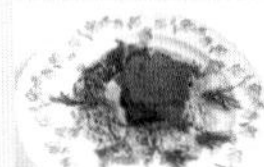

●【푸아그라】

terrine de lapin en gelée
떼힌 드 라빵 엉 젤레

●【토끼고기 테린】

pot-au-feu de porc
뽀또프 드 뽀흐

●【돼지 포토푀】

pâté en croûte
빠떼 엉 크후트

●【파테 앙 크루트】

confit de canard
꽁피 드 꺄나흐

●【오리 콩피】

steak tartare
스테크 딱따흐

●【프랑스식 육회】

blanquette de veau
블렁켓 드 보

●【블랑켓 드보】

coq au vin
코 코 방

●【코코뱅】

lapin désossé
라팡 데조쎄

●【토끼고기 요리】

terrine d'andouillette
떼힌느 덩두이에뜨

●【소시지 테린】

생선 요리
생선 갑각류
Poissons/ Crustacés
뿌아쏭 / 크휘스따쎄

homard fumé
오마흐 퓨메

●【훈제 바닷가재】

sardines marinées
싸흐딘느 마히네

●【정어리 절임】

saumon grillé
쏘몽 그히에

●【연어 구이 】

조개는 Coquillages 꼬끼아쥐 라고 합니다.

homard bouilli
오마드 부이

● 【삶은 바닷가재】

moules
물르

● 【홍합찜】

filet de bar
필레 드 바흐

● 【농어 필레】

escargots
에스꺄흐고

● 【달팽이 요리】

hareng mariné
아헝 마히네

● 【청어 절임】

huîtres
위트흐

● 【굴】

sole de Bretagne
썰 드 브헤탄느

● 【훈제 가자미】

sardines grillées
싸흐딘느 그히에

● 【정어리 구이】

filets de rougets
필레 드 후제

● 【노랑촉수 필레】

brandade
브헝다드

● 【브랑다드】

St. Jacqaues marinées
성 쟈크마리네

● 【가리비 절임】

fruits de mer
프휘 드 메흐

● 【해산물】

채소·계란 요리
Légumes · œufs
레귬므 어프

tartiflette
따흐띠플레트

● 【타르티플레트】

gratin dauphinois
그하탕 도피누아

● 【도피네 지방의 감자 그라탕】

soupe au pistou
수프 오 피스투

● 【수프 오 피스투】

ratatouille
하따뚜이으

● 【라따뚜이】

tian de légumes
티엉 드 레귬므

● 【채소 티앙】

carottes râpées
꺄호트 하페

● 【당근 라페】

salade de pomme de terre
살라드 드 뽐 드 떼흐

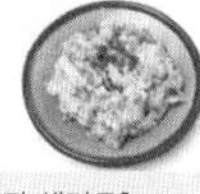

● 【감자 샐러드】

quiche
끼쉬

● 【키슈】

omelette
오믈레뜨

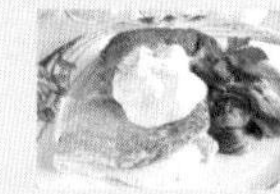

● 【오믈렛】

bouillabaisse
부야베쓰

● 【부야베스】

velouté d'artichaut
벨루떼 닥티쇼

● 【아티초크 벨루테】

LOOK

☐ 를 주세요.
☐ , s'il vous plaît.
☐ 씰 부 쁠래
☐ , please.

nougat aux fruits
누갸 모 프휘뜨

● 【과일 누가】

tarte à l'oignon
따흐트 아 로뇽

● 【타르트 아 로뇽】

향토 요리
Cuisine Régionale
꿔진느 헤지오날

boudin blanc
부덩 블렁

● 【부뎅 블랑】

boudin noir
부덩 누아

● 【부뎅 누아】

œuf poché
어프 뽀쉐

● 【수란】

gratin de viande
그하탕 드 비엉드

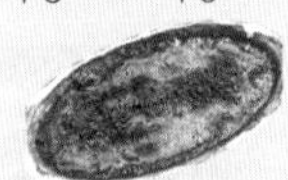

● 【그라탕 드비앙드】

choucroute
슈크후뜨

● 【슈크루트】

quenelle de brochet
끄넬 드 브호쉐

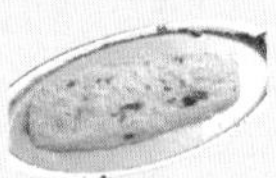

● 【크넬 드 브로셰】

Bourride
부히드

● 【부리드】

œufs en meurette
어프 엉 므헤뜨

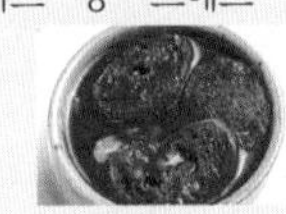

● 【어프 앙 므레트】

beignets
베녜

● 【튀긴 과자】

tarte flambée
타흐트 플렁베

● 【타르트 플랑베】

salade niçoise
살라드 니수아즈

● 【니수아즈 샐러드】

socca
쏘까

● 【소카】

디저트
Dessert
데세흐

tarte à la poire
따흐뜨 아 라 뿌아

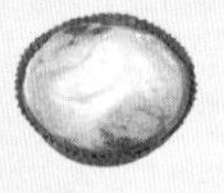

● 【배 타르트】

Mont Blanc
몽 블랑

● 【몽블랑】

opéra
오뻬하

● 【오페라】

gâteau au chocolat
갸또 오 쇼꼴라

● 【가토 오 쇼콜라】

tarte aux pommes
따흐뜨 모 뽐므

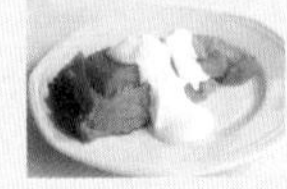

● 【사과 타르트】

crème brûlée
크헴 브휠레

● 【크렘브륄레】

sorbet
소흐베
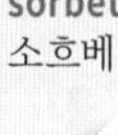

● 【소르베】

crumble aux pommes
크험블 오 뽐므
● 【사과 크럼블】

nougat glacé
누갸 글라세

● 【누가 글라세】

gratin de fruits
그하탕 드 프휘

● 【과일 그라탕】

tarte au citron
타흐뜨 오 시트홍

● 【레몬 타르트】

crêpe au beurre et sucre
크헤프헸오 베흐 에 쉬크흐
● 【버터설탕 크레페】

crème caramel
크헴 꺄하멜르
● 【카라멜 크림】

soufflé
수플레
● 【수플레 】

mousse
무쓰
● 【무스】

parfait
빠흐페
● 【파르페】

재료 Ingrédient 앵그헤디엉

bœuf
붸프
● 【소고기】

poulet
뿔레
● 【닭고기】

mouton
무똥
● 【양고기】

veau
보
● 【송아지】

porc
뽀흐
● 【돼지고기】

agneau
아니오
● 【새끼 양고기】

lapin
라빵
● 【토끼】

cuisse
뀌스
● 【넓적다리】

saumon
쏘몽
● 【연어】

huître
위트흐
● 【굴】

œuf
어프
● 【계란】

entrecôte
엉트흐꼬뜨
● 【등심】

crabe
크하브
● 【게】

crevette
크헤베트
● 【작은 새우】

asperge
아스뻬흐쥬
● 【아스파라거스】

brocoli
브호콜리
● 【브로콜리】

céleri
셀르히
● 【셀러리】

chou
슈
● 【양배추】

avocat
아보꺄
● 【아보카도】

artichaut
악티쇼
● 【아티초크】

pomme de terre
뽐 드 떼흐
● 【감자】

riz
히
● 【쌀】

courgette
꾸흐제뜨
● 【호박】

aubergine
오베흐진
● 【가지】

champignon
셩삐뇽
● 【버섯】

jambon
졍봉
● 【햄】

salami
살라미
● 【살라미】

lait
래
● 【우유】

beurre
베흐
● 【버터】

crème fraîche
크헴 프헤쉬
● 【생크림】

LOOK

[   ] 주세요.
[   ] , s'il vous plaît.
[   ] 씰 부 쁠래
[   ] , please.

치즈
Fromage
프호마쥬

Cœur de Neufchâtel
꿰흐 드 네프샤텔
● 【①꿰흐 드 뇌프샤텔】

Pont L'Evéque
퐁 레베크
● 【②퐁레베크】

Cantal
껑딸르
● 【③캉탈】

Valençay
발렁세
● 【④발랑세】

Camembert
꺄멍베흐
● 【⑤카망베르】

Roquefort
로크포흐
● 【⑥로크포르】

Sainte Maure
썽트 모흐
● 【⑦생트 모르】

Epoisses
에뿌아쓰
● 【⑧에푸아스】

Reblochon
르블로숑
● 【⑨르블로숑】

Crottin de Chavignol
크호땅 드 샤비뇰
● 【⑩크로탱 드 샤비뇰】

오늘의 추천 요리는 무엇인가요?
Que recommandez-vous aujourd'hui?
끄 흐꼬몽데 부 오쥬흐디 ?
What do you recommend today?

음료
Boisson
부아쏭

vin rouge
방 후즈

● 【레드 와인】

vin blanc
방 블랑
● 【화이트 와인】

vin rosé
방 호제

● 【로제 와인】

bière
비에흐
● 【맥주】

café
꺄페

● 【커피】

xérès
제헤스
● 【헤레스산 백포도주】

champagne
샹빤느
● 【샴페인】

vin de la maison
방 드 라 매죵
● 【하우스 와인】

vin mousseux
방 무쏘
● 【스파클링 와인】

조리법
Recette
헤쎄뜨

rôti
호띠
● 【구운 고기】

grillé au feu de bois
그히에 오 푸 드 부아
● 【숯불 구이를 한】

braisé
브해제
● 【(약한 불로) 익힌】

grillé
그히에
● 【오븐에 구운】

cuit à l'eau
퀴 따 로
● 【삶다】

frit
프리
● 【튀긴】

sauce béchamel
소스 베샤멜
● 【베사멜 소스】

congelé
꽁즐레
● 【얼린】

cru
크휘
● 【날것의】

coupé en fines tranches
꾸페 엉 핀느 트헝쉬
● 【얇게 조각낸】

haché
아쉐
● 【다진】

tarte en papillotte
따흐뜨 엉 빠삐욧
● 【종이 포장을 하다】

frais
프해
● 【신선한】

épicé
에삐세
● 【향신료를 더한】

assaisonné
아쌔조네
● 【양념을 한】

au vinaigre
오 비네그흐
● 【식초에 절인】

fumé
퓨메
● 【훈제된】

à la vapeur
아 라 바뿨흐
● 【찐】

조미료
Assaisonnement
아쎄존느멍

huile
윌르
● 【기름】

huile d'olive
윌 돌리브
● 【올리브 기름】

poivre
뿌아브흐
● 【후추】

moutarde
무따흐
● 【겨자】

paprika
빠쁘히꺄
● 【파프리카】

ail
아이
● 【마늘】

sel
쎌
● 【소금】

sucre
쉬크흐
● 【설탕】

herbes
에흐브
● 【허브】

vinaigre
비내그흐
● 【식초】

비스트로에서 똑똑하게 주문해 봅시다.

질 높은 요리를 가볍게 맛볼 수 있는 비스트로는 현지 사람들에게 활기찬 휴식의 장소이기도 합니다. 추천하는 식재료를 듣거나, 주변의 회화 표현에 귀를 기울이며 가게의 분위기를 느껴 봅시다.

파리지앵처럼 주문하기

아페리티프를 드시겠어요?

Voulez-vous un apéritif?
불레 부 정 아뻬히티프?
Would you like an aperitif?

샴페인 한 잔 주세요.

Donnez-moi un verre de champagne.
도네 무아 엉 베흐 드 샹빤느
I'll have a glass of champagne, please.

아니요, 괜찮습니다.

Non, merci.
농 멕씨
No,thank you.

미네랄 워터 한 잔 주세요.

De l'eau minéral , s'il vous plaît.
드 로 미네할 씰 부 쁠래
I'll have a mineral water, please.

한국어[영어]로 된 메뉴판이 있나요?

Avez-vous une carte en coréen[anglais]?
아베 부 윈느 꺄흐뜨 엉 꼬헤앙 [엉글래]?
Do you have a Korean[an English] menu?

이것은 무슨 요리인가요?

Qu'est-ce-que c'est?
께 스 끄 쎄?
What is this dish like?

어떤 생선 요리를 추천하시나요?

Qu'est-ce-que vous recommandez comme poisson ?
께 스 끄 부 흐꼬몽데 꼼므 뿌아쏭?
Which fish dish do you recommend?

빵을 조금 더 주세요.

Encore un peu de pain, s'il vous plaît.
엉꼬흐 엉 뿌 드 빵 씰 부 쁠래
I'd like to have more bread,please.

이것을 2인분 주시겠어요?

Puis-je en avoir deux ?
쀠 쥬 엉 아부아흐 두?
Can I have this for two?

참고 P.150

계산서 주세요.

L'addition, s'il vous plaît.
라디씨옹 씰 부 쁠래
Check, please.

오늘의 추천메뉴가 칠판에 써 있는 경우가 있습니다. 오늘의 추천메뉴는 plat du jour 쁠라 뒤 쥬흐 라고 읽습니다. 메뉴를 잘 읽어 봅시다.

다양한 비스트로의 세계

서민적인 가게, 있는 그대로의 프랑스를 맛볼 수 있는 고급 레스토랑, 새로 인기를 얻고 있는 셰프의 레스토랑 등 다양한 타입의 비스트로가 있습니다.

메뉴를 해석해 봅시다

메뉴 carte
꺄흐뜨

menu carte
26€ 1 entrée + 1 plat ou 1 plat + 1 dessert
30€ 1 entrée + 1 plat + 1 dessert
42€ Menu dégustation (6 plats, pour l'ensemble de la table)
Soupe crémeuse de choux fleur, parmesan, chorizo et amandes
La charcuterie de mon Ami Louis Ospital à Hasparren
Fin taboulé à la tomate, gambas poêlées, pistou
Sardines poêlées, piquillos et oignons nouveaux
Pressé de chèvre, légumes marinés et salade de roquette
Lard paysan grillé, râpée de légumes et oeuf au plat
Dans la tradition Basque, le merlu à l'espagnole
Rouget juste poêlé, tapenade et citrons confits
Rascasse au beurre d'épices, sauce vin rouge
La tranche de veau de Mauléon dorée au sautoir, jus à la sauge
La joue de cochon en cocotte, légumes du printemps et foie gras cru
La volaille de Bresse rôtie, jus de piquillos
Fromage des Pyrénées, confiture de cerises noires
Tarte aux fruits façon Troquet
Assiette de fruits frais de saison, sorbet aux fruits rouges
Quenelle de chocolat guanaja, abricots compotés
Soupe de fraises au vinaigre balsamique, sorbet fromage blanc
Cerises en jubilé, quenelle de glace vanille

전채 + 메인 + 디저트
1 entrée + 1 plat + 1 dessert
엉트헤 쁠라 데세흐

전채 예시

토마토 타불레, 새우구이, 피스투(야채 수프)
Fin taboulé à la tomate, gambas poêlées, pistou
팡 따불레 아 라 또마뜨, 감바스 뿌알레, 피스투

정어리 구이, 피킬로와 햇양파
Sardines poêlées, piquillos et oignons nouveaux
사흐딘느 푸알레, 피킬로 에 어니용 누보

양치즈, 채소 마리네와 루콜라 샐러드
Pressé de chèvre, légumes marinés et salade de roquette
프헤쎄 드 쉐브흐, 레귬므 마히네 에 살라드 드 호께뜨

메인 예시

노랑촉수 즉석 푸알레, 타프나드와 레몬 절임
Rouget juste poêlées, tapenade et citrons confits
후제 쥬스뜨 뿌알레, 타쁘나드 에 시트홍 꽁피

쏨뱅이 양념 버터구이, 레드 와인 소스
Rascasse au beurre d'épices, sauce vin rouge
하스꺄스 오 베흐 데삐스, 쏘스 방 후즈

돼지 볼살 코코트 구이와 생 푸아그라
La joue de cochon en cocotte, et foie gras crû
라 주 드 코숑 엉 코코뜨, 에 푸아 그하 그휘

디저트 예시

카페 풍 과일 타르트
Tarte aux fruits façon Troquet
따흐뜨 오 프휘 파쏭 트호께

체리 쥬빌레, 바닐라 아이스 크넬
Cerises en jubilé, quenelle de glace vanille
쎄히즈 엉 쥬빌레, 끄넬 드 글라스 바닐

'carte'와 'menu'

한국에서 말하는 메뉴는 'carte'라고 합니다. 프랑스어로 'menu'는 '코스 요리'나 '정식'을 가리키는 말이니 주의!

길거리 카페에서 쉬어 가기

프랑스 사람의 생활에서 빼놓을 수 없는 존재인 카페는, 길거리에서 주로 볼 수 있습니다. 가볍게 들러 내 맘에 쏙 드는 카페도 찾아 보세요.

카페 점원과 대화해 봅시다

Bonjour.
봉쥬흐

안녕하세요. 몇 분이세요?
Bonjour. C'est pour combien de personnes ?
봉쥬흐 쎄 뿌흐 꽁비앙 드 뻬흐쏜느?

한 명입니다.
Une personne.
윈느 페흐쏜느

실내석과 테라스석 중 어느 쪽이 더 좋으신가요?
Vous préférez être à l'intérieur ou en terrasse ?
부 프헤페 에트흐 아 렁떼히으 우 엉 떼하쓰?

테라스[카운터] 쪽 부탁드립니다.
En terrasse [au comptoir], s'il vous plaît.
엉 떼하쓰 [오 꽁뚜아흐] 씰 부 쁠래

네, 이쪽으로 오세요.
Installez-vous je vous en prie.
엉스딸레 부 쥬 부 정 프히

자리에 앉아서

메뉴판 부탁드려요.
La carte, s'il vous plaît.
라 꺄흐 씰 부 쁠래

음료용 드릴까요, 식사용을 드릴까요?
C'est pour prendre un verre ? Pour manger ?
쎄 뿌흐 프헝드흐 엉 베흐? 뿌흐 멍줴?

둘 다 부탁합니다.
Les deux.
레 두

주문할 땐

결정하셨나요?
Vous avez choisi ?
부 자베 슈아지?

카페오레와 크루앙상 주세요.
Un café au lait et un croissant, s'il vous plaît.
엉 꺄페 오 래 에 엉 크화쌍 씰 부 쁠래

식사 중에

문제없나요?
Pas de problèmes ?
빠 드 프호블렘므?

괜찮습니다. 맛있어요.
Tout va bien, c'est très bon.
뚜 바 비앙 쎄 트레 봉

케첩 좀 주시겠어요?
S'il vous plaît, je pourrais avoir du ketchup?
씰 부 쁠래 쥬 뿌해 아부아흐 뒤 케첩?

디저트 메뉴 주세요.
La carte des desserts, s'il vous plaît.
라 꺄흐 데 데세흐 씰 부 쁠래

다 맛있을 것 같아!
Tout a l'air bon!
뚜 따 래 봉

카페에서의 표현들을 알아 둡시다

1 자리에 따라 가격이 다릅니다.

기본적으로 카운터, 가게 안 좌석, 테라스석의 순으로 요금이 올라갑니다.

카운터	comptoir 꽁뚜아흐
실내석	siège à l'intérieur 시에쥬 아 렁떼히으
테라스석	siège en terrasse 시에쥬 엉 떼하쓰

2 고기요리를 주문할 때는?

점심이나 저녁에 제대로 된 식사가 가능한 카페도 있다. 고기의 굽기를 이야기할 때는 이렇게!

레어	saignant 쌔니엉
미디엄	à point 아 뿌앙
웰던	bien cuit 비앙 뀌뜨

메뉴에 대해 물어 봅시다

세트 메뉴가 있나요?

Est-ce qu'il y a des formules?
에 스 낄리 야 데 포뮬르?
Do you have a set meal?

이것은 무엇인가요?

Qu'est-ce que c'est?
께 스 끄 쎄?
What is this?

어떤 메뉴를 추천하시나요?

Qu'est-ce que vous me conseillez?
께 스 끄 부 므 꽁쎄이에?
Which do you recommend?

저도 같은 것으로 주세요.

Moi aussi.
무아 오씨
Same for me.

오늘의 추천 음식 [디저트]은 무엇인가요?

Quel est le plat [dessert] du jour?
겔 레 르 쁠라 [데세흐] 뒤 쥬흐?
What is today's dish [dessert] ?

음식을 나눌 수 있을까요?

Est-ce qu'il serait possible de partager ce plat?
에스 낄 쓰해 뽀시쁠르 드 빠흐따줘 쓰 쁠라?
Is it possible to share this dish?

다른 커피 한 잔 더 주세요.

Une autre tasse de café, s'il vous plaît.
윈느 어트르 따쓰 드 꺄페 씰 부 쁠래
Could I have another cup of coffee, please?

원포인트 요리 이름을 알아 봅시다.

얼핏 보면 길고 복잡하게만 보이는 프랑스어로 된 요리 이름은 읽는 방법을 알아 두면, 어느 정도 내용을 추측해 볼 수 있습니다.

처음에는 [주재료], 그 다음은 [소스], 그리고 마지막에 [사이드메뉴]를 말하는 것이 기본적인 순서입니다.

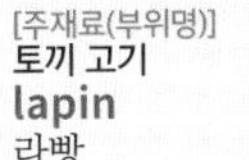

[주재료(부위명)]
토끼 고기
lapin
라빵

\+

[소스]
머스타드 소스
sauce moutarde
써스 무따흐

\+

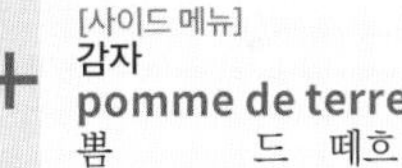

[사이드 메뉴]
감자
pomme de terre
뽐 드 떼흐

기본회화 | 관광 | 맛집 | 쇼핑 | 뷰티 | 엔터테인먼트 | 호텔 | 교통수단 | 기본정보 | 단어장

LOOK

[   ] 부탁합니다.

[   ] **, s'il vous plaît.**

[   ] 씰 부 쁠래

[   ] , please.

카페 메뉴
Carte de café
꺄흐뜨 드 꺄페

quiche lorraine
끼쉬 로핸느

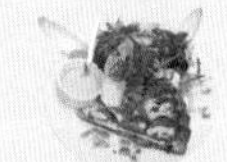

● 【키슈 로렌】

sandwich
썽드위치

● 【샌드위치】

salade niçoise
살라드 니수아즈

● 【니수아즈 샐러드】

omelette
오믈레뜨

● 【오믈렛】

steak-frites
스테크 프히뜨

● 【스테이크 감자튀김】

croque-monsieur
크호끄무슈

● 【크로크무슈】

sorbet
소흐베

● 【소르베(셔벗)】

croissant
크화쌍

● 【크루아상】

café
꺄페

● 【커피】

café crème
꺄페 크헴

● 【카페 크렘】

café viennois
꺄페 비엔누아

● 【카페 콘 판나】

orange pressée
오헝쥐
프헤쎄

● 【생과일 오렌지 주스】

menthe à l'eau
멍뜨 아
로

● 【박하 음료】

pain perdu
빵 뻬흐뒤
● 【프렌치 토스트】

glace
글라스
● 【아이스크림】

café express
꺄페 엑스프헤쓰
● 【에스프레소】

infusion
엉퓨지옹
● 【허브티】

chocolat
쇼꼴라
● 【초콜릿】

café au lait
꺄페 오 래
● 【카페오레】

thé
떼
● 【홍차】

thé au citron
떼 오 시트홍
● 【레몬차】

vin rouge
방 후즈
● 【레드 와인】

champagne
샹빤느
● 【샴페인】

bière
비에흐
● 【맥주】

perrier
뻬히에
● 【페리에】

vin blanc
방 블랑
● 【화이트 와인】

grog
그호그
● 【그로그】

jus de fruits
쥬 드 프휘뜨
● 【과일 주스】

coke
꼬크
● 【콜라】

참고 P.49

치즈와 올리브유를 사러 가 봅시다.

치즈의 종류

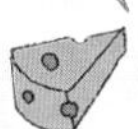

흰곰팡이 치즈
fromage à croûte fleurie
프호마쥬 아 쿠후뜨 플러히
표면이 흰곰팡이로 되어 있어 순하고 풍성한 맛.

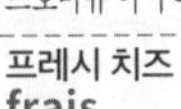

프레시 치즈
frais
프해
숙성시키지 않은 타입으로 갓 만든 것이 맛있다.

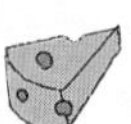

비가열 압착 치즈
pressée non cuite
프레쎄 농 뀌트
천천히 숙성시킨 타입으로 비교적 딱딱한 치즈.

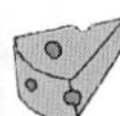

워시 치즈
fromage à croûte lavée
프호마쥬 아 쿠후뜨 라베
농후한 맛으로 와인과 잘 맞는다.

참고 P.48

올리브유 종류

엑스트라버진 올리브유
huile d'olive vierge extra
윌 돌리브 비에흐쥬 엑스트하
풍미가 아주 좋다. 산도가 0.8% 이하로 낮은 최고급 오일

버진 올리브유
huile d'olive vierge
윌 돌리브 비에흐쥬
산도가 2% 이하로 풍미, 향이 꽤 좋은 오일.

오디너리 버진
huile d'olive vierge courante
윌 돌리브 비에흐쥬 꾸헝
산도가 3.3% 이하로 엑스트라보다는 뒤떨어지지만 괜찮은 풍미가 있는 오일.

퓨어 올리브유
huile d'olive pure
윌 돌리브 뷔흐
버진 오일과 정제한 오일을 블랜드한 오일.

치즈의 AOP란?
AOP마크는 Appellation d'Origine Protegée(원산지 명칭 보호)의 약자로 EU에서 허가한 물품에 표시합니다. EU안에서도 아주 엄격한 기준으로 설정하고 있습니다.

한국어	프랑스어	한국어	프랑스어	한국어	프랑스어
		원산지	pays producteur 베이 프호뒥떠흐	순한	doux 두
		신맛	acidité 아씨디떼	크리미한	crèmeux 크렘무
우유	lait 래	향이 있는	corsé 꼬흑세	짠	salé 살레
재료	ingrédient 앵그헤디엉	말랑한	souple 수플르	풍미	parfum 빠흐펑

치즈나 올리브 오일을 사 봅시다

카망베르 150그램 주세요.
Donnez-moi 150 grammes de Camembert.
도네 무아 썽쌩껑뜨 그햄므 드 꺄멍베흐
Could I have 150 grams of Camembert?
참고 P.150

캉탈 치즈 3조각 주세요.
Donnez-moi 3 tranches de Cantal.
도네 무아 트헝뜨 트헝슈 드 껑딸르
Could I have 3 slices of Cantal?
참고 P.150

어떤 재료가 들어갔나요?
Quels sont les ingrédients?
껠 쏭 레 앵그헤디엉?
What is this made from?

테이크아웃으로 프랑스의 식문화를 느껴 볼까요?

산책하는 도중에 가볍게 배를 채울 수 있는 테이크아웃 메뉴.
여행지에서 한 가지를 골라 푸른 하늘 아래서 맛보는 것도 별미입니다.

테이크아웃 시의 회화 포인트입니다.

맛있는 빵으로 만든 샌드위치에서 다국적 메뉴까지 다양하고 풍부한 프랑스의 패스트푸드. 인기 있는 곳은 줄이 길게 서 있기도 하고, 점심시간에는 가게 안이 복잡해지기도 합니다.
자신의 순서가 되면 천천히 고를 수 있는 시간이 없으므로 미리 사진을 보고 주문할 음식을 정해 두는 것이 좋아요.

안녕하세요.
Bonjour.
봉쥬흐

무엇을 드릴까요?
Que désirez-vous?
끄 데지헤 부?

팔라펠 하나와 콜라 큰 것 하나 주세요.
Un falafel et un grand coca, s'il vous plaît.
엉 팔라플 에 엉 헝 꼬까 씰 부 쁠래

드시고 가시가요? 가져가시나요?
Sur place ou à emporter?
쉬흐 쁠라쓰 우 아 엉뽀흐떼 ?

가지고 갈게요. / 여기서 먹을게요.
À emporter, s'il vous plaît. / Sur place, s'il vous plaît.
아 엉뽀흐떼 씰 부 쁠래 / 쉬흐 쁠라쓰 씰 부 쁠래

케첩 필요하세요?
Voulez-vous du ketchup?
불레 부 뒤 케쳡?

네, 주세요. / 아니요, 괜찮습니다.
Oui, s'il vous plaît. / Non, merci.
위 씰 부 쁠래 / 농 멕씨

5 유로입니다.
Ça sera 5 euros.
싸 쓰하 쌩큐호

(돈을 내면서) 여기 있습니다.
Voilà.
부알라

감사합니다.
Merci.
멕씨

[ ] 부탁합니다.

[ ], s'il vous plaît.

씰 부 쁠래

[ ], please.

패스트푸드
Restauration rapide
헤스또하씨옹 하삐드

			hamburger 엉붸흐게흐  ●【햄버거】
panini 빠니니 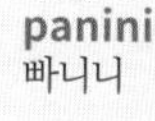 ●【파니니】	sandwich 썽드위치  ●【샌드위치】	quiche 끼쉬  ●【키슈】	chawarma 샤와흐마  ●【샤와르마】
sandwich baguette 썽드위치 바게트  ●【바게트 샌드위치】	kafta 카프타  ●【카프타】	beignet 베니에  ●【튀김 요리 , 도넛】	pizza 피자  ●【피자】
pommes frites 뽐 프히뜨 ●【감자튀김】	soupe 수프  ●【수프】	croque-madame 크호끄 마담 ●【크로크마담】	jus d'orange 쥬 도형쥐 ●【오렌지 주스】
		kebab 께밥 ●【케밥】	café 꺄페 ●【커피】

참고 P.49

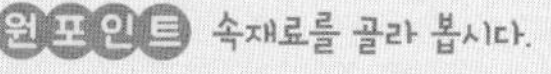

원포인트 속재료를 골라 봅시다.

[ ] 를 넣어 주세요.

Mettez-moi [ ].

메떼 무아 [ ]

닭고기 **poulet** 뿔레

상추 **laitue** 래뜌

훈제 베이컨 **lard fumé** 라흐 퓨메

토마토 **tomate** 또마트

속재료는 물론, 빵의 종류도 가지각색.
다양한 조합으로 맛보세요.

그 외 다른 재료는 이렇게 말해요

생 햄	참치	채소	치즈	계란	버터
jambon cru	thon	légumes	fromage	œuf	beurre
장봉 크휘	똔	레귬므	프호마쥬	어프	베흐

기본회화 관광 맛집 쇼핑 뷰티 엔터테인먼트 호텔 교통수단 기본정보 단어장

마트에서 식재료를 직접 사 볼까요?

쇼케이스에 진열된 신선하고 빛깔 좋은 식재료는, 고르는 것만으로도 즐겁습니다. 가볍게 질 좋은 식재료를 맛보는 것도 가능하니 이것저것 시도해 봅시다.

그럼 주문을 해 봅시다

안녕하세요.

Bonjour.
봉쥬흐

어서오세요. 무엇을 드릴까요?

Bonjour. Que désirez-vous?
봉쥬흐 끄 데지헤 부?

타불레 200그램과 베이컨 키슈 한 조각 주세요.

Je voudrais 200 grammes de taboulé et une tranche de quiche au lard.
쥬 부드해 두썽 그햄므 드 따불레 에 윈느 트헝슈 드 끼쉬 오 라흐

다른 주문은요?

Et avec ça?
에 아베끄 싸?

그리고 이 파테 100그램이요. / 더 없어요.

Et 100 grammes de ce pâté. / C'est tout.
데 썽 그햄므 드 쓰 빠떼 / 쎄 뚜

15유로입니다.

Ça fait 15 euros.
싸 패 깽쥬호

50유로 밖에 없네요. 거스름돈을 주시겠어요?

Je n'ai qu'un billet de 50 euros.
Pouvez-vous me rendre la monnaie?
쥬 내 껑 비에 드 쌩껑 뜌호.
뿌베 부 므 헝드흐 라 모내?

네, 여기 35유로입니다.

Oui, voilà 35 euros.
위 부알라 트헝뜨 쌩큐호

감사합니다.

Merci.
멕씨

가게에 따라서 치즈나 와인을 갖춘 곳도 있고, 제대로 된 점심이나 저녁 식사를 위한 재료를 갖추어 테이크아웃이 가능한 곳도 있습니다. 호텔이나 공원 등 좋아하는 곳에서 먹어 봅시다. 단, 여름에는 상할 수 있으니 들고 걸어가는 시간도 잘 고려해 주세요.

LOOK

[   ] 부탁합니다.
[   ], s'il vous plaît.
[   ] 씰 부 쁠래
[   ], please.

반찬
Plat
쁠라

carottes râpées
꺄호트 하페

● 【캐럿 라페】

taboulé
따불레

● 【타불레】

ragoût de lentilles et œuf
하구 렁띨르 에 어프

● 【렌틸콩 계란 라구】

macédoine
마쎄두안
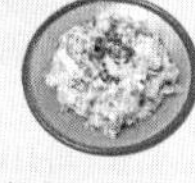
● 【샐러드】

falafel
팔라플
● 【팔라펠】

pâté en croûte
빠떼 엉 크후트

● 【파테 앙 쿠르트】

tarte au fromage blanc
따흐뜨 오 프호마쥬 블랑

● 【프로마쥬 블랑 키슈】

saumon en gelée
소몽 엉 쥴레

● 【연어 젤리】

museau de bœuf
뮈조 드 붸프
● 【소 머리고기】

légumes grillés
레귬므 그히에

● 【채소 볶음】

sandwich au jambon cru et au fromage
썽드위치 오 장봉 크휘 에 오 프호마쥬

● 【햄치즈 샌드위치】

poulet et bardane cuit
뿔레 에 바흐단느 뀌뜨

● 【닭고기 우엉 구이】

tarte aux poireaux
따흐뜨 오 뿌아호

● 【파 타르트】

lapin en gelée
라빵 엉 쥴레

● 【토끼고기 젤리】

saumon fumé
소몽 퓨메
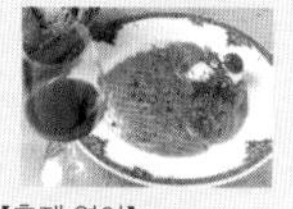
● 【훈제 연어】

hors-d'œuvre varié
오흐 도브흐 배히에
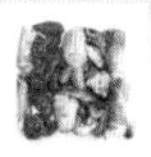
● 【다양한 전채 요리】

millefeuille de saumon
밀푀이으 드 소몽

● 【연어 밀푀유】

saucisse
소씨쓰

● 【소시지】

terrine
떼힌느

● 【테린】

olive
올리브
● 【올리브】

pot-au-feu
포또푀
● 【포토푀】

penne
뻰느
● 【펜네】

panier repas
빠니에 흐빠
● 【바구니에 넣은 도시락】

기본회화 | 관광 | 맛집 | 쇼핑 | 뷰티 | 엔터테인먼트 | 호텔 | 교통수단 | 기본정보 | 단어장

달달한 간식도 여행의 또 다른 재미죠.

보석 같은 달달한 간식들은 보는 것만으로도 행복해진답니다.
맛의 왕국, 프랑스가 키워낸 매혹적인 맛을 깊게 음미해 보세요.

guimauve
기모브
↓
마시멜로우

프랑스의 전통적인 콩피즈리(사탕)로 위스키나 커피 등의 이색적인 맛도 있다.

millefeuille
밀푀이으
↓
밀푀유

바삭바삭한 파이와 커스터드 크림의 조합은 참을 수 없는 맛! 역사 깊은 디저트.

caramel
까하멜
↓
캐러멜

한국의 캐러멜과 같은 맛. 초콜릿이나 소금, 계절 과일 등 다양한 맛을 맛볼 수 있다.

tarte tatin
따흐뜨 따떵
↓
사과 타르트

사과를 버터나 설탕과 함께 오븐에 구워낸 케이크. 꼭 갓 구운 타르트를 맛보길.

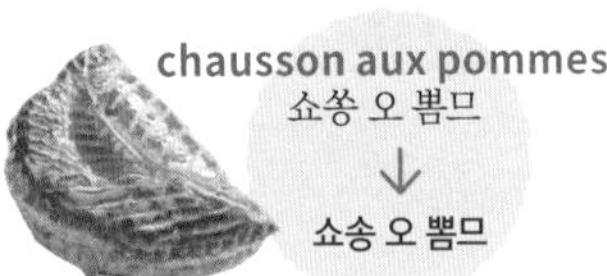

chausson aux pommes
쇼쏭 오 뽐므
↓
쇼송 오 뽐므

일반적인 파이류. 알맞게 구워진 생지와 사과의 단맛이 절묘히게 어우러진다.

macaron
마꺄홍
↓
마카롱

컬러풀하고 다양한 본 고장의 마카롱은 풍부한 맛을 느낄 수 있다.

주문해 봅시다

이걸로 하나 주세요.	**J'en voudrais 1 comme ça.** 정 부드해 엉 꼼므 싸 I'll have one of these cakes.
어떤 메뉴를 추천하시나요?	**Qu'est-ce que vous me conseillez?** 께 스 끄 부 므 꽁쎄이에? What do you recommend?
마카롱 10개 주세요.	**Dix macarons, s'il vous plaît.** 디 마꺄홍 씰 부 쁠래 Could I have 10 macarons?

참고 P.150

참고 P.150

과일에 대한 단어를 알아 둡시다.

블루베리 myrtille 미흐띠으	사과 pomme 뽐므	자두 prune 프휜느	살구 abricot 아브히코
배 poire 뿌아흐	복숭아 pêche 뻬슈	딸기 fraise 프해즈	레몬 citron 시트홍

Mont Blanc
몽 블랑
↓
몽블랑

생크림과 농후한 마롱 크림을 느낄 수 있다. 전통의 그 맛.

sablé
사블레
↓
사블레

먹는 것이 아까울 정도. 사랑스러운 빛깔의 왕관 모양을 한 사블레.

mousse
무스
↓
무스

혀 위에서 사르르 녹아버리는 섬세한 식감은 성숙한 단맛을 이끌어낸다.

éclair
에끌래흐
↓
에끌레어

프랑스에서도 부동의 인기를 누리는 디저트. 이것만 고집하는 사람들도 여럿 있다.

cannelé
꺄늘레
↓
까눌레

보르도의 전통과자로, 바깥 면은 바삭하고 안쪽 면은 촉촉한 반전이 있는 맛.

bonbon
봉봉
↓
사탕

동심의 세계로 돌아간 듯한 색감의 봉봉은 여행 후 선물로도 좋다.

여기서 먹어도 되나요?
Est-ce qu'on peut manger ici?
에 스 꽁 뿌 멍줴 이씨?
Can I eat here?

선물용으로 포장해 주시겠어요?
C'est pour offrir.
쎄 뿌흐 오프히흐
Could you make it a gift?

얼마동안 신선하게 유지되나요?
Se conservent-ils longtemps?
쓰 꽁세흐브 띨 롱떵?
Does it keep long?

내 입맛에 맞는 갈레트와 크레이프를 맛보고 싶어요.

한국에서도 맛볼 수 있는 프랑스의 전통요리 갈레트와 크레이프.
좋아하는 토핑을 선택해 본고장의 맛을 느껴 봅시다.

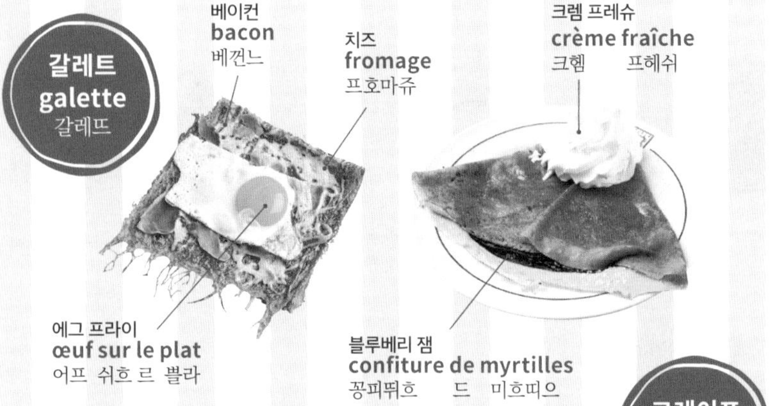

갈레트
galette
갈레뜨

베이컨
bacon
베껀느

치즈
fromage
프호마쥬

에그 프라이
œuf sur le plat
어프 쉬흐 르 쁠라

크렘 프레슈
crème fraîche
크헴 프헤쉬

블루베리 잼
confiture de myrtilles
꽁피뛰흐 드 미흐띠으

크레이프
crêpe
크헤프

갈레트와 크레이프의 차이는?
바삭하게 한 메밀 반죽에 짭조름하게 해서 먹는 것이 갈레트, 부드러운 밀가루 반죽에 달달하게 해서 먹는 것이 크레이프입니다.

갈레트와 크레이프를 주문해 봅시다

참치 갈레트 하나와 애플사이다 한 병 주세요.

Une galette au thon et une bouteille de cidre, s'il vous plaît.
윈느 갈레뜨 오 똔 에 윈느 부떼이으 드 씨드흐 씰 부 쁠래
One galette with tuna and a bottle of cider, please.

달달한 크레이프는 어떤 것인가요?

Quelles sont les crêpes sucrées dans la carte?
껠 쏭 레 크헤프 쉬크헤 덩 라 꺄흐뜨?
Which one is the sweet dish?

테이크아웃으로 부탁합니다.

C'est pour emporter.
쎄 뿌흐 엉뽀흐떼
To go, please.

크레이프에는 사이다가 딱입니다.

저발포성의 사과주로 쓴맛과 단맛이 있습니다. 입맛에 딱 맞고 갈레트와 먹어도 좋습니다. 프랑스에서는 갈레트(크레이프)와 함께 마시는 것이 일반적입니다.

메뉴판을 Check!

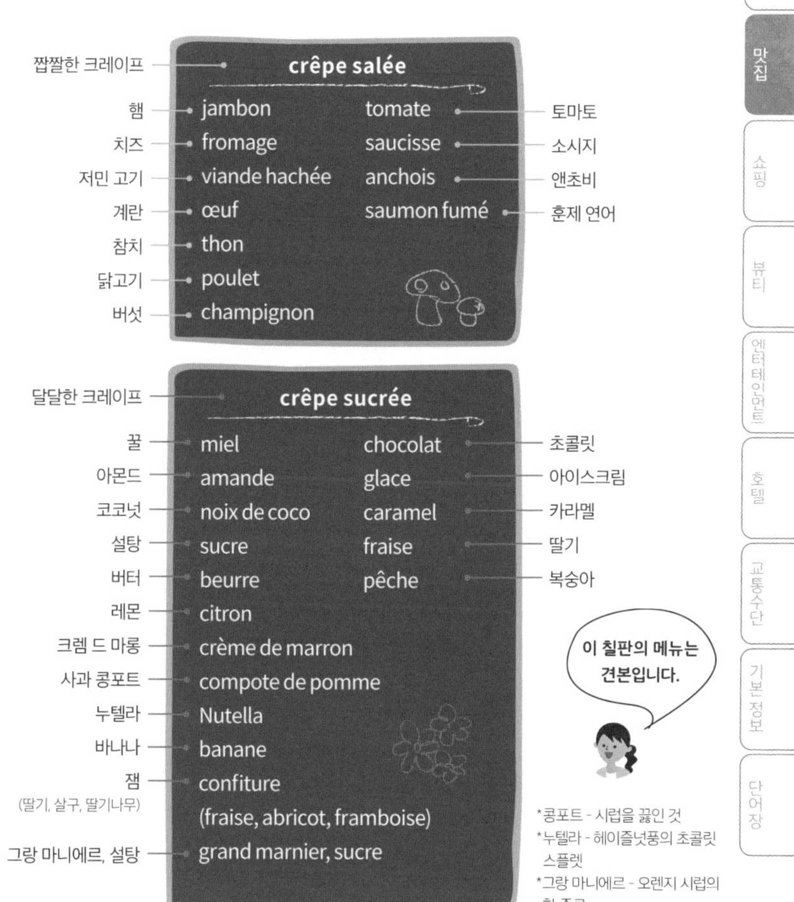

*콩포트 - 시럽을 끓인 것
*누텔라 - 헤이즐넛풍의 초콜릿 스플렛
*그랑 마니에르 - 오렌지 시럽의 한 종류

와인을 똑똑하게 고르는 방법

프랑스가 자랑하는 세계 최고 품질의 와인. 맛도 가격도 가지각색이기 때문에 어떤 것을 살지 망설여진다면 점원에게 물어보면서 마음에 드는 와인을 골라 보세요.

와인 리스트는 여기를 참고하세요

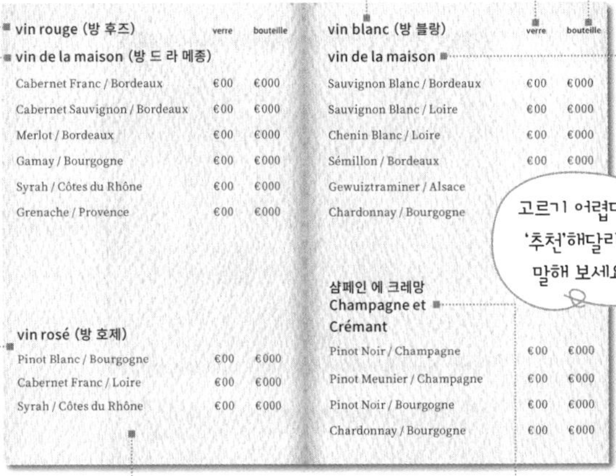

vin rouge (방 루즈)	verre	bouteille
vin de la maison (방 드 라 메종)		
Cabernet Franc / Bordeaux	€00	€000
Cabernet Sauvignon / Bordeaux	€00	€000
Merlot / Bordeaux	€00	€000
Gamay / Bourgogne	€00	€000
Syrah / Côtes du Rhône	€00	€000
Grenache / Provence	€00	€000
vin rosé (방 호제)		
Pinot Blanc / Bourgogne	€00	€000
Cabernet Franc / Loire	€00	€000
Syrah / Côtes du Rhône	€00	€000

vin blanc (방 블랑)	verre	bouteille
vin de la maison		
Sauvignon Blanc / Bordeaux	€00	€000
Sauvignon Blanc / Loire	€00	€000
Chenin Blanc / Loire	€00	€000
Sémillon / Bordeaux	€00	€000
Gewuiztraminer / Alsace		
Chardonnay / Bourgogne		
샴페인 에 크레망 Champagne et Crémant		
Pinot Noir / Champagne	€00	€000
Pinot Meunier / Champagne	€00	€000
Pinot Noir / Bourgogne	€00	€000
Chardonnay / Bourgogne	€00	€000

레드 와인

포도의 종류
포도의 종류에 따라서 와인의 맛이 크게 차이가 난다. 마음에 드는 와인을 찾았다면 포도의 종류를 외워 두는 것이 좋다.

로제 와인

화이트 와인

글라스로 주문할 때의 가격

병으로 주문할 때의 가격

하우스 와인
그 가게에서 독자적으로 엄선한 와인

고르기 어렵다면 '추천'해달라고 말해 보세요.

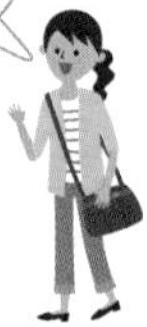

산지
세계에서 이름난 3대 산지 '샹파뉴','보르도', '부르고뉴' 이외에도 각자의 개성이 강한 산지들도 있다.

샴페인 & 스파클링 와인

와인 라벨 읽는 법

와인을 주문해 봅시다

이 와인을 마셔도 될까요?	**Puis-je avoir ce vin?** 쀠 쥬 아부아흐 스 방? Can I have this wine?
와인 좀 추천해 주시겠어요?	**Pouvez-vous me recommander un vin?** 뿌베 부 므 흐꼬몽데 엉 방? Could you recommend some wine?
어느 것이 단[드라이] 와인인가요?	**Lequel est doux [sec]?** 르껠 에 두 [섹]? Which one is sweet [dry] ?
현지 와인은 어느 것인가요?	**Quel est le vin de la région?** 껠 레 르 방 드 라 헤지옹? Which one is the local wine?
가벼운 와인이 있나요?	**Avez-vous du vin léger?** 아베 부 뒤 방 레제? Do you have a light wine?
화이트[레드] 와인 한 잔 주세요.	**Je voudrais un verre de vin blanc [rouge] .** 쥬 부드해 엉 베흐 드 방 블랑 [후즈] May I have a glass of white [red] wine?
조금 더 가격이 적당한 것이 있을까요?	**En avez-vous un autre meilleur marché?** 어 나베 부 어 너트흐 메이여흐 막쉐? Do you have something cheaper?
부르고뉴 와인 주세요.	**Puis-je avoir un vin de Bourgogne?** 쀠 쥬 아부아흐 엉 방 드 부흐곤뉴? Could I have a wine of Bourgogne?

도움이 되는 단어 WORD

		포도	**raisin** 해장	단	**doux** 두
		등급	**classement** 끌래쓰멍	신맛	**acidité** 아시디떼
원산지	**origine** 오히쥔느	마실 준비가 된	**prêt à boire** 프레 따 부아흐	향	**arôme** 아홈므
상표	**marque** 마흐끄	소믈리에	**sommelier** 소믈리예	과일향이 나는	**fruité** 프휘떼
제조년도	**millésime** 밀레짐므	드라이	**sec** 섹	시원한	**frais** 프해

미식의 나라에서 매너를 지키며 똑똑하게 음식 맛보기

매너라고 해도 그다지 엄격하게 받아들이지 않아도 됩니다. 중요한 것은 적당히 즐겁게 말하면서 요리를 음미하는 것. 그 자체로도 프랑스에서의 매너의 시작입니다.

3성급 레스토랑에서는

3성급 레스토랑이나 비스트로를 이용할 때는 예약을 합시다. 이름, 인원수, 날짜를 말하고, 어렵다면 호텔의 프런트나 컨시어지를 통해 예약하는 것도 좋습니다. 그럴 때는 팁을 건네주는 센스!

드레스 코드는

고급 레스토랑이 아닌 이상 요란스럽게 입고 갈 필요는 없지만, 단정하고 깔끔하게 입고 간다면 레스토랑 측에서의 대우가 더 좋아집니다. 드레스 코드가 있는 장소에서는 남자는 재킷에 넥타이, 여자는 원피스나 재킷 등을 입는 편이 좋아요.

메인 요리는

1인 1접시가 원칙이므로 앞접시를 받으면 다른 사람과 나누는 것은 금물! 접시를 돌려가며 나누어 먹는 것도 하지 않는 편이 좋아요.

빨리 먹고 싶다고 해서 자리에 마음대로 가서 앉는 행동은 삼가 주세요. 보통 자리를 안내해 주므로 웨이터가 올 때까지 기다리세요.

또 주의해야 할 것은?

① 주문할 때에는?

각 테이블을 담당하는 웨이터를 기다려 주문하세요. 아페리티프(식전주)를 마실 것인지 물어보는 경우도 있기 때문에 부탁할 일이 없을 때는 "Non, merci"라고 합니다. 또, 반드시 메인 요리는 주문해야 합니다.

② 수프를 먹을 때는?

소리를 내며 먹는 것은 아주 매너가 안 좋은 행동으로 인식될 수 있습니다. 천천히 맛을 음미하며 조용히 먹습니다. 컵 수프로 나오는 경우 들고 먹는 것까지는 괜찮습니다.

가볍게 식사를 하고 싶을 때는

가정적이고 소박한 분위기의 식사가 가능한 비스트로(Bistro)를 추천합니다. 일률적인 가격에 전채 요리, 메인 요리, 디저트를 하나씩 고를 수 있는 곳도 있어요.

나이프나 포크는

사용할 때는 바깥쪽부터 사용합니다. 떨어뜨렸을 경우는 스스로 줍지 말고 웨이터에게 주워 달라고 요청하세요.

한국과 매너가 다르니 놀라지 않도록 하세요!

와인을 마실 때는

프랑스 와인은 세계에서도 유명하므로 와인을 마시려고 하는 사람들이 많습니다. 주문할 때는 남자가 주문하는 것이 매너입니다. 와인을 따를 때는 잔을 잡고 있지 않도록 하고, 와인잔을 들고 소리를 내며 '건배!'하지 않도록 해요.

팁은

웨이터에게 말해 테이블에서 계산합니다. 팁은 자유입니다. 서비스에 만족하여 팁을 주고 싶을 경우는 식대의 5~15% 정도를 주는 것이 적당합니다.

③ 잠시 쉴 때나 다 먹었을 경우는?

식사를 잠시 쉴 때는 나이프와 포크 끝을 맞춰 '여덟 팔 八'모양으로 (포크 아래 쪽에 나이프가 오도록) 두고, 식사가 다 끝났을 경우는 나이프와 포크를 모아 3시 방향이나 중앙을 바라보도록 둡니다.

④ 담배를 피우고 싶을 때는?

공공장소에서는 금연입니다. 레스토랑 안에서는 피우지 않고, 식사 후 자리를 이동해 테라스가 있는 카페에서 흡연합니다. 담배를 피우고 싶을 때는 피울 수 있는 장소를 미리 알아 둡시다.

즐겁게 나만의 패션 스타일을 찾아봅시다.

프랑스 여행의 큰 즐거움 중에 하나는 역시 쇼핑이죠?
여러 옷 가게를 둘러보며 나에게 딱 맞는 패션 스타일을 찾아볼까요?

먼저 가고 싶은 상점들을 찾아봅시다

백화점은 어디에 있나요?

Où se trouve le grand magasin ?
우 쓰 트후브 르 그헝 마가장?
Where is the department store?

그것을 어디서 살 수 있나요?

Où peut-on acheter ça?
우 뿌똥 아슈떼 싸?
Where can I buy that?

꼴레뜨 매장은 어디에 있나요?

Où se trouve le magasin qui s'appelle Colette ?
우 쓰 트후브 르 마가장 끼 싸뻴 꼴레뜨?
Where is the shop called Colette?

상점에 대한 정보를 물어봅시다

영업시간이 언제인가요?

Quelles sont les heures d'ouverture?
껠 쏭 레 저흐 우베흐뛰흐?
What are the business hours?

휴무일이 언제인가요?

Ce magasin est fermé quels jours?
쓰 마가장 에 페흐메 껠 쥬흐?
What day do you close?

가게 안내도가 있나요?

Avez-vous une brochure d'information?
아베 부 윈느 브호쉬 덩포흐마씨옹?
Do you have an information guide?

화장품을 사려면 어디로 가야 하나요?

Où se trouvent les produits de beauté ?
우 쓰 트후브 레 프호뒤 드 보떼?
Where should I go to buy cosmetics?

에스컬레이터[엘리베이터]가 어디에 있나요?

Où est l'escalier roulant [l'ascenseur]?
우 에 레스깔리에 훌렁 [라썽쉬흐] ?
Where is the escalator [elevator]?

가방 매장을 찾고있습니다.

Je cherche des sacs .
쥬 쉐흐슈 데 싹
I'm looking for bags.

물품 보관소가 어디에 있나요?

Où est le vestiaire?
우 에 르 베스띠애흐?
Where is the cloak room?

한국어를 할 수 있는 분이 있나요?

Y a-t-il quelqu'un qui parle coréen?
이 야띨 껠껑 끼 빠흘르 꼬헤앙?
Is there someone who speaks Korean?

가게 안에 ATM 기가 있나요?

Y a-t-il un distributeur automatique de billets dans le magasin?
이 야 띨 엉 디스트히뷰떠흐 오또마띠끄 드 비에 덩 르 마가장?
Do you have an ATM here?

고객 서비스 센터가 어디에 있나요?

Où se trouve le comptoir service clients?
우 쓰 트후브 르 꽁뚜아흐 쎄흐비스 클리엉?
Where is the customer service?

LOOK

[ ]은 어디에 있나요?

Où se trouve [ ] ?
우 쓰 트후브 [ ]
Where is [ ] ?

grand magasin
그헝 마가장
● 【백화점】

boutique select
부띠끄 셀렉뜨
● 【셀렉 샵】

supermarché
수뻬흐마흑쉐
● 【슈퍼마켓】

centre commercial
썽트흐 꼬멕씨알
● 【쇼핑몰】

magasin de vêtements
마가장 드 베뜨멍
● 【옷 가게】

magasin de chaussures
마가장 드 쇼쉬흐
● 【신발 가게】

bagagerie
바가제히
● 【가방 가게】

duty-free, boutique hors taxes
듀티프히, 부띠끄 오흐 딱쓰
● 【면세점】

LOUIS VUITTON 루이뷔똥 ● 【루이 비통】	**HERMES** 에흐메스 ● 【에르메스】	**CHANEL** 샤넬 ● 【샤넬】	**Cartier** 꺄흐띠에 ● 【까르띠에】
Dior 디오흐 ● 【디올】	**CELINE** 셀린느 ● 【셀린느】	**Chloé** 끌로에 ● 【끌로에】	**NinaRicci** 니나리치 ● 【니나 리치】
LANVIN 랑방 ● 【랑방】	**GIVENCHY** 지방시 ● 【지방시】	**Courrèges** 꾸레쥬 ● 【쿠레쥬】	**LONGCHAMP** 롱셩 ● 【롱샴】
Van Cleef & Arpels 방 클리프 & 아뻴 ● 【반클리프 아펠】	**PRADA** 프하다 ● 【프라다】	**GUCCI** 구찌 ● 【구찌】	**BVLGARI** 불갸히 ● 【불가리】

즐겁게 나만의 패션 스타일을 찾아봅시다.

가게 안으로 들어가면

무엇을 찾고 계시나요?	**Puis-je vous aider?** 쀠 쥬 부 재데? What are you looking for?
구경하는 중이에요. 감사합니다.	**Merci, mais je regarde simplement.** 멕씨 매 쥬 허갸흐드 썽쁠르멍 I'm just looking, thank you.
또 올게요.	**Je reviendrai plus tard.** 쥬 흐비앙드해 쁠뤼 따흐 I'll come back later.
저기요, 저 좀 도와주시겠어요?	**Excusez-moi. Pouvez-vous m'aider?** 엑스큐제 무아 뿌베 부 매데? Excuse me, can you help me?
이것과 어울리는 신발이 있나요?	**Avez-vous des chaussures qui vont avec ça?** 아베 부 데 쇼쉬흐 끼 봉 아베끄 싸? Do you have shoes that go with this?
어머니께 선물로 드릴 카디건을 찾고 있어요.	**Je cherche un cardigan pour ma mère.** 쥬 쉐흐슈 엉 꺄흐디겅 뿌흐 마 메흐 I'm looking for a cardigan for my mother.
이 잡지에 실려 있는 블라우스를 보고 싶은데요.	**Pouvez-vous me montrer le chemisier dans cette revue?** 뿌베 부 므 몽트헤 르 슈미지에 덩 쎄뜨 흐뷔? I'd like to see the blouse on this magazine.
이 검은색 재킷에 어울리는 밝은 색 치마가 있나요?	**Avez-vous une jupe dúne couleur claire qui va avec une veste noire?** 아베 부 윈느 쥐쁘 뒨느 꿀뤄흐 끌레 끼 바 아베끄 윈느 베스뜨 누아흐? Do you have a skirt in light color that goes with a black jacket?
업무용 정장을 찾고 있어요.	**Je cherche un costume pour travail.** 쥬 쉐흐슈 엉 꼬스뜸 뿌흐 트하바이 I'm looking for a suit for work.

사고 싶을 때는 이 표현을

이거 주세요. / 얼마예요?

Je vais prendre ceci.／Combien ça coûte?
쥬 배 흐어드흐 쎄씨／ 꽁비앙 싸 꾸뜨?
I'll take this.／How much is it?

친구에게 선물할 스카프를 찾고 있어요.

Je cherche un foulard pour mon ami.
쥬 쒜흐슈 엉 풀라흐 뿌흐 모나미
I'm looking for a scarf for my friend.

신제품 카탈로그가 있나요?

Avez-vous un catalogue de vos nouveautés?
아베 부 엉 까딸로그 드 보 누보떼?
Do you have a catalog of new items?

가을 시즌 치마가 벌써 들어왔나요?

Avez-vous déjà des jupes d'automne?
아베 부 데쟈 데 쥐쁘 도똔느?
Do you have a skirt for autumn season?

참고 P.151

면 스웨터가 있나요?

Avez-vous des pulls en coton?
아베 부 데 쀨 꼬똥?
Do you have cotton sweaters?

참고 P.74

이 상품을 보고 싶습니다.

Je voudrais voir ça.
쥬 부드해 부아흐 싸
I'd like to see this.

캐쥬얼[드레시]한 옷을 찾고 있어요.

Je cherche une tenue décontractée [habillée].
쥬 쒜흐슈 윈느 뜨뉘 데꽁트학떼 [아비에]
I'd like something casual [dressy].

오른쪽에서 세 번째에 있는 상품을 보여 주시겠어요?

Pouvez-vous me montrer la troisième chose en partant de la droite?
뿌베 부 므 몽트헤 라 트화지엠 쇼즈 엉 빠흐떵 드 라 두화뜨?
Please show me the third one from the right.

참고 P.150

이것은 진짜인가요?

Est-ce un vrai?
에 스 엉 브해?
Is this genuine?

이것은 무슨 브랜드인가요?

Quelle marque est-ce?
껠 마흐끄 에 스?
What brand is this?

신제품이 있나요?

Avez-vous de nouveaux articles?
아베 부 드 누보 아흑띠끌르?
Do you have any new items?

이것과 같은 것이 있나요?

Avez-vous le même que ceci?
아베 부 윈느 르 멤므 끄 쎄씨?
Is there one the same as this?

생각할 시간이 필요해요.

J'ai besoin d'un peu plus de temps pour réfléchir.
재 비주앙 덩 뿌 쁠뤼 드 떵 뿌흐 헤플레쉬흐
I need a little more time to think.

즐겁게 나만의 패션 스타일을 찾아봅시다.

마음에 드는 물건을 찾아봅시다

이 디자인과 비슷한 물건이 있나요?	**En avez vous un(une) du même style?** 어 나베 부 엉(윈느) 뒤 멤므 스틸르? Do you have one with a similar design?
다른 옷도 입어 봐도 될까요?	**Puis-je essayer d'autres habits?** 쀠 쥬 에쎄이예 도트흐 자비? Can I try some other clothes?
이것을 제가 손으로 집어도 되나요?	**Puis-je tenir ça à la main?** 쀠 쥬 뜨니흐 싸 아 라 망? Can I pick this up?
디자인이 마음에 들지 않아요.	**Je n'aime pas ce modèle.** 쥬 냄므 빠 쓰 모델르 I don't like this design.
거울이 어디 있나요?	**Où est le miroir?** 우 레 르 미후아흐? Where is the mirror?
이것을 입어 봐도 될까요?	**Puis-je essayer ceci?** 쀠 쥬 에쎄이예 쎄씨? Can I try this on?
사이즈는 38입니다.	**Je fais du 38 .** 쥬 패 뒤 트헝뜨 위뜨 My size is 38 .
이걸로 할게요.	**Je prends ça.** 쥬 프헝드 싸 I'll take this.

참고 P.150

면세 수속에 대해 설명하겠습니다

프랑스에서는 상품의 가격에 19.6%의 부가가치세(TVA)가 포함되어있지만 EU 이외의 외국거주자가 1개의 상점에서 하루에 €175(상점에 따라서는 €292) 이상의 쇼핑을 했을 경우 면세 수속이 가능합니다. 기준에 적합한 쇼핑을 했을 경우에는 상점에서 면세 서류를 작성하세요. 그럴 때는 여권을 반드시 제시해야 합니다.

사이즈의 차이를 잘 알아 둡시다

여성복

프랑스	36	38	40	42	44	46	48
한국	55	66	77	77	88	88	88

여성화

프랑스	36	36.5	37	37.5	38	38.5	39
한국	220	225	230	235	240	245	250

잘 어울린다.
C'est parfait.
쎄 빠흐패

사이즈가 38인가요?	**Avez-vous du 38 ?** 아베 부 뒤 트헝뜨 위뜨? Do you have 38 ?

참고 P.150

조금 작네요[크네요].	**C'est un peu serré [grand].** 쎄 떵 뿌 쎄헤[그헝] This is a little bit tight [loose].
더 큰[작은] 사이즈가 있나요?	**Avez-vous une pointure au dessus [en dessous]?** 아베 부 윈느 뿌앙뛰흐 오 드쉬[엉 드수] ? Do you have a bigger [smaller] size?
너무 길어요[짧아요].	**C'est trop long [court].** 쎄 트호 롱[꾸흐] This is too long [short].
사이즈가 맞지 않아요.	**Ça ne me va pas.** 싸 느 므 바 빠 It didn't fit me.
죄송합니다. 다시 올게요.	**Je suis désolé. Je reviendrai plus tard.** 쥬 쉬 데졸레 쥬 흐비앙드해 쁠뤼 따흐 I'm sorry. I'll come back later.

파리지앵이 되기 위해서는 이것

어느 제품이 인기 있나요?

Laquelle a du succès?
라껠 아 뒤 쑥세?
Which one is popular?

도움이 되는 단어 WORD

사이즈	pointure / taille 뿌앙뛰흐 / 따이으	작다	petit / petite(여) 쁘띠 / 쁘띠뜨	두껍다	épais / épaisse(여) 에빼 / 에빼쓰
큰	grand / grande(여) 그헝 / 그헝드	길다	long / longue(여) 롱 / 롱그	얇다	fin / fine(여) 팡 / 핀느
긴팔	manches longues 멍슈 롱그	짧다	court / courte(여) 꾸흐 / 꾸흐뜨	꼭 맞다	juste 쥬스뜨
		꼭 맞다	serré / serrée(여) 쎄헤 / 쎄헤	수수하다	sobre 쏘브흐
		반팔	manches courtes 멍슈 꾸흐뜨	민소매	sans manches 썽 멍슈

※(여)는 여성명사가 있을 때의 형태입니다.

즐겁게 나만의 패션 스타일을 찾아봅시다.

점원에게 물어봅시다

사이즈에 맞게 수선해 주시겠어요?	**Pouvez-vous ajuster la taille?** 뿌베 부 아쥬스떼 라 따이으? Can you adjust the size?
얼마나 걸리나요?	**Combien de temps est-ce que ça prend?** 꽁비앙 드 떵 에 스 끄 싸 프헝? How long does it take?
다른 색[프린팅]이 있나요?	**Avez-vous une autre couleur [un autre motif]?** 아베 부 윈느 오트흐 꿀러흐 [어 노트흐 모띠프]? Do you have a different color [print]?
검은색이 있나요?	**En avez-vous en noir ?** 어 나베 부 정 누아흐? Do you have black one? 참고 P.77
같은 디자인의 다른 색상 제품이 있을까요?	**Avez-vous la même chose dans d'autres couleurs?** 아베 부 라 멤므 쇼즈 덩 도트흐 꿀러흐? Do you have the same one in other colors?
이것은 순 금[은] 인가요?	**Est-ce de l'or [l'argent] pur?** 에 스 드 로흐 [라흐정] 쀠흐? Is this pure gold [silver]?
소재가 무엇인가요?	**De quoi est-ce fait?** 드 꾸아 에 스 패? What is this made of?
실크[캐시미어] 소재로 된 것이 있나요?	**Je voudrais quelque chose en soie [cachemire].** 쥬 부드해 껠끄 쇼즈 엉 수아[깨슈미흐] I'd like something made of silk [cashmere].
방수인가요?	**Est-ce que c'est résistant à l'eau?** 에 스 끄 쎄 헤지스떵 아 로? Is this waterproof?

도움이 되는 단어장 WORD

부드럽다	mou / molle 무 / 몰르	면	coton 꼬똥	스웨이드 가죽	daim 당
거칠다	dur / dure 뒤흐 / 뒤흐	실크	soie 수아	인조 가죽	faux cuir 포 퀴흐
		리넨	lin 렁	밝은 색	clair 끌래흐
		울	laine 랜느	어두운 색	sombre 쏭브흐

[ ] 부탁합니다.
[ ], s'il vous plaît.
씰 부 쁠래
[ ], please.

LOOK

t-shirt
띠 셔흐뜨

● 【티셔츠】

veste
베스트
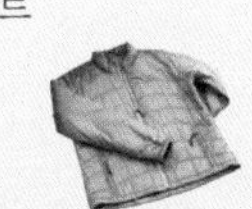
● 【재킷】

chemisier
슈미지에

● 【블라우스】

pull-ove/chandail
쀨로버흐 / 섕다이으

● 【스웨터】

cardigan
꺄흐디겅

● 【카디건】

jupe
쥐쁘
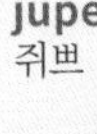

● 【치마】

jeans
진

● 【청바지】

manteau
멍또
● 【코트】

camisole
꺄미솔
● 【캐미솔】

chemise
슈미즈
● 【셔츠】

pantalon
빵딸롱
● 【긴 바지】

étole
에똘르
● 【스톨】

accessoire cheveux
액쎄수아흐 슈부
● 【헤어 액세서리】

robe
호브
● 【원피스】

pendentif
뼁덩띠프
● 【펜던트】

écharpe
에샤흐쁘
● 【스카프】

foulard
풀라흐
● 【머플러】

cravate
크하바트
● 【넥타이】

broche
브호슈
● 【브로치】

chapeau
샤뽀
● 【모자】

slip (de femme)
슬리프(드 팜므)
● 【팬티】

portefeuille
포흐뜨풔이으
● 【지갑】

soutien-gorge
수띠앙 고흐쥬
● 【브래지어】

lunettes de soleil
뤼네뜨 드 쏠레이
● 【선글라스】

bas/collant
바 / 꼴롱
● 【스타킹】

gants
겅
● 【장갑】

chaussettes
쇼세뜨
● 【양말】

세탁이 가능한가요?
Est-ce lavable?
에 스 라바블르?
Is this washable?

조금 더 싼[비싼] 것이 있나요?
Avez-vous quelque chose de moins [plus] cher?
아베 부 껠끄 쇼즈 드 무앙 [쁠뤼] 쉐흐?
Do you have a little cheaper[more expensive] one?

즐겁게 나만의 패션 스타일을 찾아봅시다.

계산할 때

전부 얼마인가요?

Combien est-ce que ça coûte en tout?
꽁비앙 에 스 끄 싸 꾸뜨 엉 뚜?
How much are all these together?

세금이 포함되어 있나요?

La taxe est-t-elle incluse?
라 딱쓰 에 뗄 엉클뤼즈?
Does it include tax?

이 신용 카드를 사용할 수 있나요?

Acceptez-vous cette carte de crédit?
악쎕떼 부 쎄뜨 꺄흐뜨 드 크헤디?
Do you accept this credit card?

면세로 살 수 있나요?

Pouvez-vous me faire la détaxe?
뿌베 부 므 패흐 라 데딱쓰?
Can I buy it tax-free?

면세 신고서 주세요.

Avez-vous un formulaire de douane?
아베 부 엉 포흐뮬래 드 두안?
Can I have a customs form?

계산에 실수가 있는 것 같아요.

Je crois qu'il y a une erreur dans la facture.
쥬 쿠아 낄 리 야 윈느 에혀 덩 라 팍뛰흐
I think there is a mistake in this bill.

거스름돈을 잘못 주셨어요.

Vous vous êtes trompé en me rendant la monnaie.
부 부 제뜨 트홍뻬 엉 므 헝덩 라 모내
You gave me the wrong change.

환불, 교환, 클레임이 있다면

얼룩을 발견했는데 환불해 주실 수 있으신가요?

J'ai trouvé une tache. Pouvez-vous me rembourser?
재 트후베 윈느 따슈 뿌베 부 므 헝부흑쎄?
I'd like to return this because it has a stain.

열어 보니 제가 산 물건과 달라요.

C'est différent de ce que j'ai acheté.
쎄 디페헝 드 쓰 끄 재 아슈떼
This is different from what I bought.

아직 사용하지 않았어요.

Je ne l'ai pas utilisé.
쥬 느 래 빠 위띨리제
I haven't used it at all.

LOOK

[ ] 가 있나요?
Avez-vous [ ] ?
아베 부 [ ]?
Do you have [ ]?

색
Couleur
꿀러흐

noir／noire
누아／누아흐

● 【검은색】

blanc／blanche
블랑／블랑슈

● 【흰색】

rouge
후즈

● 【빨강】

bleu／bleue
블루／블루

● 【파랑】

jaune
죤느

● 【노랑】

vert／verte
베흐／베흐뜨

● 【초록】

rose
호즈

● 【분홍】

orange
오헝쥐

● 【주 】

violet／violette
비올레／비올레뜨

● 【보라】

ivoire
이부아흐

● 【아이보리색】

beige
베쥬

● 【베이지색】

marron
마홍

● 【갈색】

doré／dorée
도헤／도헤

● 【금색】

argenté／argentée
아흐정떼／아흐정떼

● 【은색】

무늬
Motif
모띠프

rayé
하예

● 【줄무늬】

à carreaux
아 꺄호

● 【체크무늬】

à pois
아 뿌아

● 【물방울무늬】

motif de fleurs
모띠프 드 플러흐

● 【꽃무늬】

uni
위니

● 【민무늬】

à la mode
아 라 모드

● 【유행하는】

마음에 드는 구두나 가방을 사러 가고 싶어요.

프랑스에서는 예쁘고 세련된 구두나 가방이 한가득!
점원과 대화하며 즐겁게 쇼핑해 볼까요?

36사이즈가 있나요?

Est-ce que vous avez ça en 36 s'il vous plaît?
에 스 끄 부 자베 싸 엉 트헝뜨 씨스 씰 부 쁠래?
Do you have this in 36? 참고 P.72

조금 작네요[크네요].

C'est un peu serré [grand].
쎄 떵 뿌 쎄헤 [그헝]
This is a little bit tight [loose].

너무 딱 맞아요.

Elles sont un peu justes.
엘 쏭 엉 뿌 쥬스뜨
My toes hurt.

이것보다 반 사이즈 더 큰 물건이 있나요?

Est-ce que vous avez une demi-taille au dessus?
에 스 끄 부 자베 윈느 드미 따이으 오 드쉬
Do you have a half-size bigger than this?

굽이 너무 높은[낮은] 것 같아요.

Je crois que les talons sont trop hauts [plats].
쥬 쿠아 끄 레 딸롱 쏭 트호 오 [쁠라]
I think the heels are too high [low].

딱 맞아요!

C'est parfait !
쎄 빠흐패
This is perfect.

이게 마음에 들어요.

Ça me plaît.
싸 므 쁠래
I like this one.

도움이 되는 단어장 WORD

한국어	프랑스어	발음
무도화	escarpins	에스꺄흐빵
하이힐	souliers à talons hauts	쑬리에 아 딸롱 조
샌들	sandales	썽달르
실내 슬리퍼	mules	뮬르
발레화	ballerine	발르힌느
장화	bottes	보트
부츠	boots	부츠
하프 부츠	bottines	부틴느
롱 부츠	bottes	보트
스니커즈	sneakers	스니커즈
천으로 만든	en toile	엉 뚜알르
가죽으로 만든	en cuir	엉 퀴흐
걷기 편한	facile à marcher	파씰 아 막쉐

가방 가게에서

업무용 검은색 가방을 찾고 있어요.	**Je cherche un sac noir que je pourrais utiliser au travail.** 쥬 쉐흐슈 엉 싹 누아흐 끄 쥬 뿌해 위띨리제 오 트하바이으 I'd like a black bag for work. 참고 P.77
버튼이[지퍼가] 있는게 좋아요.	**J'en voudrais un avec des boutons [une fermeture éclair].** 정 부드해 엉 아베끄 데 부똥 [윈느 페흐메떠흐 에끌래흐] I want one with buttons [zippers].
좀 더 큰[작은] 물건이 있나요?	**Avez-vous la taille au-dessus [au-dessous]?** 아베 부 라 따이으 오 드쉬 [오 드수]? Do you have a bigger [smaller] one?
다른 색상이 있나요?	**Est-ce que vous avez d'autres couleurs ?** 에 스 끄 부 자베 도트흐 꿀러흐? Do you have a different color?
새 상품이 있나요?	**Est-ce que vous avez des nouveautés?** 에 스 끄 부 자베 데 누보떼? Do you have a new product?
인기 있는 것은 어떤 것인가요?	**Qu'est-ce qui se vend le mieux actuellement?** 께 스 끼 쓰 벙 르 미유 악튜엘르멍? Which one is popular?
선명한 색상인 것이 좋아요.	**Je voudrais quelque chose de couleur vive.** 쥬 부드해 껠끄 쇼즈 드 꿀러흐 비브 I'd like one in vivid color.
주머니나 칸막이가 있는 것이 있나요?	**En avez-vous un avec des poches ou des compartiments?** 어 나베부 정 아베끄 데 뽀슈 우 데 꽁빠흐띠멍? Do you have one that has pockets or compartments?

도움이 되는 단어장 WORD

핸드백	sac à main	싹 까 망
숄더 백	sac à bandoulière	싹 까 벙둘리에흐
여행용 가방	valise	발리즈
여행용	de voyage	드 부아야쥐
업무용	de travail	드 트라바이으
일상용	de tous les jours	드 뚜 레 쥬흐
끈이 있는[없는]	avec[sans] bandoulière	아베끄 [썽] 벙둘리에흐
주머니	poche	뽀슈
지퍼	fermeture éclair	페흐메떠흐 에끌래흐
가죽으로 만든	en cuir	엉 퀴흐
천으로 만든	en toile(tissu)	엉 뚜알르 (띠슈)
방수가 되는	résistant a l'eau	헤지스떵 따 로
소상인	petit commerçant	쁘띠 꼬메흐썽

액세서리도 사러 가 봅시다.

프랑스에서만 만나볼 수 있는 센스가 넘치는 액세서리와 수예용품.
내 것도 사고, 선물용으로도 사고, 몇 가지 둘러보다 보면
모두 사고 싶어져요.

마음에 드는 액세서리를 찾아봅시다

이 반지를 보여 주실 수 있나요?
Pourriez-vous me montrer cette bague?
뿌히에 부 므 몽트헤 쎄뜨 바그?
Could I see this ring?

이 돌은 무엇인가요?
Qu'est-ce que c'est comme pierre?
께 스 끄 쎄 꼼므 삐에흐?
What is this stone?

프랑스에서 만들어졌나요?
Est-ce que c'est fabriqué en France?
에 스 끄 쎄 파브히께 엉 프헝스?
Is this made in France?

어느 정도의 길이를 원하시나요?
Vous voulez quelle longueur?
부 불레 껠 롱겨흐?
How long do you want?

2m정도로 부탁합니다.
J'en voudrais environ 2 mètres, s'il vous plaît.
정 부드해 엉비홍 두 메트흐 씰 부 쁠래
I'll have two meters of it. 참고 P.150

선물용으로 포장 부탁합니다.
C'est pour offrir.
쎄 뿌흐 오프히흐
Could you gift wrap it?

따로따로 포장해 주세요.
Pourriez-vous me les envelopper séparément?
뿌히에 부 므 레 정벨로뻬 쎄빠헤멍?
Could you wrap these individually?

리본 붙여 드릴까요?
Pourriez-vous mettre un ruban?
뿌히에 부 메트흐 엉 휘봉?
Could you put some ribbons?

깨지지 않게 포장해 주시겠어요?
Pourriez-vous me faire un paquet pour que ça ne se casse pas?
뿌히에 부 므 패흐 엉 빠께 뿌흐 끄 싸 느 쓰 꺄쓰 빠?
Could you wrap it not to break?

이것은 몇 캐럿인가요?
A combien de carats est ceci?
아 꽁비앙 드 꺄하 에 쎄씨?
What carat is this?

LOOK

[ ] 부탁합니다.
[ ], s'il vous plaît.
씰 부 쁠래
[ ], please.

잡화, 액세서리, 수예 용품
Articles de ménage/accessoire/mercerie
아흑띠끌르 드 메나쥐 / 액쎄수아흐 / 메흑써히

bague
바그

● 【반지】

collier
꼴리에

● 【목걸이】

bracelet
브하슬레

● 【팔찌】

boucles d'oreilles
부끌르 도헤이으
● 【귀걸이】

épingle de cravate
에빵글르 드 크하바트
● 【넥타이 핀】

broche
브호슈
● 【브로치】

bouton de manchette
부똥 드 멍쉐뜨
● 【커프스 단추】

bouton
부똥

● 【단추】

tissu
띠슈

● 【천】

écusson
에뀌쏭
● 【휘장】

fil pour machine à coudre
필 뿌흐 머쉰느 아 꾸드흐
● 【제봉틀 실】

ruban
휘봉
● 【리본】

perle de verre
뻬흘 드 베흐
● 【비즈】

원포인트 반지 사이즈에 주의하자!

한국과 프랑스는 사이즈 표기가 조금씩 다릅니다.
브랜드별로도 다른 경우도 있기 때문에 반드시 껴 보고 구매해야 합니다.

한국	7	8	9	10	11	12	13
프랑스	47	48	49	50	51	52	53

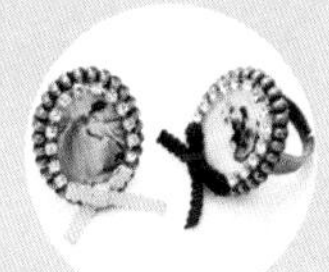

참고 P.150

도움이 되는 단어장 WORD

금	or	오흐
은	argent	아흐정
백금	platine	쁠라띤느
캐럿	carat	꺄하
스테인리스	acier inoxydable	아시에 이녹시다블르
장식핀	épingle	에빵글르
스팽글	paillette	빠이예뜨
레이스	dentelle	덩뗄르
식탁보	nappe	나쁘
키드	kit	끼트
뜨개질	tricot	트히꼬
자수실	fil à broder	필 아 브호데
무명실	fil de coton	필 드 꼬똥
실패	bobine	보빈느
패치워크	patchwork	빠치워흐크
펠트	feutre	푸트흐

화장품을 살 때 헷갈리지 않게 사는 방법은?

대형 숍이나 노포, 전문점 등 특색있는 화장품이 한가득!
프랑스 여성의 내추럴한 아름다움을 본보기로, 자신에게 맞는 화장품을 찾아봅시다.

프랑스 화장품을 고르는 법은?
피부가 민감한 사람에게는 비오(천연 상품)를 추천합니다. 엄격한 인정 기준을 통과한 상품은 첨가물이 없으니 안심하고 사용하세요.

화장품을 찾아봅시다

파운데이션을 찾고 있어요.
Je cherche un fond de teint.
쥬 쉐흐슈 엉 퐁 드 땅
I'm looking for a foundation cream.

민감성 피부에도 사용할 수 있나요?
Est-ce que ça convient aux peaux sensibles?
에 스 끄 싸 꽁비앙 오 뽀 썽씨블르?
Can this be used on sensitive skin?

낮[밤]에 사용하는 건가요?
C'est pour la journée [la nuit]?
쎄 뿌흐 라 주흐네 [라 뉘]?
Is it for daytime-use [night time-use]?

안에 첨가물이 있나요?
Est-ce qu'il y a des additifs dedans?
에 스 낄 리 야 데 자디띠프 드덩?
Does it use any antiseptics?

점원에게 물어봅시다

이 상품은 어디에 [어떻게]사용하나요?
C'est pour quoi faire? [Comment utiliser ça?]
쎄 뿌흐 꾸아 패흐? [꼬몽 위띨리제 싸?]
What is this for? [How can I use this?]

화장품 라벨에 표시된 단어장 WORD

안티에이징	anti-âge 엉띠 아쥐
얼룩을 쉽게 지우는	antitache 엉띠따쉬
주름	ride 히드
모공	pore 뽀흐
식물성의	végétal 베제딸
무착색	sans colorant 썽 꼴로헝
무향료	sans arôme 썽 아홈므
방부제 무사용	sans antiseptique 썽 엉티셉티크
보존료 무사용	sans conservateur 썽 꽁쎄흐바뚸흐
유기농	bio 비오

프랑스에서는 약국에서 좋은 쇼핑을 할 수 있어요!

프랑스의 Pharmacle(약국)에서는 많은 스킨케어 상품이 있습니다. 'Roger & Galler' 이나 'weleda', 'Caudalie' 등의 브랜드가 있으니 한번 들러 보세요.

한국에는 없는 화장품이 있나요?

Est-ce que vous avez des produits cosméstiques qui ne sont pas vendus en Corée?
에 스 끄 부 자베 데 프호뒤 꼬스메띠끄 끼 느 쏭 빠 벙뒤 엉 꼬헤?
Do you have any cosmetics that aren't available in Korea?

테스트해 봐도 될까요?

Est-ce que je pourrais l'essayer?
에 스 끄 쥬 뿌해 레쎄이예?
Can I try this?

자외선 차단 기능이 있나요?

Est-ce que ça protège des UV?
에 스 끄 싸 프호떼쥬 데 쥐베?
Does it block UV rays?

이 색에 가까운 립스틱이 있나요?

Avez-vous un rouge à lèvre proche de cette couleur?
아베 부 엉 후즈 아 레브흐 프호슈 드 쎄뜨 꿀러흐?
Do you have a lipstick close to this color?

색은 여기에 나와 있는 것이 전부인가요?

Est-ce toutes les couleurs que vous avez?
에 스 뚜뜨 레 꿀러흐 끄 부 자베?
Are there any other colors?

인기 있는 상품이 어느 것인가요?

Qu'est-ce qui a du succès?
께 스 끼 아 뒤 쒁세?
Which one is popular?

이것을 보고 싶어요.

Je voudrais voir ceci.
쥬 부드해 부아흐 쎄씨
I'd like to see this.

선물용으로 포장해 주시겠어요?

Pouvez-vous me faire un paquet cadeau?
뿌베 부 므 패흐 엉 빠께 꺄도?
Could you wrap this as a gift?

같은 것으로 5개 주세요.

J'en voudrais cinq .
정 부드해 쌩크
I want five of these.

참고 P.150

LOOK

[ ] 은 있나요?
Avez-vous [ ] ?
아베 부 [ ]?
Do you have [ ]?

화장품
Pruduits de beauté
프로뒤 드 보떼

lait de beauté
래 드 보떼
● 【밀크 로션】

crème de beauté
크헴 드 보떼
● 【미용 크림】

sérum
세험므
● 【세럼】

démaquillant
데마끼엉
● 【메이크업 리무버】

crème à lèvres
크헴 아 레브흐
● 【립밥】

gommage
고마쥬
● 【각질 제거】

lotion
로씨옹
● 【로션】

crème de jour
크헴 드 쥬흐
● 【데이 크림 】

nettoyant
네뚜아영
● 【세안제】

masque
마스크
● 【마스크 팩】

crème hydratante
크헴 이드하떵뜨
● 【보습제】

crème de nuit
크헴 드 뉘
● 【나이트 크림】

헤어, 바디케어
Soin du corps et du cheveau
수앙 뒤 꼬흐 에 뒤 슈부

savon
싸봉
● 【비누】

huile pour le corps
윌 뿌흐 르 꼬흐
● 【보디 오일】

huile pour le visage
윌 뿌흐 르 비자쥬
● 【페이셜 오일】

parfum
빠흐펑
● 【향수】

eau de rose
오 드 호즈
● 【로즈 미스트】

shampooing
셩뿌앙
● 【샴푸】

soin reconstituant
수앙 허쏭스띠뜌엉
● 【헤어 트리트먼트】

après-shampooing
아프레 셩뿌앙
● 【린스】

gel douche
젤 두슈
● 【샤워 젤】

향수 신제품이 있나요?

Avez-vous des nouveaux parfums?
아베 부 데 누보 빠흐펑?
Do you have a new perfume?

세럼 샘플이 있나요?

Avez-vous des échantillons de sérum?
아베 부 데 제셩띠용 드 세험므?
Do you have a sample of serum?

LOOK

어떤 [　　]을 추천하시나요?
Qu'est-ce-que vous recommandez comme [　　] ?
께 쓰 끄 부 흐꼬몽데 꼼므 [　　]?
Which [　　] do you recommend?

		huile aromatique 윌 아호마띠크 ● 【아로마 오일】	**huile de jojoba** 윌 드 조조바 ● 【호호바 오일】
		huile d'argan 윌 다흐겅 ● 【아르간 오일】	**huile de germes de blé** 윌 드 제흠므 드 블레 ● 【밀 배아 오일】
gel aromatique 젤 아호마띠크 ● 【아로마 젤】	**beurre de karité** 베흐 드 꺄히떼 ● 【시어 버터】	**화장품** **Produits de beauté** 프호뒤 드 보떼	**rouge à lèvres** 후즈 아 레브흐  ● 【립스틱】
huile essentielle 윌 레썽씨엘르 ● 【에센셜 오일】	**crème de beurre de karité** 크헴 드 베흐 드 꺄히떼 ● 【시어 버터 크림】		
mascara 마스꺄하  ● 【마스카라】	**vernis à ongles** 베흐니 아 옹글르  ● 【매니큐어】	**fard à joues** 파흐 아 쥬 ● 【블러셔】	**crayon pour les yeux** 크래용 뿌흐 레 지유 ● 【아이라이너】
		fard à paupières 파흐 아 뽀삐에흐 ● 【아이섀도우】	**fond de teint** 퐁 드 땅 ● 【파운데이션】
poudre 뿌드흐 ● 【파우더】	**crayon sourcils** 크래용 쑥씨 ● 【아이브로우】	**gloss** 글로스 ● 【립글로스】	**crème de base** 크헴 드 바즈 ● 【메이크업 베이스】
correcteur 꼬헥크떠흐 ● 【컨실러】	**crayon à lèvres** 크래용 아 레브흐 ● 【립 라이너】	**liquide pour les yeux** 리키드 뿌흐 레 지유 ● 【리퀴드 아이라이너】	**embellisseur de teint** 엉벨리써흐 드 땅 ● 【톤업 크림】
applicateur mousse 아플리꺄떠흐 무쓰 ● 【스펀지 팁】	**crème pour les yeux** 크헴 뿌흐 레 지유 ● 【아이 크림】	**coton** 꼬똥 ● 【솜】	**résistant à l'eau** 헤지스떵 따 로 ● 【워터프루프】

도움이 되는 단어장
WORD

여드름	**bouton** 부똥	모공	**pore** 뽀흐	알레르기	**allergie** 알레흐쥐
다크닝	**peau sombre** 뽀 쏭브흐	피부 처짐	**relâchement de peau** 헐라슈멍 드 뽀	콜라겐	**collagène** 꼴라젠느
다크서클	**cerne** 쎄흔느	미백	**blanchissement** 블렁쉬쓰멍	비타민	**vitamine** 비타민느
건조	**dessèchement** 디쎄쉬멍	자외선	**ultraviolet** 윌트라비올레	천연 성분	**composant naturel** 꽁뽀정 나튜헬
		보습	**hydratant** 이드하떵	민감성 피부	**peau sensible** 뽀 썽씨블르
		지성 피부	**peau grasse** 뽀 그하쓰	건성 피부	**peau sèche** 뽀 쎄슈

시장에서 맛있는 음식을 먹어 봅시다.

신선한 식재료 가게와 꽃 가게들이 늘어선 '마르쉐'는 보고 있는 것만으로 활기가 넘칩니다. 고풍스럽고 사랑스러운 잡화를 만날 수 있는 벼룩시장으로도 발걸음을 옮겨 보세요.

오렌지 4개와 멜론 1개 주세요.
4 oranges et 1 melon, s'il vous plaît.
꺄트흐 오헝쥬 에 엉 믈롱 씰 부 쁠래
Four oranges and a melon, please. 참고 P.150

딸기 200그램 주세요.
200(deux cents) grammes de fraises, s'il vous plaît.
두 썽 그햄므 드 프해즈 씰 부 쁠래
200 grams of strawberries, please. 참고 P.150

치즈 한 조각 주세요.
Un morceau de ce fromage, s'il vous plaît.
엉 모흑쏘 드 쓰 프호마쥬 씰 부 쁠래
A slice of this cheese, please.

이 정도 덩어리로 주세요.
Un morceau grand comme ça, s'il vous plaît.
엉 모흑쏘 그헝 꼼므 싸 씰 부 쁠래
Could I have a chunk of these?

제철 채소[과일]가 무엇인가요?
Quels sont les légumes [les fruits] de saison?
껠 쏭 레 레귬므 [레 프휘] 드 쌔종?
Which vegetable[fruit] is in season now?

원산지가 어디인가요?
Ça vient d'où, ça ?
싸 비앙 두 싸?
Where is this made?

프로방스 허브 1봉지 주세요.
Un sachet d'herbes de Provence s'il vous plaît.
엉 사쉐 데흐브 드 프호방스 씰 부 쁠

하나만 살 수 있을까요?
Est-ce qu'on peut en acheter seulement un?
에 스 꽁 뿌 떠 나슈떼 슬르멍 엉?
Can I buy just one of these?

포장해 주시겠어요?
Pourriez-vous me faire un paquet?
뿌히에 부 므 패흐 엉 빠께?
Could you wrap it?

전부 얼마인가요?
Ça fait combien en tout?
싸 패 꽁비앙 엉 뚜?
How much is it in total?

시식 가능한가요?
C'est possible de goûter?
쎄 뽀씨블르 드 구떼?

1 킬로당 얼마인가요?
C'est le prix pour un kilo?
쎄 르 프히 뿌흐 엉 낄로?
Is this the price for one kilogram?

마르쉐, 벼룩시장에서의 회화의 핵심은?
활기가 넘치는 마르쉐에서는 호기있게 말을 걸면 기분 좋은 서비스를 기대할 수 있을지도 몰라요! 벼룩시장에서는 용기내서 가격 흥정에 도전해 봐요!

여러 가지 수량을 재는 단위

3 euros le kilo 투와 에호 르 낄로	1킬로당 3유로
1.5 euro la bouteille 엉 베흐귤 쌍뀨호 라 부떼이으	**1병당 1.5 유로**

단위	뜻	단위	뜻	단위	뜻
une bouteille 윈느 부떼이으	1병	une boîte 윈느 부아뜨	1상자, 캔	un sachet 윈느 싸쉐	1봉지
un paquet 엉 빠께	1팩	une pièce 윈느 삐에스	1개	un filet 엉 필레	1망
un panier 엉 빠니예	1바구니	un pied 엉 피예	1그루	une douzaine 윈느 두잰느	1다스

벼룩시장에서 흥정하기 도전!

Bonjour.
봉쥬흐

어서오세요. 보고 가세요.
Bonjour. Regardez, je vous en prie.
봉쥬흐 허갸흐데 쥬 부 정 프히

Est-ce que c'est ancien?
에 스 끄 쎄 떵시앙?

C'est ancien, ça date du 20e siècle.
쎄 떵시앙 싸 다뜨 뒤 뱅띠엠므 씨에클르

C'est combien?
쎄 꽁비앙?

3개 사시면 10유로에 드릴게요.
Je vous vends trois pour 10euros.
쥬 부 벙 트와 뿌흐 디저호

Vous ne pourriez pas me faire un prix?
부 느 뿌히에 빠 므 패흐 엉 프히?

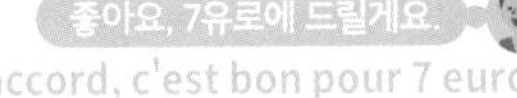

D'accord, c'est bon pour 7 euros.
다꼬흐 쎄 봉 뿌흐 셉떠호

불랑주리에서 맛있는 빵을 사고 싶어요♪

프랑스 빵의 자부심은 대단합니다. 밀가루의 배분에서 굽는 방법까지, 빵에 대해서만큼은 열정적입니다. 제빵 장인의 열정이 담긴 맛있는 빵을 먹어 봅시다.

팽 드 캄파뉴 200그램 주세요.
200(deux cents) grammes de pain de campagne, s'il vous plaît.
두 썽 그햄므 드 빵 드 꼉빤느 씰 부 쁠래

팔미에
palmier
빨미예
버터의 풍미가 풍부하다. 하트 모양의 큰 파이.

무화과 빵
pain aux figues
빵 오 피그
말린 무화과가 가득 들어 있다. 다른 요리와도 어울리는 빵이다.

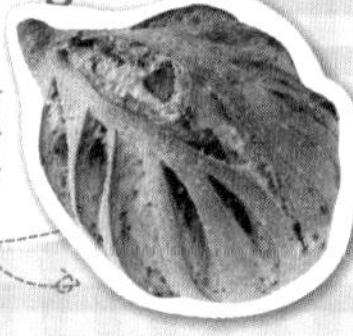

에피
épi
에삐
씹을수록 맛이 배가 된다. 소박한 맛이 매력.

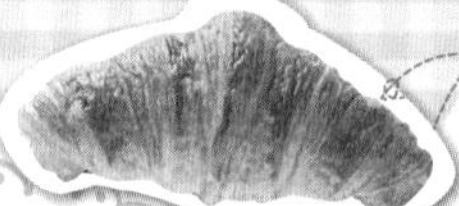

크루아상
croissant
크화쌍
버터를 여러 층으로 발라 낸 초승달 모양의 빵

여기서 먹어도 되나요?
Puis-je manger ici?
쀠 쥬 멍줴 이씨?

건포도 빵
pain aux raisins
빵 오 헤쟝
건포도와 크림을 섞어 만 과자 빵.

프랑스 빵에도 여러 가지가 있습니다.

프랑스 본고장에서는 길이나 모양, 잘라낸 개수에 따라 '바게트', '바타르', '바리잔' 등 다양한 이름을 정합니다.

브리오슈
brioche
브히오슈
버터가 풍부하게 들어 있는 빵. 잼을 발라도 맛있다.

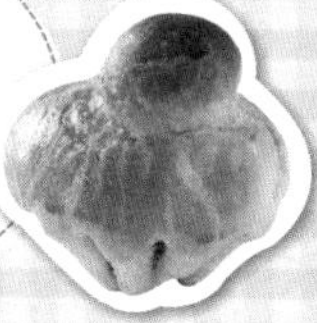

(손가락으로 가리키며)
저것 두 조각 주세요.
Je voudrais 2 tranches de ça.
쥬 부드해 두 트헝슈 드 싸

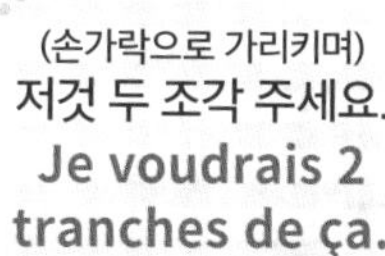

키슈
quiche
끼쉬
파이 반죽에 야채와 크림을 흘려 넣어 구운 것.

쇼송 오 폼므
chausson aux pommes
쇼쏭 오 뽐므
파이 반죽 안에는 사과 콩포트가.

바게트
baguette
바게뜨
겉은 바삭하고 속은 부드러운 식사용 빵.

팽 오 쇼콜라
pain au chocolat
빵 오 쇼꼴라
크루아상 반죽에 초콜렛을 넣은 과자 빵.

캄파뉴
campagne
꺙빤느
구수한 반죽은 산미가 어렴풋이 담겨 있다.

전부 얼마인가요?
Combien est-ce que ça coûte en tout?
꽁비앙 에 스 끄 싸 꾸뜨 엉 뚜?

슈퍼마켓이나 백화점에서 기념품 쇼핑하기

기념품 사는 것이 망설여진다면 꼭 슈퍼마켓이나 백화점에 가 보세요.
프랑스에서만 볼 수 있는 식료품, 귀여운 일용품 등 저렴하고 좋은 물건들을 꼭 찾을 수 있을 거예요.

olive
올리브
↓
올리브

여러 가지 종류가 있는 병 올리브. 기념품으로 추천해요.

bouillon
부이용
↓
수프

포장이 귀여운 고체 육수. 수프나 끓이는 요리에 사용해 보세요.

saucisse
소씨쓰
↓
소시지

씹히는 식감이 있는 것과 후추가 첨가된 매콤한 맛 등 다양한 맛이 있어요.

framboise
프헝부아즈
↓
라즈베리

타르트 등의 디저트에서 익숙한 라즈베리도 꼭 생으로 맛보세요.

champignon séché
샹삐뇽 쎄쉐
↓
건조 버섯

물에 넣어 사용하는 것만으로도 요리의 향과 풍미를 더해 줘요.

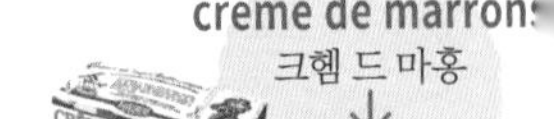

crème de marrons
크헴 드 마홍
↓
크렘 드 마롱

제과 재료로 쓰여요. 빵에 그대로 발라 먹어도 맛있어요.

도움이 되는 단어장 WORD

와인	vin 방	향신료	épices 에삐쓰	바질	basilic 바질릭
잼	confiture 꽁피뛰흐	후추	poivre 뿌아부흐	아티초크	artichaut 악티쇼
사프란	safran 싸프헝	소금	sel 쎌	식초	vinaigre 비네그흐
홍차	thé 떼	허브티	tisane 티잔느	마멀레이드	marmelade 마흐믈라드
		시럽	sirop 씨홉	캐비어	caviar 꺄비어흐
		사탕	bonbon 봉봉	트러플	truffe 트휘프

슈퍼마켓이나 백화점 쇼핑의 핵심을 알려드립니다.

영업일은 확인을
일요일, 공휴일은 휴업하는 가게가 많습니다. 가고자 하는 가게는 사전에 확인합시다.

저녁에는 혼잡합니다.
저녁이 되면 쇼핑하는 사람들이 많아 계산대에 줄이 늘어서는 경우도 있습니다.

계산 시스템은?
한국과는 다른 점이 꽤 많습니다. 주변 사람들이 하는 모습을 참고합시다.

장바구니를 지참합니다.
가게에 따라 쇼핑백이 유료인 경우가 있으니 장바구니를 꼭 지참해서 갑시다.

biscuit
비스퀴
↓
비스킷

시나몬 풍미가 좋은, 바삭바삭한 식감의 비스킷이에요.

boîte de conserve
부아뜨 드 꽁쎄흐브
↓
깡통

흔하지 않은 통조림이 한가득. 사진은 '시 치킨의 드라이 토마토'예요.

fouet
푸에
↓
휘핑기

새빨간 색이 귀여운 휘핑기. 큰 슈퍼마켓에서는 일용품도 팔아요.

tasse
따쓰
↓
(찻)잔

색도 디자인도 소박한 컵은 금방이라도 카트에 넣고 싶어요.

gant de cuisine
강 드 뀌진느
↓
오븐용 장갑

물방울무늬 오븐 장갑으로 요리하는 것이 즐거워져요.

savon
싸봉
↓
비누

심플한 포장의 마르세유 비누는 프랑스에서는 익숙한 브랜드예요.

즐겁게 쇼핑합시다

식품 코너는 어디인가요?
Je cherche le rayon charcuterie traiteur.
쥬 쉐흐슈 르 해용 샤흐큐뜨히 트해떠흐
Where is the deli section?

이 상점의 오리지널 상품이 있나요?
Avez-vous des articles originaux?
아베 부 데 자흑띠끌 오히지노?
Do you have any original products?

아침 몇 시에 문을 여시나요?
A quelle heure êtes-vous ouvert le matin?
아 껠 러흐 에뜨 부 우베흐 르 마땅?
What time do you open in the morning?

LOOK

[ ] 을 찾고 있습니다.

Je cherche [ ] .

주 쉐흐슈 [ ]

I'm looking for [ ] .

잡화, 일회용품
Articles de maison
아흑띠끌 드 매종

boîte à café en grains
부아뜨 아 까페 엉 그항
● 【커피 원두 통】

serviette en papier
세흐비에뜨 엉 빠삐에
● 【냅킨】

vase
바즈
● 【꽃병】

planche à découper
쁠렁쉬 아 데꾸뻬
● 【도마】

casserole / marmite
꺄쓰홀르 / 마흐미트

● 【냄비】

pot
뽀
● 【항아리】

moule à biscuit
물 아 비스뀌
● 【과자 굽는 틀】

assiette peinte
아씨에뜨 빵뜨
● 【그림 접시】

parapluie
빠하쁠뤼
● 【우산】

lunettes
뤼네뜨
● 【안경】

lunettes de soleil
뤼네뜨 드 쏠레이
● 【선글라스】

tasse
따쓰
● 【찻잔】

panier
빠니예
● 【바구니】

assiette
아씨에뜨
● 【접시】

coquetier
꼬크띠예
● 【반숙된 계란을 넣어 먹는 잔】

piques à cocktail
삐끄 아 꼬끄땔르
● 【칵테일 스틱】

bol
볼르
● 【사발】

carafe
꺄하프

● 【물병】

montre
몽트흐
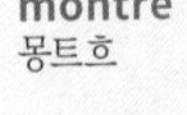
● 【손목시계】

lampe de bureau
렁프 드 뷔호
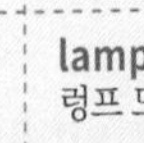

● 【스탠드】

porte-monnaie
뽀흐뜨 모내
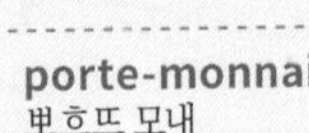

● 【동전지갑】

stylo
스띨로

● 【펜】

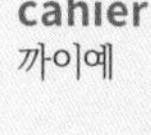

cahier
까이예

● 【공책】

set de correspondance
쎄트 드 꼬헤스뽕덩스

● 【편지 세트】

crayon
크래용

● 【연필】

carte postale
꺄흐뜨 뽀스딸

● 【엽서】

bougie aromatique
부지 아호마띠끄

● 【아로마 향초 】

cadre
꺄드흐

● 【액자】

pochette
뽀쉐뜨

● 【파우치】

tirelire
티흐리흐

● 【저금통】

livre
리브흐

● 【책】

disque
디스크

● 【음반】

식품 Produits Alimentaires 프호뒤 알리멍때흐

confiture
꽁피뛰흐

● 【잼】

fromage
프호마쥬

● 【치즈】

miel
미엘

● 【꿀】

vinaigre de vin
비내그흐 드 방

● 【포도 식초】

moutarde
무따흐

● 【머스터드】

épice
에삐쓰

● 【향신료】

sardine
싸흐딘느

● 【정어리】

pâtes
빠뜨

● 【파스타】

gelée aux fruits
쥴레 오 프휘

● 【프루트 젤리】

pastille
빠스띠으

● 【드롭스(사탕)】

biscuit
비스뀌

● 【비스킷】

tablette de chocolat
따블레뜨 드 쇼꼴라

● 【판 초콜릿】

jus de légumes
쥬 드 레귬므

● 【야채 주스】

기본회화
관광
맛집
쇼핑
뷰티
엔터테인먼트
호텔
교통수단
기본정보
단어장

아로마 향을 한국에서도 느끼고 싶어요.

프랑스는 오래전부터 향에 자부심이 있는 나라입니다. 좋아하는 향기를 찾으면 꼭 한국으로 가지고 와서 일상생활에서도 향기를 느껴 봅시다.

아로마의 종류

수백 가지 종류가 있는 아로마. 스파이시 계열과 상큼한 감귤계열 등 자신이 좋아하는 향을 찾아 봅시다.

허브 종류 herbes 에흐브

시원한 rafraîchissant 하프해시썽

스피어민트	menthe verte 멍뜨 베흐뜨
바질	basilic 바질릭
페퍼민트	menthe poivrée 멍뜨 뿌아브헤
로즈메리	romarin 호마항

향신료 종류 épices 에삐쓰

자극적인 stimulant 스띠뮬렁

고수	coriandre 꼬히엉드흐
계피	cannelle 까넬르
생강	gingembre 장정브흐
월계수	laurier 러히에

꽃 종류 fleurs 플러흐

달달한 doux 두

카모마일	camomille 꺄모미으
재스민	jasmin 쟈스멍
제라늄	géranium 제하늄
라벤더	lavande 라벙드
장미	rose 호즈
일랑일랑	ylang-ylang / ilang-ilang 일렁일렁

감귤 종류 agrumes 아구휨므

가벼운 léger 레제

자몽	pamplemousse 뻥쁠루무쓰
스위트오렌지	orange douce 오형쥬 두스
베르가모트	bergamote 베흐가모트
만다린	mandarine 멍다힌느
레몬그라스	citronnelle 시트호넬르

어떻게 고르지?
먼저 자신이 좋아하는 향을 알아야 합니다. 거기에 효능과 사용 방법 등을 점원과 상담하며 자신에게 딱 맞는 향기를 찾습니다.

나무 종류 arbres 아흐브흐

산뜻한 rafraîchissa 하프해시썽

백단(샌들우드)	santal 썽딸르
시더우드	cèdre 쎄드흐
티트리	arbre à thé 아흐브흐 아 떼
유칼립투스	eucalyptus 에깔리프튀스
로즈우드	palissandre 빨리썽드흐

[ ] 에 효과 있는 아로마는 어느 것인가요?

Qu'est-ce qui fonctionne bien pour [ ]? 께 쓰 끼 퐁씨온 비앙 뿌흐 [ ]?

분노	énervement 에네흐브멍	변비	constipation 꽁스띠빠씨옹	생리통	douleurs menstruelles 둘러흐 멍스트휘엘르
스트레스	stress 스트헤쓰	기미	tache 따쉬		
집중력	concentration 꽁썽트하씨옹	추위	frilosité 프릴로지떼		
졸음	somnolence 쏨놀렁쓰	두통	mal de tête 말 드 떼뜨		
안구 피로	yeux fatigués 이유 파띠게	다이어트	régime 헤짐		

AB 마크란?
프랑스 정부가 인정한 유기농 산물 인정 라벨로, 농약이나 화학 비료 사용 금지 등 엄격한 인정 기준을 통과한 제품에만 사용할 수 있습니다.

좀 더 시원한[가벼운] 향이 있나요?

Avez-vous des parfums plus frais [légers]?
아베 부 데 빠흐펑 쁠뤼 프해 [레제]?
Do you have one with more fresh [refreshing] scent?

유기농 식품인가요?

Est-ce que c'est bio?
에 스 끄 쎄 비오?
Is it organic?

이 향으로 살게요!

Je vais prendre ce parfum!
쥬 배 프헝드흐 쓰 빠흐펑
I'll have this scent!

이 상점의 특색 있는 상품이 있나요?

Avez-vous des articles originaux?
아베 부 데자흑띠끌 오히지노?
Do you have an original item?

아로마 상품 단어장 WORD

디퓨저	diffuseur 디퓨줘흐	항아리	pot 뽀	병	bouteille 부떼이으
양초	bougie 부지	오일	huile 윌	스프레이	atomiseur 아또미져흐
향(종교에 쓰는 향)	encens 엉썽	샴푸	shampooing 셩뿌앙	민감성 피부	peau sensible 뽀 썽씨블르
스크럽	sel de bain 쎌 드 방	비누	savon 싸봉	첨가물이 없는	sans additif 썽 아디띠프
		트리트먼트	traitement 트해트멍	(향이)우아한	élégant 엘레겅
		배합	assortiment 아쏘흐띠멍	(향이)이국적인	exotique 엑조티크

공연이나 엔터테인먼트를 감상하고 싶어요.

한 번 정도는 본 고장에서 감상해 보고 싶은 발레나 오페라 등
클래식 공연과 바나 클럽, 카바레 등, 화려한 밤도 만끽해 봅시다.

예약부터 공연장 입장까지

무슨 프로그램이 있나요?	**Qu'est-ce qu'il y a au programme?** 께 스 낄 리야오 프호그햄? What program is on?
물랭 루주가 어디 있나요?	**Où se trouve le Moulin Rouge ?** 우 쓰 트후브 르 물랑 후즈? Where can I see Moulin Rouge?
어느 것이 인기가 많나요?	**Qu'est-ce qui marche le mieux actuellement?** 에 스 끼 막슈 르 미유 악튜엘르멍? Which one is popular?
성인용 티켓 두 장 주세요.	**Deux places adultes, s'il vous plaît.** 두 쁠라쓰 자뒬뜨 씰 부 쁠래 Two adult tickets, please. 참고 P.150
여기에 앉아도 되나요?	**Est-ce que cette place est libre?** 에 스 끄 쎄뜨 쁠라쓰 에 리브흐? Is this seat available?
당일 티켓이 남아 있나요?	**Est-ce qu'il reste des places pour aujourd'hui?** 에 스 낄 헤스뜨 데 쁠라쓰 뿌흐 오쥬흐디? Do you have walk-up tickets?
몇 시에 시작하나요?	**C'est à partir de quelle heure?** 쎄 따 빠흐띠흐 드 껠 러흐? What time does it start?
어느 자리가 가장 싼[비싼]가요?	**Quelles sont les places les moins [plus] chères?** 껠 쏭 레 쁠라쓰 레 무앙 [쁠뤼] 쉐흐? Which seat is the cheapest [most expensive]?
떨어져 앉아도 괜찮아요.	**Même si les places sont séparées, il n'y a pas de problèmes.** 멤므 씨 레 쁠라쓰 쏭 쎄빠헤 일 니 야 빠 드 프호블렘므 We can sit separately.
공연은 몇 시에 끝나나요?	**À quelle heure est-ce-que ça se termine?** 껠 러흐 에 스 끄 싸 쓰 떼흐민? What time does it end?

화려한 시간을 보내 보세요!
공연 시간에 늦게 되면 막간까지 들어갈 수 없으므로 지각하지 않도록 주의하세요. 공연은 길면 4시간 정도이므로 식사는 미리 하거나, 인터미션(쉬는 시간)에 극장 내의 바에서 간단한 요기를 하는 것이 좋아요.

극장의 구조

- 특별석 **Stalles** 스딸르
- 4층 사이드 박스석 **3e Loges de côté** 투와지엠므 로쥬 드 꼬떼
- 3층 사이드 박스석 **2e Loges de côté** 두지엠므 로쥬 드 꼬떼
- 2층 사이드 박스석 **1ère Loges de côté** 프허미에흐 로쥬 드 꼬떼
- 1층 관람석 **Baignoires** 배뉴아흐
- 5층 사이드 박스석 **4e Loges de côté** 꺄트히엠므 로쥬 드 꼬떼
- 6층 센터 박스석 **5e Loges de face** 쌩키엠므 로쥬 드 파쓰
- 5층 정면 관람석 **Amphithéâtre** 엉피떼아트흐
- 4층 센터 박스석 **3e Loges de face** 투와지엠므 쥬 드 파쓰
- 3층 센터 박스석 **2e Loges de face** 두지엠므 로쥬 드 파쓰
- 2층 센터 박스석 **1ère Loges de face** 프허미에흐 로쥬 드 파쓰
- 오케스트라석 **Orchestre** 옥케스트흐
- 발코니 좌석 **Balcon** 발콩

도움이 되는 단어장 WORD

오페라	**opéra**	오뻬하
희곡	**pièce de théâtre**	삐에쓰 드 떼아트흐
발레	**ballet**	발레
무용	**danse**	덩쓰
뮤지컬	**musicale**	뮤지꺌
예매권	**billet vendu à l' avance**	비에 벙뒤 아 라벙쓰
당일권	**billet pour aujourd' hui**	비에 뿌흐 오쥬흐디
좌석	**siège**	씨에쥬
좌석표	**plan de la salle**	쁠랑 드 라 쌀
프로그램	**programme**	프흐그햄
책자	**brochure**	브호쉬흐
입구	**entrée**	엉트헤
출구	**sortie**	쏘흐띠

공연이나 엔터테인먼트를 감상하고 싶어요.

여기서 티켓 예약을 할 수 있나요?	**Puis-je réserver des billets ici?** 쀠 쥬 헤제흐베 데 비에 이씨? Can I make a ticket reservation here?
오페라[발레]를 보고 싶습니다.	**Je voudrais voir un opéra [un ballet].** 쥬 부드해 부아흐 어 노 뻬하 [엉 발레] I'd like to see an opera [a ballet].
아직 티켓을 구할 수 있나요?	**Puis-je encore prendre une place?** 쀠 쥬 엉꼬흐 프헝드흐 윈느 쁠라쓰? Can I still get a ticket?
좌석표를 보여 주시겠어요?	**Puis-je voir le plan de la salle?** 쀠 쥬 부아흐 르 쁠랑 드 라 쌀? Can I see the seating plan?
(티켓을 보여주면서)좌석까지 안내해 주실 수 있나요?	**Pouvez-vous m'amener à ma place?** 뿌베 부 마므네 아 마 쁠라쓰? Could you take me to my seat?
택시를 불러 주실 수 있으신가요?	**Pourriez-vous m'appeler un taxi, s'il vous plaît?** 뿌히에 부 마쁠레 엉 딱씨 씰 부 쁠래? Could you call me a taxi?

재즈 바나 클럽에서

예약을 하지 않았어요.	**Je n'ai pas de réservation.** 쥬 내 빠 드 헤제흐바씨옹 I don't have a reservation.
자리가 있나요?	**Pouvons-nous avoir une table?** 뿌봉 누 자부아흐 윈느 따블르? Can we get a table?
공연이 언제 시작하나요?	**À quelle heure commence le spectacle?** 아 껠 러흐 꼬멍쓰 르 스뻭따끌르? When does the show start?
근처에 클럽이 있나요?	**Y a-t-il une boîte de nuit par ici?** 이 야띨 윈느 부아뜨 드 뉘 빠 히씨? Is there a club near hear?

Quel bar me recommandez-vous?
껠 바 므 흐꼬몽데 부
어떤 술집을 추천하시나요?

역시 라이브 연주는 특별합니다.
술이나 식사를 하면서 라이브 연주를 들을 수 있는 재즈 바. 주말은 특히 사람들이 많이 몰리므로 예약을 해두고 천천히 즐기는 것이 좋아요.

메뉴판을 주시겠어요?	**Puis-je avoir la carte, s'il vous plaît?** 쀠 쥬 아부아흐 르 꺄흐뜨 씰 부 쁠래? Can I have a menu, please?
한 그릇 더 주세요.	**Puis-je en avoir un autre, s'il vous plaît?** 쀠 쥬 어 나부아흐 어 노흐트 씰 부 쁠래? Can I have another one, please?
재떨이를 바꿔 주시겠어요?	**Pouvez-vous changer le cendrier?** 뿌베 부 샹줴 르 썽드히예? Could you change the ashtray?
입장료가 얼마인가요?	**Combien coûte l'entrée?** 꽁비앙 꾸뜨 렁트헤? How much is the admission?
예약을 해야 하나요?	**Est-ce que j'ai besoin d'une réservation?** 에 스 끄 재 비주앙 뒨느 헤제흐바씨옹? Do I need a reservation?
라이브 공연이 있나요?	**Avez-vous des live?** 아베 부 데 라이브? Do you have live performances?
오늘 혼잡한가요?	**Est-ce qu'il y a du monde aujourd'hui?** 에 스 낄 리 야 뒤 몽드 오쥬흐디? Is it crowded today?

도움이 되는 단어장 WORD

클럽	club de nuit	클러브 드 뉘
무도장	discothèque	디스코떼크
샹송 가수	chansonnier	셩써니예
라이브 음악 클럽	club de musique live	클러브 드 뮤지크 라이브
카바레	cabaret	꺄바헤
공연 가격	prix du spectacle	프히 뒤 스뻭따클르
자릿세	couvert	꾸베흐
위스키	whisky	위스키
스코틀랜드산 위스키	scotch	스코취
버번 위스키	bourbon	부흐봉
칵테일	cocktail	꼬끄땔르
맥주	bière	비에흐
콜라	coca	꼬까

참고 P.49

화려하게 꽃피던 프랑스 예술

프랑스의 거리에는 밤을 비추는 야경 스팟이 즐비합니다.
단조로운 엔터테인먼트에 그치지 않고 일류의 예술을 느껴 보시는건 어떨까요?

오페라 & 발레를 느껴 보자

오페라와 발레는 프랑스의 무대 예술의 대표 격입니다. 파리의 오페라 가르니에에서는 발레를, 바스티유 오페라 극장에서는 주로 오페라를 상연하고 있습니다. 또, 오페라 가르니에의 호화로운 건축 양식과 돔 천장에 그려진 샤갈의 그림도 꼭 놓치지 말아야 합니다.

감상하기 위해서는

정보 수집 → **티켓 구입** → **입장 & 개막** → **관람 후**

정보 수집
공식 사이트에서 프로그램이나 요금을 확인. 티켓 사전 구입도 가능하면 체크할 것.

티켓 구입
인기 있는 공연은 티켓을 사전에 확보해 두는 것이 안전. 한국에서 미리 예약해도 좋다.

입장 & 개막
상연에 늦을 경우는 막간까지 들어갈 수 없으므로 주의. 인터미션(쉬는 시간)에는 극장 내의 바에서 간식도 먹을 수 있다.

관람 후
상연 종료는 밤 11시를 넘기는 경우도 있으므로 돌아갈 때는 짧은 거리라도 택시를 타는 편이 좋다.

재즈에 취해 보자

프랑스의 재즈는 다채로운 분위기가 일품입니다. 전문 재즈 클럽에서만 느낄 수 있는 라이브 연주를 들어 봅시다. 파리에는 재즈 클럽이 많으므로 평소 재즈를 좋아하는 사람은 거리를 산책하면서 재즈 클럽을 찾아보는 것도 꽤 즐겁습니다. 마음에 드는 곳을 찾아서 재즈에 취해 봅시다.

추천하는 재즈 클럽은

파리의 대표적인 재즈 클럽
Caveau de la Huchette
꺄보 드 라 위셰뜨

지하에 무대가 있고 매일 밤 재즈 연주가 있습니다. 춤도 출 수 있습니다.

재즈의 라이브 연주를 멈출 수 없는
Le petit Journal Saint Michel
르 쁘띠 주흐날 썽 미쉘

1971년에 파리에서 뉴올리언스 재즈 클럽으로 유명해진 재즈 클럽. 밤이 되면 재즈 팬들이 모입니다.

오페라나 발레는 드레스 업을 하고 갑시다.

극장 내부도 견학이 가능합니다

파리의 오페라 가르니에에서는 극장 내부의 이곳저곳을 둘러볼 수 있습니다. 화려한 사교계의 분위기를 꼭 체감해 보세요.

리뷰에서 꿈의 한순간을

(리뷰란 춤과 노래를 함께하는 프랑스의 쇼를 말합니다)

밤을 비추는 대중문화의 예술은 다이내믹하고 매우 화려합니다. 파리에서는 위치가 좋은 '리도', 프렌치 캉캉의 본가 '물랭 루주', 화려한 쇼가 특색인 '크레이지 호올스' 등이 유명합니다. 레벨이 높은 스테이지를 보면 감동할지도 몰라요.

주요한 리뷰 감상을 할 때는

1 디너쇼가 1회, 그 후의 드링크쇼가 2회 진행됩니다.

2 디너쇼의 회장은 쇼의 앞에 일류 셰프 프로듀스의 코스 요리를 즐깁니다.

3 드링크쇼부터는 사람들도 입장하여 쇼가 시작됩니다. 드링크 쇼도 샴페인이 있습니다.

4 중간중간에 마술쇼 등을 하는 리뷰도 있습니다. 약 2시간의 감동의 꿈나라로!

샹소니에에서 가성에 취해 보자

음악을 사랑하는 거리에서는 샹송을 들으러 가고 싶어집니다. 많은 예술가들이 매료된 그 가성은 프랑스에 있는 것을 실감나게 한답니다. 어른들의 사교장이라고 불리던 샹소니에에서 와인 잔을 부딪히며 아름다운 가성을 느껴 보는 것은 어떨까요?

소박한 외관의 샹소니에 Au Lapin Agile 오 라빵 아질

위트릴로나 피카소도 자주 왔었다고 알려진 파리의 이곳은 일류 뮤지션만 상연!

샹소니에는 프랑스어로 Chansonnier라고 씁니다. 여성 상송 가수는 Chansonnière '샹소니에르'라고 부릅니다.

에스테틱으로 힐링을, 한 템포 쉬어 가기♪

미의 본고장 프랑스에서 에스테틱이나 스파를 방문해 보는 것도 하나의 재미. 프랑스 여성들이 가는 숍에서 세련된 케어를 받아 보세요.

먼저 예약을 해 봅시다

여보세요. 달팡(점포명)인가요?	**Allô, est-ce bien Darphin?** 알로 에스 비앙 다흐빵? Hello. Is this Darphin?
예약을 하고 싶은데요.	**Je voudrais faire une réservation.** 쥬 부드해 패흐 윈느 헤제흐바씨옹 I'd like to make an appointment.
제 이름은 이유림입니다.	**Mon nom est Lee YuLim.** 몽 농 에 이 유림 My name is YuLim Lee.
내일 4시로 두 명 예약해 주세요.	**Demain à 4 heures , pour 2 personnes, s'il vous plaît.** 드망 아 꺄흐트 어흐 뿌흐 두 뻬흐쏜느 씰 부 쁠래 참고 P.152 For two persons, tomorrow at four o'clock, please. 참고 P.150
전신 마사지 서비스가 있나요?	**Avez-vous un service de massage corporel?** 아베 부 정 쎄흐비스 드 마싸쥬 꼬흐뽀헬? Do you have a full-body massage service?
저는 60분 동안 전신 마사지를 받고 싶어요.	**Un massage complet de 60 minutes , s'il vous plaît.** 엉 마싸쥬 꽁쁠레 드 수아썽뜨 미뉘트 씰 부 쁠래 I'd like to have a full-body massage for sixty minutes. 참고 P.152
기본 코스로 부탁드려요.	**La formule de base, s'il vous plaît.** 라 포흐뮬 드 바즈 씰 부 쁠래 I'd like to have a basic course.
옵션으로 네일도 원해요.	**Je voudrais ajouter une manucure.** 쥬 부드해 아쥬떼 윈느 마뉘뀌흐 I'd like to have an optional nail, please.
한국어를 하실 수 있는 분이 계신가요?	**Est-ce qu'il y a quel'un qui parle coréen?** 에 스 낄 리 야 껠껑 끼 빠흘르 코헤앙? Is there anyone who speaks Korean?
한국어 메뉴판이 있나요?	**Avez-vous un menu en coréen?** 아베 부 정 므뉘 엉 꼬헤앙? Do you have a Korean menu?

스파를 하는 방법을 알아 둡시다

(주의) 귀중품이나 고액의 현금을 가지고 있는 경우 카운터에 맡길 것! 그리고 시술 전후의 음주는 금물.

1 예약을 합시다
시간을 탄력 있게 활용하기 위해서는 예약이 필수. 웹 사이트 이용 시 할인도 있답니다.

2 숍에는 여유를 가지고 도착
지각을 하면 시술 시간이 줄어들 수도 있어요. 예약 10분 전에는 도착할 것

3 카운슬링
접수 후에 카운슬링을 받습니다. 당일의 몸 상태나 시술 내용을 확인합니다.

4 옷을 갈아입고 시술
시술복으로 갈아입고 샤워 등으로 몸을 따뜻하게 한 후 시술을 받습니다.

가격표를 보여 주실 수 있나요?
Pouvez-vous me montrer la liste des prix?
뿌베 부 므 몽트헤 라 리스뜨 데 프히?
Can I see the price list?

얼마인가요?
Combien est-ce que ça coûte?
꽁비앙 에 스 끄 싸 꾸뜨?
How much is it?

시간이 얼마나 걸리나요?
Combien de temps est-ce que ça dure?
꽁비앙 드 떵 에 쓰 끄 싸 뒤흐?
How long does it take?

어떤 효과가 있나요?
Quels sont les effets?
껠 쏭 레 제펙?
What kind of effects does it have?

여자 관리사로 부탁드려요.
Je souhaiterais que ce soit une femme qui le fasse.
쥬 수애뜨해 끄 쓰 쑤아 윈느 팜 끼르 파쓰
I'd like a female therapist.

같은 방에서 해도 될까요?
Est-ce qu'il est possible de le faire dans la même salle?
에 스 낄 레 뽀씨블르 드 르 패흐 덩 라 멤므 쌀?
Can we have it in the same room?

예약 취소나 변경은 이쪽

예약을 변경하고 싶습니다.
Je voudrais modifier ma réservation.
쥬 부드해 모디피에 마 헤제흐바씨옹
I'd like to change the reservation.

예약을 취소하고 싶습니다.
Je voudrais annuler ma réservation.
쥬 부드해 자뉼레 마 헤제흐바씨옹
I'd like to cancel the appointment.

예약 시간보다 늦을 것 같아요.
Je vais être en retard au rendez-vous.
쥬 배 에트흐 엉 흐따흐 오 헝데 부
I may be late for an appointment.

기본회화 관광 맛집 쇼핑 엔터테인먼트 뷰티 호텔 교통수단 기본정보 단어장

에스테틱으로 힐링을, 한 템포 쉬어가기♪

접수부터 시술까지

유림이라는 이름으로 예약을 했어요.	**J'ai fait une réservation au nom de YuLim.** 재 패 윈느 헤제흐바씨옹 오 농 드 유림 I have an appointment under the name YuLim.
예약을 하지 않았는데 마사지를 받을 수 있을까요?	**Je n'ai pas réservé mais est-ce que vous pouvez me faire un massage?** 쥬 내 빠 헤제흐베 매 에 스 끄 부 뿌베 므 패흐 윈느 마싸쥬? I didn't make a reservation but can I have a massage?
화장실 좀 쓸 수 있을까요?	**Est-ce que je peux utiliser les toilettes?** 에 스 끄 쥬 뿌 위띨리제 레 뚜알레뜨? May I use the restroom?
물품 보관함은 어디에 있나요?	**Où sont les vestiaires?** 우 쏭 레 베스띠애흐? Where is the locker?

카운슬링(사전문진표)에 대한 간단한 해설

시술 전에는 카운슬링(사전문진표)이 들어간다. 카운슬링에서는 당일 몸 상태와 받고 싶은 코스 등을 확인한다. 임신 중이거나 알레르기가 있는 경우 미리 이야기해 두자.

미리 말해 둡시다

생리 중입니다.	**J'ai des règles maintenant.** 재 데 헤글르 맹뜨넝
어깨 결림이 있습니다.	**J'ai des courbatures aux épaules.** 재 데 꾸흐바뛰흐 오 에뽈르
임신 중입니다.	**Je suis enceinte.** 쥬 쉬 엉썽트

알레르기
구체적으로 어떤 반응이 나오는지, 증상이 일어났을 때 어떤 부위에서 일어나는지 등을 자세하게 적는다.

피부 타입
본인 피부타입을 적는다(지성, 건성 등).

카운슬링표(사전문진표)

nom(성명) : ____________

date de naissance(생년월일) : ____________

âge(나이) : ____________

allergie (알레르기) : oui(있다) / non(없다)

condition physique(컨디션) : en forme(좋다) / pas en forme(나쁘다)

type de peau(피부 타입) : ____________

problème de peau(피부 고민) : ____________

기분 좋은 시간을 보내기 위해 외워 두면 좋을 표현

이 부분은 피해 주세요.	**Vous pourriez éviter cet endroit, s'il vous plaît?** 부 뿌히에 에비떼 쎄 떵두화 씰 부 쁠래? Please don't touch here.
느낌이 좋아요.	**Ça fait du bien.** 싸 패 뒤 비앙 It feels good.

아파요. / 너무 세요.

Ça fait mal.／C'est trop fort.
싸 패 말／ 쎄 트호 포흐
It hurts. ／ It's too strong.

좀 더 약하게 [강하게] 해 주시겠어요?

Pouvez-vous le faire plus doucement [plus fort]?
뿌베 부 르 패흐 쁠뤼 두쓰멍 [쁠뤼 포흐]?
Could you make it weaker [stronger]?

아주 좋아요.

C'est parfait!
쎄 파흐패
It's perfect.

조금 아픈 것 같아요.

Je ne me sens pas très bien.
쥬 느 므 썽 빠 트레 비앙
I feel a little sick.

물 한 잔 부탁드려요.

Un verre d'eau, s'il vous plaît.
엉 베흐 도 씰 부 쁠래
Could I have a glass of water?

아토피[알레르기]가 있어요.

J'ai des eczéma atopiques [des allergies].
재 데 에그제마 아토피끄 [데 잘레흐쥐]
I have an eczema [allergy].

끝나고 나서 한마디

이것은 어떤 향인가요?

Qu'est-ce que ce parfum?
께 쓰 끄 쓰 빠흐펑?
What is this scent?

한국에도 가게가 있나요?

Avez-vous des salons aussi en Corée?
아베 부 데 쌀롱 조씨 엉 코헤?
Do you have a shop in Korea, too?

이 화장품을 살 수 있나요?

Puis-je acheter ces produits de beauté?
쀠 쥬 아슈떼 쎄 프호뒤 드 보떼?
Can I buy these cosmetics?

만족했다면

괭장히 좋았어요.

Ça m'a fait beaucoup de bien.
싸 마 패 보꾸 드 비앙
It was very nice.

LOOK

[ ] 을 원합니다.

Je voudrais [ ] .
쥬 부드해 [ ]
I'd like to have [ ].

massage corporel
마싸쥬 꼬흐뽀헬

● 【전신 마사지】

soin du visage
수앙 뒤 비자쥬

● 【얼굴 관리】

massage des pieds
마싸쥬 데 피에

● 【발 마사지】

pierres chaudes
삐에흐 쇼드
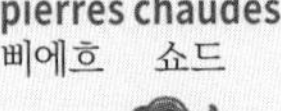

● 【웜스톤 마사지】

massage du cuir chevelu
마싸쥬 뒤 뀌흐 슈블뤼

● 【두피 마사지】

massage des mains
마싸쥬 데 망
● 【손 마사지】

massage lymphatique
마싸쥬 렁파티크
● 【림프 마사지】

phytothérapie
피또떼하삐
● 【약용 식물 요법】

réfléxologie
레플렉쏠로쥐
● 【리플렉솔로지】

massage aromathérapique
마싸쥬 아호마떼하피끄
● 【아로마 테라피】

thalassothérapie
딸라쏘떼하삐
● 【해수 요법】

vinothérapie
비노떼하삐
● 【비노 테라피】

détoxication
데톡씨꺄씨옹
● 【디톡스】

relaxation
헐랙싸씨옹
● 【근육 이완】

éclaircissement
에끌레흐시쓰멍
● 【화이트닝】

tampon d'herbes
떵뽕 데흐브
● 【허브 볼】

soin des pores
쑤앙 데 뽀흐
● 【모공 관리】

exfoliation
엑스폴리아씨옹
● 【박피】

démaquillant
데마끼영
● 【클렌징】

lifting
리프팅
● 【리프팅】

soin vapeur
수앙 바뻐흐
● 【스팀 케어】

도움이 되는 단어장 WORD

여윈 몸	**amincissement** 아멍시쓰멍	피로	**fatigue** 파띠그	로커	**vestiaire** 베스띠애흐
주름	**ride** 히드	스트레스	**stress** 스트헤쓰	샤워(실)	**douche** 두슈
부종	**enflure** 엉플뤼흐	혈액 순환	**circulation sanguine** 쎄흐뀰라씨옹 썽귄느	접수	**réception** 헤쎕씨옹
수면 부족	**manque de sommeil** 멍끄 드 쏘메이으	냉증	**frileux** 프힐로	수건	**serviette** 쎄흐비에뜨
		탈의실	**vestiaires** 베스띠애흐	슬리퍼	**pantoufle** 뻥뚜플르
		화장실	**toilettes** 뚜알레뜨	침대	**lit** 리

미의 본고장, 프랑스에서 마음속부터 아름다워집시다.

에스테틱의 본고장 프랑스에서는 예로부터 미를 추구하는 욕구가 컸기 때문에 지금도 발전해 오고 있습니다. 에스테틱의 종류도 다양하고, 질 높은 시술을 받을 수 있는 것도 큰 매력입니다.

프랑스에서 받을 수 있는 추천 에스테틱

● 브르타뉴지방의 북서부, 생말로에는 세계적으로 알려진 명문의 텔라소센터인 '테르메스마린 생말로'가 있습니다. 덧붙여 텔라소란 그리스어로 '바다', 텔라비는 프랑스어로 '요법'이라는 의미로 텔라소에서는 주로 해조류가 사용됩니다. 프랑스에서는 채집된 해조류의 대부분은 브르타뉴지방에서 나온 것입니다.

● 남부 프랑스 등에서는 식물의 치유 능력을 이용한 심신의 부조화를 개선하는 데 도움을 주는 요법인 휘트 테라피(식물 요법)가 행해지고 있습니다. 아름다운 마을에서 하는 테라피는 마음에서부터 아름다워질 것만 같아요.

● 안티에이징이나 바디 케어 등 미용 효과가 있는 포도를 사용해 와인 목욕, 마사지, 트리트먼트를 하는 '비노 테라피'도 추천합니다. 보르도 지방에서는 와이너리 안에 스파 시설에서 포도밭에 둘러싸인 훌륭한 경치를 보며 에스테틱을 받을 수 있는 곳도 있습니다.

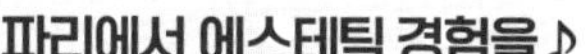

파리에서 에스테틱 경험을♪

겔랑, 크리스챤 디올, 랑콤 등의 화장품 회사가 하고 있는 일류의 고급 살롱에서 가벼운 가격으로 이용할 수 있는 살롱까지 다양각색!
모처럼 미의 본고장에 방문했다면 꼭 경험해 보세요.

호텔의 에스테틱

고급 호텔에서는 숙박객을 대상으로 에스테틱이나 스파 시설을 설비해 놓은 곳이 많습니다. 숙박하며 케어를 받는 것도 가능하고 에스테틱을 위해서만 방문하는 것도 가능합니다. 사전 예약을 추천합니다.

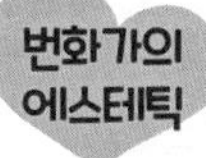

유명 화장품 브랜드의 에스테틱이나 에스테틱 전문점 등이 각 지역에 있습니다. 미리 사이트 등에서 정보를 얻거나 본인이 받고 싶은 메뉴를 생각해 둡시다. 마사지 등도 코스업을 해 주는 경우가 있으므로 지쳤을 때 이용하는 것도 좋습니다.

하맘이란?

스팀 목욕인 하맘은 스파 부속 시설로 있는 경우가 많습니다. 몸의 독소를 배출시키는 하맘에서 땀을 쫙 빼면 피부도 반짝반짝해집니다.

호텔에서 쾌적하게 지내고 싶어요.

여행을 더 충실하고 재미있게 보내기 위해 호텔에서의 시간도 소중하게!
호텔에 있는 동안 자주 쓰이는 표현들을 모아 봤습니다.

호텔 도착이 늦어질 것 같을 때

조금 늦을 것 같습니다만 예약은 유지해 주세요.

J'arriverai tard mais gardez moi la chambre, s'il vous plaît!
쟈히브해 따흐 매 갸흐데 무아 라 샹브흐 씰 부 쁠래
I'll be arriving late, but please hold the reservation!

체크인, 체크아웃을 해 봅시다

체크인 부탁합니다.

Je voudrais faire le check-in.
쥬 부드해 패흐 르 체크인
I'd like to check in.

예약해 두었어요.

J'ai une réservation.
재 윈느 헤제흐바씨옹
I have a reservation.

트윈(침대가 두 개) 룸 맞나요?

Il y a bien deux lits dans la chambre, n'est-ce-pas?
일 리 야 비앙 두 리 덩 라 샹브흐 네 쓰 빠?
It's a twin room, isn't it?

전망이 좋은 방으로 부탁드립니다.

Je voudrais une chambre avec une belle vue.
쥬 부드해 윈느 샹브흐 아베끄 윈느 벨 뷔
I want a room with a nice view.

한국어를 할 수 있는 사람이 있나요?

Y a-t-il quelqu'un qui parle coréen?
이 야 띨 껠껑 끼 빠흘르 꼬헤앙?
Is there anyone who speaks Korean?

귀중품을 보관해 주실 수 있나요?

Pouvez-vous me garder mes objets de valeur?
뿌베 부 므 갸흐데 메 조브제 드 발러흐?
Could you store my valuables?

퇴실 시간이 언제인가요?

À quelle heure doit-on faire le check-out?
아 껠 러흐 두아똥 패흐 르 체크 아우뜨?
When is the check out time?

호텔 내에 어떤 시설이 있나요?

Quel genre de facilités avez-vous dans cet hôtel?
껠 정흐 드 파씰리떼 자베 부 덩 쎄 또뗄?
What kind of facilities do you have in this hotel?

자판기는 어디에 있나요?

Où se trouve le distributeur automatique?
우 쓰 투흐브 르 디스트히뷰떠흐 오또마띠끄?
Where is the vending machine?

이 주변에 좋은 레스토랑을 알고 있으신가요?

Connaissez-vous des bons restaurants par ici?
꼬내쎄 부 데 봉 헤스또헝 빠히 씨?
Do you have any good restaurants near here?

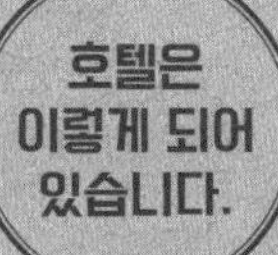

룸서비스
service en chambre
쎄흐비스 엉 샹브흐
객실에서 전화로 주문을 받아 음식이나 음료수를 제공하는 서비스

현관 로비
hall d'entrée
올 덩트헤
현관이나 프런트에서 가까운 곳에 있어 투숙객들이 자유롭게 이용 가능한 공간

콘시어지
concierge
꽁씨에흐쥬
투숙객을 응대하고 관광 정보를 제공하거나 투어 신청, 고객들의 요구 사항을 접수하는 곳

포터
porteur
뽀흐떠흐
호텔에 도착한 차량에서 투숙객의 짐을 프런트로 운반해 준다.

프런트
réceptionniste
헤쎕씨오니스뜨
체크인, 체크아웃, 정산, 환전 등의 접수 업무를 담당하고 귀중품 보관 등의 업무도 한다.

벨보이
chasseur
샤써흐
투숙객의 짐을 운반하거나 고객들을 방으로 안내하는 역할을 한다. 호텔에 따라 포터의 업무를 함께하기도 한다.

클럭
vestiaire
베스띠애흐
투숙객의 짐을 맡아 주는 역할을 한다. 체크인 전이나 체크아웃 후에 이용 가능하다.

방까지 안내해 드리겠습니다.
Je vais vous conduire à votre chambre.
쥬 배 부 꽁뒤흐 아 보흐트 샹브흐

짐을 옮겨 드리겠습니다.
Je porterai vos valises.
쥬 뽀흐뜨해 보 발리즈

엘리베이터는 이쪽에 있습니다.
L'ascenseur est par ici.
라썽쉬흐 에 빠히씨

호텔에서 쾌적하게 지내고 싶어요.

방 안에서

이 샤워기를 사용하는 방법을 보여 주시겠어요?	**Pouvez-vous me montrer comment utiliser cette douche?** 뿌베 부 므 몽트헤 꼬몽 위띨리제 쎄뜨 두슈? Could you show me how to use this shower?
들어오세요. / 잠시만요.	**Entrez.／Une minute, s'il vous plaît.** 엉트헤／ 윈느 미뉘트 씰 부 쁠래 Come in. ／ Just a moment, please.
415호입니다.	**C'est la chambre 415 .** 쎄 라 샹브흐 꺄트흐썽 깽즈 This is Room 415 . 참고 P.150
아침 6시에 모닝콜 부탁합니다.	**Réveillez-moi à 6 heures demain matin.** 헤베이에 무아 아 씨 저흐 드망 마땅 Please wake me up at six tomorrow morning. 참고 P.152
알겠습니다.	**Bien sûr.** 비앙 쉬흐 Sure.
새 수건으로 갖다 주세요.	**Apportez-moi une nouvelle serviette de bain, s'il vous plaît.** 아뽀흐떼 무아 윈느 누벨르 쎄흐비에뜨 드 방 씰 부 쁠래 Please bring me a new bath towel.
가능한 빨리 부탁드려요.	**Le plus vite possible, s'il vous plaît.** 르 쁠뤼 비뜨 뽀씨블르 씰 부 쁠래 As soon as possible, please.
룸서비스 부탁드려요.	**Le service en chambre, s'il vous plaît.** 르 쎄흐비스 엉 샹브흐 씰 부 쁠래 Room service, please.
피자와 커피 한 잔 부탁합니다.	**Je voudrais une pizza et un café .** 쥬 부드해 윈느 피짜 에 엉 꺄페 I'd like a pizza and coffee.
얼음과 물 좀 갖다 주세요.	**Apportez-moi des glaçons et de l'eau , s'il vous plaît.** 아뽀흐떼 무아 데 글라쏭 에 드 로 씰 부 쁠래 Please bring me some ice and water.
콘센트가 어디에 있는지 알려 주시겠어요?	**Pouvez-vous me dire où se trouve la prise?** 뿌베 부 므 디흐 우 쓰 트후브 라 프히즈? Could you tell me where the outlet is?

호텔에서의 매너를 알아 둡시다.

1 체크인부터 체크아웃까지
도착이 늦어지거나 외출 후 늦게 돌아올 경우는 반드시 사전에 연락하기

2 복장
호텔은 공공장소. 슬리퍼나 샤워 가운을 입고 방 밖으로 돌아다니지 않도록 하자.

3 귀중품 관리
귀중품은 가지고 다니거나 객실 내 금고 또는 프런트에 맡기는 것이 좋다.

4 팁에 대해
베드 메이킹이나 컨시어지를 이용했을 때는 1~2유로 정도의 팁을 지불한다.

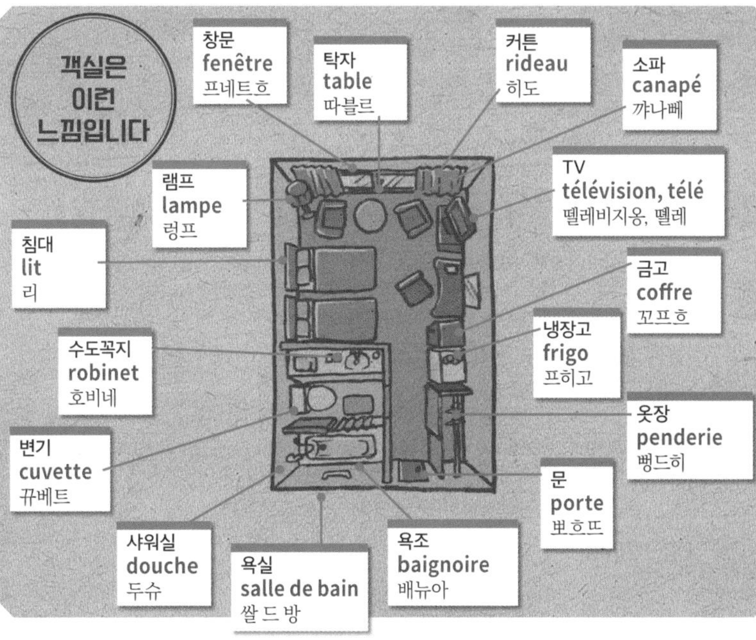

곤란한 일이 생겼을 때 바로 사용하는 표현

샤워기가 고장났어요.
La douche est en panne.
리 두슈 에 떵 빤느

방을 바꾸고 싶습니다.
Je voudrais changer de chambre, s'il vous plaît.
쥬 부드해 샹줴 드 샹브흐 씰부 쁠래

따뜻한 물이 나오지 않아요.
Il n'y a pas d'eau chaude.
인 니 야 빠 도 쇼드

화장실이 막혔어요.
Les toilettes sont bouchées.
레 뚜알레뜨 쏭 부쉐

불이 켜지지 않아요.
La lumière ne fonctionne pas.
라 뤼미에흐 느 퐁시온느 빠

집에 들어가지 못하고 있어요.
Je suis enfermé dehors.
쥬 쉬 엉페흐메 드오흐

지금 바로 누군가를 보내 주시겠어요?
Pouvez-vous faire monter quelqu'un tout de suite?
뿌베 부 패흐 몽떼 껠껑 뚜 드 쉬뜨

호텔에서 쾌적하게 지내고 싶어요.

호텔 시설 및 서비스

환전을 하고 싶습니다.

Je voudrais faire du change.
쥬 부드해 패흐 뒤 샹쥬
I'd like to exchange money.

레스토랑이 어디에 있나요?

Où est le restaurant?
우 에 르 헤스또헝?
Where is the restaurant?

거기는 몇 시까지 하나요?

À quelle heure ferme-t-il?
아 껠 러흐 페흠 띨?
What time does it close?

예약을 해야 하나요?

Ai-je besoin d'une réservation?
애 쥬 비주앙 뒨느 헤제흐바씨옹?
Do I need a reservation?

아침 식사를 할 수 있는 카페테리아가 있나요?

Y a-t-il une cafeteria pour le petit déjeuner?
이 야 띨 윈느 꺄페떼히아 뿌흐 르 쁘띠 데쥬네?
Is there a cafeteria for breakfast?

이 짐을 잠시 보관해 주시겠어요?

Pouvez-vous me garder ce bagage pour un moment?
뿌베 부 므 갸흐데 쓰 바가쥬 뿌흐 엉 모멍?
Could you store this baggage for a while?

이 편지를 항공편으로 부탁합니다.

Veuillez envoyer cette lettre par avion.
뷰이에 엉부아예 세뜨 레트흐 빠흐 아비옹
Please send this letter by air mail.

한국으로 팩스[이메일]을 보내고 싶은데요.

Je voudrais envoyer un fax [mail] en corée.
쥬 부드해 엉부아예 팩스 [메일] 엉 꼬헤
I'd like to send a fax [an e-mail] to Korea.

이 호텔에서 인터넷을 사용할 수 있나요?

Puis-je accéder à internet dans cet hôtel?
쀠 쥬 악쎄데 아 어떼흐네 덩 쎄또뗄?
Can I access the Internet in this hotel? 참고 P.138

요금을 알려 주세요.

Combien ça coûte?
꽁비앙 싸 꾸뜨?
How much does it cost?

공항으로 가는 버스가 있나요?

Y a-t-il une navette pour l'aéroport?
이 야 띨 윈느 나베뜨 뿌흐 라에호뽀흐?
Is there a bus that goes to the airport?

금고를 사용하는 방법을 알려 주시겠어요?

Pouvez-vous me dire comment utiliser le coffre?
뿌베 부 므 디흐 꼬몽 위띨리제 르 꼬프흐?
Could you tell me how to use the safety deposit box?

저에게 온 메시지가 있나요?

Y a-t-il des messages pour moi?
이 야 띨 데 메싸쥬 뿌흐 무아?
Are there any messages for me?

택시 좀 불러 주세요.

Appelez-moi un taxi, s'il vous plaît.
아쁠레 무아 엉 딱씨 씰 부 쁠래
Please get me a taxi.

이 호텔 주소가 있는 명함을 주시겠어요?

Puis-je avoir une carte avec le nom de l'hôtel?
쀠 쥬 아부아흐 윈느 꺄흐뜨 아베끄 르 농 드 로뗄?
Could I have a card with the hotel's address?

아파트를 빌릴 때는?

부엌이 있나요?

Est-ce qu'il y a une cuisine?
에 스 낄 리 야 윈느 뀌진느?
Does it have a kitchen?

한 달 정도 빌리고 싶습니다.

Je voudrais louer pour une semaine.
쥬 부드해 루에 뿌흐 윈느 쓰맨느
I'd like to rent it for a week.

가구와 가전은 어떤 것이 있나요?

Qu'est qui'il y a comme meuble et appareil électroménager?
께 쓰 낄 리야 꼼므 머블르 에 아빠헤이으 엘렉트호메나줘?
What kind of furniture does it have?

가스 불을 사용하는 방법을 모릅니다.

Je ne sais pas comment utiliser le gaz.
쥬 느 쌔 빠 꼬몽 위띨리제 르 가즈
I don't know how to use the gas.

이 주변에 슈퍼마켓이 있나요?

Est-ce qu'il y a un supermarché près d'ici?
에 스 낄 리야 엉 슈뻬흐막쉐 프헤 디씨?
Is there any supermarkets near here?

욕조가 있나요?

Y a-t-il une baignoire?
이 야 띨 윈느 배뉴아?
Does it have a bathtub?

숙박비 이외에 드는 비용이 있나요?

Y a-t-il d'autre frais que le prix de la chambre?
이 야 띨 도트흐 프해 끄 르 프히 드 라 샹브흐?
What else do we have to pay beside the rent?

기본회화 관광 맛집 쇼핑 엔터테인먼트 뷰티 호텔 교통수단 기본정보 단어장

호텔에서 쾌적하게 지내고 싶어요.

호텔에서 조식

방에서 아침 식사를 할 수 있나요?

Puis-je prendre le petit déjeuner dans la chambre?
쀠 쥬 프헝드흐 르 쁘띠 데쥬네 덩 라 샹브흐?
Can I eat breakfast in the room?

아침 8시에 가져와 주세요.

Apportez-le à huit heures du matin.
아뽀흐떼 르 아 위떠흐 뒤 마땅
Please bring it at eight in the morning. 참고 P.152

크루아상과 오렌지 주스 주세요.

Je voudrais des croissants et du jus d'orange.
쥬 부드해 데 크화쌍 에 뒤 쥬 도형쥐
I'd like some croissants, an orange juice, please.

아침은 뷔페 스타일인가요?

Est-ce-que le petit déjeuner est un buffet?
에 스 끄 르 쁘띠 데쥬네 에 떵 뷔페?
Is breakfast a buffet style?

아침 식사는 몇 시에 시작하나요?

À quelle heure sert-on le petit déjeuner?
아 껠 러흐 세흐똥 르 쁘띠 데쥬네?
What time does breakfast start?

체크아웃을 합시다

체크아웃 부탁드립니다.

Je voudrais faire le check-out, s'il vous plaît.
쥬 부드해 패흐 르 체크 아우뜨 씰 부 쁠래
I'd like to check out, please.

415호 인호입니다.

C'est Monsieur InHo de la chambre 415.
쎄 무슈 인호 드 라 샹브흐 꺄트흐썽 깽즈
It's InHo in Room 415. 참고 P.150

계산서가 잘못된 것 같습니다.

Je crois qu'il y a une erreur dans la facture.
쥬 쿠아 낄리 야 윈느 에허 덩 라 팍뛰흐
I think there is a mistake in this bill.

저는 룸서비스를 주문하지 않았습니다.

Je n'ai pas demandé de service en chambre.
쥬 내 빠 드멍데 드 쎄흐비스 엉 샹브흐
I didn't order room service.

국제 전화를 하지 않았습니다.

Je n'ai pas fait d'appel à l'étranger.
쥬 내 빠 패 다뻴 아 레트헝줴
I didn't make any international phone calls.

감사합니다. 잘 지내다 가요.	**Merci. J'ai passé un bon séjour.** 멕씨 재 빠세 엉 봉 쎄쥬흐 Thank you. I really enjoyed my stay.
미니바에서 주스 한 병을 마셨어요.	**J'ai pris une bouteille de jus de fruit dans le minibar.** 재 프히 윈느 부떼이으 드 쥬 드 프휘 덩 르 미니바흐 I had a bottle of juice from the mini bar. 참고 P.150
맡겨 뒀던 귀중품 부탁합니다.	**Je voudrais récupérer mes objets de valeur.** 쥬 부드해 헤뀌뻬헤 메 조브제 드 발러흐 I'd like my valuables back.
제 방에 물건을 놓고 왔어요.	**J'ai oublié quelque chose dans ma chambre.** 재 우블리에 껠끄 쇼즈 덩 마 샹브흐 I left something in my room.
신용 카드로 계산할게요.	**Je voudrais payer par carte de crédit.** 쥬 부드해 빼이에 빠흐 꺄흐뜨 드 트헤디 I'd like to pay by credit card.
이 신용 카드를 사용할 수 있나요?	**Acceptez-vous cette carte de crédit?** 악쎕떼 부 세뜨 꺄흐드 드 크헤디? Do you accept this credit card?
현금으로 지불할게요.	**Je voudrais payer en liquide.** 쥬 부드해 빼이예 엉 리키드 I'd like to pay by cash.
하루 더 연장해 주세요.	**Je voudrais rester une nuit de plus.** 쥬 부드해 헤스떼 윈느 뉘 드 쁠뤼스 I'd like to extend my stay.

도움이 되는 단어장 WORD

		솜이불	couette 꾸에뜨	휴지	papier toilette 빠삐에 뚜알레뜨
		매트리스	matelas 마뜰라	옷걸이	cintre 썽트흐
물	eau 오	에어컨	climatisation 클리마띠자씨옹	실내화	pantoufle 뻥뚜플르
따뜻한 물	eau chaude 오 쇼드	샴푸	shampooing 셩뿌앙	글라스 잔	verre 베흐
베개	oreiller 오헤이예	비누	savon 싸봉	건조기	séchoir 세쓔아흐
타월	drap 드하	수건	serviette de bain 세흐비에뜨 드 방	재떨이	cendrier 썽드히예

입국 심사에 필요한 표현은 이렇습니다.

현지 공항에 도착하면 먼저 입국 심사를 하게 됩니다. 쓰는 표현이 대부분 정해져 있으니 연습하여 자연스럽게 입국합시다. 여권 등 필요한 것을 준비하는 것도 잊지 마세요!

공항 aéroport 아에호뽀흐

입국 심사는?

부스는 EU회원국 내의 여권 소지자와 그 이외로 나뉘어 있기 때문에, 외국인(EU 이외) 카운터 쪽으로 가서 줄을 섭니다. 입국 심사의 경우 여행 목적이나 체류 기간을 묻는 경우도 있습니다.

입국 조사에서 제출해야 하는 것들
- 여권
- 돌아갈 때의 항공권 (요구받았을 경우 제시)

세관에 제출해야 할 것들
- 여권
- 세관 신고서 : 면세 범위라면 검사는 불필요 'Rien à déclarer'(신고 없음)라고 써 있는 녹색 램프의 출구로 가면 됩니다.

'EU 셍겐 조약 협정 실시국' 간의 이동은 출입국 심사가 간소화되어 있습니다.

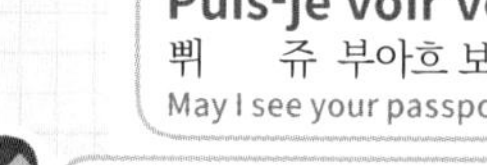

여권 좀 보여주시겠어요?
Puis-je voir votre passeport?
쀠 쥬 부아흐 보트흐 빠스뽀흐?
May I see your passport, please?

방문 목적이 무엇인가요?
Quel est le but de votre visite?
껠 레 르 뷔 드 보트흐 비지뜨?
What's the purpose of your visit?

여행입니다. / 비즈니스입니다.
Tourisme. ⁄ Affaires.
뚜히즘므 ⁄ 아패흐
Sightseeing. ⁄ Business.

얼마나 머무시나요?
Combien de jours restez-vous?
꽁비앙 드 쥬흐 헤스떼 부?
How long are you going to stay?

약 10일입니다.
Environ 10 jours.
엉비홍 디 쥬흐
About ten days.
참고 P.150

어디서 머무시나요?
Où logez-vous?
우 롱제 부?
Where are you staying?

플라자 호텔입니다. / 친구의 집입니다.
À l'hôtel Plaza. ⁄ Chez un ami.
아 로뗄 쁠라자 ⁄ 쉐 어나미
Plaza Hotel. ⁄ My friend's house.

입국 절차

1 도착
공항에 도착, 안내에 따라 입국 심사대로 이동

→ **2 입국 심사**
외국인 카운터에 줄을 서고 입국 심사를 받는다.

→ **3 짐 찾기**
항공사, 편명을 확인하고 맡겼던 위탁 수하물을 찾는다.

→ **4 세관**
짐을 가지고 필요 서류를 제출한 후 세관 검사대로 간다. 구매한 물건들의 가격이 면세 범위 이내라면 그대로 통과. 아닌 경우는 반드시 세관 절차를 거친다.

→ **5 도착 로비**
세관을 빠져나와 게이트를 나오면 도착 로비.

도착했다면

사를 드골 공항은 항공사에 따라 공항 터미널이 다릅니다. 환승해야 하는 경우 사전에 알아둡시다. 공항 터미널이 매우 넓으므로 시간에 여유를 가지는 것이 중요합니다.

탑승 게이트는 어디인가요?
Où est la porte d'embarquement?
우 에 라 뽀흐뜨 덩바흐끄멍?
Where is the boarding gate?

제 여행 가방이 파손되어 있습니다.
Ma valise est endommagée.
마 발리즈 에 엉도마줴
My suitcase is damaged.

위탁 수하물을 잃어버린 경우

수하물을 잃어버린 경우는 'LOST & FOUND' 카운터로 가 항공권과 수하물 표를 보여주고 문제를 해결합니다. 바로 찾지 못하는 경우 짐을 숙박하는 호텔에 보내 달라고 합시다. 만일을 대비해 하루 분의 세면 도구나 속옷, 화장품 등을 미리 준비해 두는 것도 좋습니다.

제 여행 가방이 아직 나오지 않았어요.
Ma valise n'est pas encore arrivée.
마 발리즈 네 빠 정꼬흐 아히베
My suitcase hasn't arrived yet.

찾으시면 바로 제가 머무는 호텔로 보내 주세요.
Veuillez me la livrer à mon hôtel dès que vous l'avez retrouvée.
뷔이에 므 리브헤 아 모 노뗄 데 끄 부 라베 흐투흐베
Please deliver it to my hotel as soon as you've located it.

세관에서 수하물에 대해 물어볼 수도 있어요

친구에게 줄 선물입니다. / 제 소지품입니다.
Un cadeau pour mon ami. / Des affaires personnelles.
엉 꺄도 뿌흐 모나미 / 데 자패흐 뻬흐쏜느
A present for my friend. / My personal belongings.

도움이 되는 단어장 WORD

한국어	프랑스어	한국어	프랑스어	한국어	프랑스어
도착	arrivée 아히베	수하물 배달	livraison de bagages 리브해종 드 바가쥬	수하물표	récépissé 헤세삐쎄
		세관	douane 두안	검역	quarantaine 까헝땐느
		도착 로비	hall d' arrivée 올 다히베	면세 / 과세	hors taxe / taxation 오흐스 딱쓰 / 딱싸씨옹
입국 심사	immigration 이미그하씨옹	입국 카드	carte de débarquement 꺄흐뜨 드 데바흐끄멍	세관 신고서	déclaration douane 데끌라하씨옹 두안

기내에서 보다 쾌적하게 보내기 위해

비행기에 탈 때부터 이미 해외여행은 시작되었습니다.
여행 가기 전 표현들을 익혀 비행기 안에서부터 외국인 승무원에게 말을 걸어 봅시다.

기내에서

비행기에서 쾌적하게 보내기 위해 필요한 것이 있다면 바로 승무원에게 알립시다.

기내에 들고 타면 편리한 물건

- 슬리퍼
- 마스크
- 걸칠 옷
- 귀마개
- 안대
- 베개
- 상비약
- 콘택트렌즈 세정액 & 보존액
- 안약& 인공 눈물
- 목캔디
- 물티슈
- 미스트 또는 스킨
- 칫솔&치약
- 가이드북& 회화책
- 부종 방지 양말

액체류는 반입 제한이 있으니, 들고 탈 때는 사전에 확인하세요.

여기는 제 자리입니다.
Je crois que vous êtes sur mon siège.
쥬 쿠아 끄 부 제뜨 쉬흐 몽 씨에쥬
I think you are in my seat.

니스로 환승할 예정입니다.
Je vais prendre la correspondance pour Nice.
쥬 배 프헝드흐 라 꼬헤스뽕덩스 뿌흐 니스
I'll connect with another flight to Nice.

아픈 것 같아요.
Je me sens malade.
쥬 므 썽 말라드
I feel sick.

제 모니터가 작동하지 않습니다.
Mon moniteur ne marche pas.
쥬 모니떠흐 느 막슈 빠
The monitor is not working.

제 짐을 여기에 놓아도 될까요?
Puis-je mettre mes bagages ici?
쀠 쥬 메트흐 메 바가쥬 이씨?
Can I put my baggage here?

의자를 뒤로 젖혀도 되나요?
Puis-je incliner mon siège?
쀠 쥬 엉끌리네 몽 씨에쥬?
Can I recline my seat?

화장실은 어디에 있나요?
Où sont les toilettes?
우 쏭 레 뚜알레뜨?
Where's the restroom?

기내 방송을 알아들을 수 있어요!

안전벨트를 매 주세요.
Veuillez attacher votre ceinture.
뷰이에 아따쉐 보트흐 썽뛰흐
Please fasten your seat belts.

자리로 돌아가 주세요.
Veuillez retourner à votre siège.
뷰이에 흐뚜흐네 아 보트흐 씨에쥬
Please get back to your seat.

좌석의 등받이를 원상태로 해 주세요.
Veuillez redresser le dossier de votre siège.
뷰이에 르드쎄 르 도씨에 드 보트흐 씨에쥬헤
Please put your seat back to its original position.

테이블을 원상태로 해 주세요.
Veuillez redresser votre table.
뷰이에 르드헤쎄 보트흐 따블르
Please put your table back to its original position.

뭔가 부탁하고 싶을 때는?

좌석에 있는 '승무원 호출' 버튼을 누르면 주변 사람들에게 폐를 끼치지 않아도 승무원을 부를 수 있습니다.

베개와 담요를 주세요.
Apportez-moi un oreiller et une couverture, s'il vous plaît.
아뽀흐떼 무아 어 노헤이예 에 윈느 꾸베흐뛰흐 씰 부 쁠래
Could I have a pillow and a blanket?

추워요[더워요].
J'ai froid [chaud].
재 푸아 [쇼]
I feel cold [hot].

기내에서 술을 마실 때는 지상에 있을 때보다 쉽게 취합니다. 너무 많이 마시지 않도록 주의합니다.

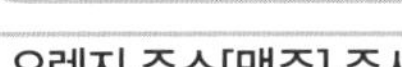

오렌지 주스[맥주] 주세요.
Du jus d'orange [Une bière], s'il vous plaît.
뒤 쥬 도형쥐 [윈느 비에흐] 씰 부 쁠래
Orange juice [beer], please.

식사 시간이 되어도 저를 깨우지 마세요.
Ne me réveillez pas pour les repas.
느 므 헤베이예 빠 뿌흐 레 흐빠
Don't wake me up for the meal service.

이것(트레이, 컵 등)을 치워 주시겠어요?
Pourriez-vous débarrassez ça?
뿌히에 부 데바하쎄 싸?
Could you take this away?

도움이 되는 단어장 WORD

사용 중	occupé 오큐뻬	
비어 있음	libre 리브흐	
창가 쪽 좌석	siège côté fenêtre 씨에쥬 꼬떼 프네트흐	
통로 쪽 좌석	siège côté couloir 씨에쥬 꼬떼 꿀루아흐	
좌석 번호	numéro de siège 뉴메호 드 씨에쥬	
현지 시간	l' heure locale 러흐 로깔	
시차	décalage horaire 데깔라쥐 오해흐	
구토	nausée 노제	
비상구	sortie de secours 소흐띠 드 쓰꾸흐	
약	médicament 메디꺄멍	

드디어 귀국 날입니다.

공항 aéroport 아에호뽀흐

출발 약 2시간 전부터 체크인이 가능하므로
여유롭게 공항으로 갑시다. 현지인들과 대화를 나눌 수 있는 것도
이것이 마지막! 생각이 닿는 곳까지 이야기해 봅시다.

공항으로 향합니다

프랑스(특히 파리의 샤를 드 골 공항)는, 매우 혼잡합니다. 체크인 카운터에서 2시간 이상 기다리는 경우도 많기 때문에 꽤 여유를 가지고 공항에 도착해도 시간대에 따라 아슬아슬하게 탑승하는 경우도 종종 있어 주의해야 합니다. 자동 체크인기를 이용하는 것을 추천하지만 익숙하지 않으면 시간을 더 잡아먹는 경우도 있기 때문에 빠르게 공항에 도착하는 것이 심적으로 편합니다.

체크인

이용하는 항공사의 체크인 카운터에서 체크인을 합시다. 항공권과 여권을 제시한 후 기내에 들고 갈 수 없는 짐은 위탁 수하물로 맡기고, 수하물 표와 탑승권을 꼭 챙깁시다.

서둘러야 할 때는

에어프랑스 항공 카운터는 어디에 있나요?
Où se trouve le comptoir d'Air France ?
우 쓰 트후브 르 꽁뚜아흐 데흐 프헝쓰?
Where is the Air France counter?

체크인 부탁합니다.
Enregistrement, s'il vous plaît.
엉헤지스트흐멍 씰 부 쁠래
Check in, please.

비행편 예약을 재확인하고 싶어요.
Je voudrais reconfirmer mon vol.
쥬 부드해 흐꽁피흐메 몽 볼
I'd like to reconfirm my flight.

제 이름은 이유정입니다.
Mon nom est Lee Yujung
몽 농 에 이 유정
My name is Lee Yujung.

제 항공기 번호는 AF053이고 8월 15일 서울행입니다.
Mon numéro de vol est JL053 pour Séoul le 15 août.
몽 뉴메호 드 볼 레 쥐엘 제호생크투와 뿌흐 세울 르 깽즈 우뜨
My flight number is AF 053 for Seoul on August 15th.

참고 P.150
참고 P.151

죄송합니다. 출발하기까지 시간이 없어요.
Je suis désolé(e). Mon vol part bientôt.
쥬 쉬 데졸레 몽 볼 빠흐 비앙또
I'm sorry. My flight is leaving shortly.

창가 쪽[통로 쪽] 좌석으로 부탁드려요.
Siège côté fenêtre[couloir], s'il vous plaît.
씨에쥬 꼬떼 프네뜨흐 [꿀루아흐] 씰 부 쁠래
Window[Aisle] seat, please.

출국 수속의 흐름

1 체크인
항공사 카운터에서 체크인하고 짐을 맡깁니다.
→
2 면세 절차
고액의 물품을 사면서 면세를 받아야 하는 경우, 면세 카운터에서 접수를 진행합니다.
→
3 보안검사
짐을 검색대에서 검사하고 게이트를 통과하며 소지품 검사도 합니다.
→
4 세관
고미술품 등 신고해야 하는 물품들이 있는 경우는 세관신고서를 제출합니다. 없다면 제출하지 않아도 됩니다.
→
5 출국심사
여권과 탑승권을 제출하고 출국심사를 받습니다. 끝나면 출국 로비로 갑니다.

공항에서는 항상 시간을 신경 써야 합니다. 모르는 것이 있으면 바로 공항 직원에게 물어봅시다.

비행편을 변경해도 될까요?
Est-ce que je peux changer de vol?
에 스 끄 쥬 뿌 샹졔 드 볼?
Can I change the flight?

10번 게이트가 어디에 있나요?
Où est la porte numéro 10?
우 에 라 뽀흐뜨 뉴메호 디스?
Where is the gate 10?
참고 P.150

정시에 이륙하나요?
Est-ce que ce vol va décoller à l'heure?
에 스 끄 쓰 볼 바 데꼴레 아 러흐?
Will this flight leave on schedule?

위탁 수하물 안에 깨지기 쉬운 물건이 있는 경우는 관계자에게 미리 말해 주세요.

얼마나 지연되나요?
De combien de temps est-il retardé?
드 꽁비앙 드 떵 에 띨 흐따흐데?
How long wil it be delayed?

위탁 수하물 맡기기

가위나 손톱깎이 등 칼 종류는 기내 반입이 금지되어 있으므로 위탁 수하물로 맡겨야 합니다. 또 액체류 반입에 제한 사항이 있기 때문에 화장품이나 의약품 또한 제한 대상입니다.

잘 깨지는 물건이 있어요.
J'ai un article fragile.
재 어 나흑띠끌르 프하쥘르
I have a fragile item.

이것은 기내에 가지고 탈 수 있는 수하물입니다.
Ceci est un bagage à main.
쎄씨 에 떵 바가쥬 아 망
This is carry-on luggage.

무사히 비행기에 탔습니다!

짐을 꺼내도 되나요?
Est-ce que je peux prendre les bagages?
에 스 끄 쥬 뿌 프헝드흐 레 바가쥬?
Can I take out the luggage?

공항에서 시내로 이동

기차 train 트항 **버스** autobus 오또뷔스 **택시** taxi 딱씨

공항에서 시내로는 다양한 루트로 갈 수 있습니다. 예산과 스케줄을 잘 따져서 선택합니다. 이제부터 현지인과 만날 기회가 늘어나므로 먼저 적극적으로 말을 걸어 봅시다.

타는 곳을 찾아 봅시다

국제선의 현관문, 파리 샤를 드골 공항은 여러 개의 터미널이 있어서 길을 잃어버리는 경우도 허다합니다. 공항 내에서 'Tazis', 'bus'라는 글자를 찾으면 대중교통을 타는 곳 까지 갈 수 있어요.

파리의 경우

샤를 드골 공항에서 시내까지 가는 경우는 버스를 이용하는 것이 편리합니다. '루아시 버스'와 '엘 프랑스 버스'가 있어 각각 도착 장소는 다르지만 시내까지 50~60분 정도가 걸립니다. 시간대에 따라서 도로 정체에 발이 묶이는 경우도 있으니 돌아오는 길에는 시간의 여유를 두고 이용합시다. 또, 고속교외지하철(RER)을 이용해도 시내까지 갈 수 있습니다. 철도의 역은 소매치기의 피해가 많으므로 큰 짐을 들고 이동할 때에는 주의해야 합니다.

수하물 운반 차량이 어디에 있나요?

Où sont les chariots?

우 쏭 레 샤히오?

Where are the luggage carts?

에어프랑스 리무진 버스 정거장은 어디에 있나요?

Où se trouve la station des cars Air France?

우 쓰 트후브 라 스따씨옹 데 꺄흐 에흐 프헝스?

Where is the station of Les Cars Air France?

시내로 가는 버스가 있나요?

Y a-t-il un bus de l'aéroport à la ville?

이 야 띨 엉 뷔스 드 라에호뽀흐 아 라 빌르?

Is there an airport bus to the city?

팔레스 호텔로 가는 버스를 어디서 탈 수 있나요?

Où puis-je prendre le bus pour l'Hôtel Palace ?

우 쀠 쥬 프헝드흐 르 뷔스 뿌흐 로뗄 빨라쓰?

Where can I get the bus service for the Palace Hotel?

몇 분 간격으로 운행하나요?

Il part tous les combien de minutes?

일 빠흐 뚜 레 꽁비앙 드 미뉘트?

How often does it run?

몇 시에 출발하나요?

À quelle heure partons-nous?

아 껠 러흐 빠흐똥 누?

What time does it leave?

매표소가 어디에 있나요?

Où est le guichet?

우 에 르 기셰?

Where is the ticket office?

유사시에 바로 대응이 가능하도록 사전에 조사해 두고 호텔 근처의 지도, 주소나 호텔명을 써 놓은 메모를 가지고 있는 것이 편리합니다. 길을 잃었다면 빠르게 도움을 요청해요.

성인 한 명이요.

Un adulte, s'il vous plaît.

어 나뒬뜨 씰 부 쁠래

One adult, please.

참고 P.150

이 버스가 샤르트르도 가나요?

Est-ce que ce bus va à Chartres?

에 스 끄 쓰 뷔스 바 아 샤흐트흐?

Does this bus go to Chartres?

다음 버스는 몇 시에 출발하나요?

Le prochain bus arrive dans combien de temps?

르 프호샹 뷔스 아히브 덩 꽁비앙 드 떵?

What time does the next bus leave?

(차내 안내 방송)이번 역은 리옹이고 다음 역은 시테역입니다.

Nous arrivons à la Gare de Lyon. La prochaine est la Gare Cité.

누 자히봉 아 라 갸흐 드 리옹 라 프호셴느 에 라 갸흐 씨떼

This is Lyon Station. The next stop is Cité Station.

택시 이용 방법

짐이나 사람이 많은 경우 바로 호텔까지 갈 수 있기 때문에 택시가 편리합니다. 야간, 휴일에는 할증이 붙고, 혼잡할 경우에는 요금이 올라갑니다. 트렁크에 짐을 실을 때는 1개 당 1유로가 추가됩니다.

택시 정거장은 어디에 있나요?

Où se trouve la station de taxis?

우 쓰 트후브 라 스따씨옹 드 딱씨?

Where is the taxi stand?

이 호텔까지 가는 데 택시비가 얼마나 드나요?

Combien coûte le taxi jusqu'à cet hôtel?

꽁비앙 꾸뜨 르 딱씨 쥬스꺄 쎄 또뗄?

How much does it cost to this hotel by taxi?

먼저 말을 걸어오는 운전기사는 불법 택시인 경우가 많기 때문에 주의해야 합니다.

(운전사에게) 파리 동역에서 내리고 싶어요.

Je voudrais descendre à la Gare d'Est .

쥬 부드해 데썽드흐 아 라 갸흐 데스뜨

I'd like to get off at East Station.

무사히 도착했습니다!

(운전사에게) 여행 가방을 내려 주시겠어요?

Est-ce que vous pourriez sortir ma valise, s'il vous plaît?

에 스 끄 부 뿌히에 쏘흑띠 마 발리즈 씰 부 쁠래?

Could you unload my suitcase from the trunk?

대중교통을 타고 이동하기

지하철 métro 메트호 | RER RER 에흐 으 에흐 | 트램 tram 트함므

지하철은 파리 시내를 종횡으로 달리고 있기 때문에 아주 편리합니다.
파리와 교외를 잇는 RER(고속교외철도)나 트램도 타면서 즐거운 여행을 해 봅시다.

타는 곳을 찾아봅시다

먼저 지하철의 간판을 찾아봅시다. 'METRO'나 'METROPOLITAIN'이라고 써 있는 것, 'M' 마크가 써 있는 것 등 여러 종류가 있습니다.

지하철의 입구

지하철 티켓

파리의 지하철 티켓. 시내에서 이용한다면 RER이나 버스도 동일한 티켓으로 이용 가능합니다. 1회권과 회수권(10회권)이 있습니다.

파리의 지하철 역이나 차내에서는 전면 금연입니다.

타기 전 체크해야 할 것은?

자동 개찰구를 통해 플랫폼으로 진입. 역내의 안내판에서 노선 번호와 행선지를 확인합시다.

플랫폼의 간판

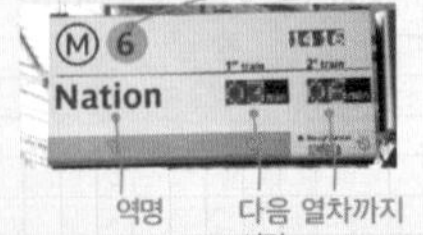

매표소는 어디에 있나요?
Où est le guichet?
우 에 르 기셰?
Where is the ticket office?

승차권을 사고 싶습니다.
Est-ce que je peux avoir un carnet?
에 스 끄 쥬 뿌 아부아흐 엉 꺄흐네?
I'd like to have a carnet?

운행 시간표를 볼 수 있을까요?
Puis-je voir les horaires?
쀠 쥬 부아흐 레 조해흐?
Can I see a schedule?

지하철 노선도를 볼 수 있을까요?
Puis-je avoir un plan du métro?
쀠 쥬 아부아흐 엉 쁠랑 드 메트호?
Can I have a subway map?

가장 가까운 지하철 역이 어디에 있나요?
Où est la station de métro la plus proche?
우 에 라 스따씨옹 드 메트호 라 쁠뤼 프호슈?
Where is the nearest subway station?

노트르담 대성당에 가려면 어디에서 내려야 하나요?
Où faut-il descendre pour aller à la Cathédrale Notre-Dame?
우 포띨 데썽드흐 뿌흐 알레 아 라 꺄떼드할르 노트흐 담므?
At which station do I have to get off to go to Notre-Dame Cathedral?

시간이 얼마나 걸리나요?
Combien de temps est-ce que ça prend?
꽁비앙 드 떵 에 스 끄 싸 프헝?
How much time does it take?

파리의 지하철에 대한 간단히 알아 봅시다.

1 운행 시간
오전 5:30쯤부터 다음 날 오전 01:00까지 운행하고 5~10분 간격으로 운행합니다.

2 노선
14개의 지하철 노선이 운행되고 있고 노선도는 역이나 관광 안내소에서 얻을 수 있습니다.

3 주의점
소매치기나 날치기가 많으므로 주의 또 주의! 또 심야에 여자 혼자 탑승하는 것은 웬만하면 피하세요.

4 매너
차내의 문 근처에 있는 접이식 의자는 혼잡한 시간대에는 사용하지 않는 것이 매너입니다.

내릴 때에는?

차내 방송이 없으므로 몇 개 앞의 역에서 내릴 준비를 하는 것이 좋습니다. 또 문은 수동식이 많으므로 주의합니다.

플랫폼의 역명 표시

환승을 해야 하나요?
Dois-je faire un changement?
두아 쥬 패흐 엉 샹쥬멍?
Do I have to make a transfer?

오르세 미술관에 가려면 어떤 노선을 타야 하나요?
Quell ligne faut-il prendre pour aller au Musée d'Orsay ?
껠 린느 포띨 프헝드흐 뿌흐 알레 오 뮤제 도흐세?
Which line should I take to go to Orsay Museum?

다음 정거장은 무슨 역인가요?
Quel est le prochain arrêt?
껠 레 르 프호샹 아헤?
What is the next stop?

막차 시간이 언제인가요?
À quelle heure est le dernier train?
아 껠 러흐 에 르 데흐니에 트항?
What time does the last train leave?

무사히 지하철을 탔습니다!

도움이 되는 단어장 WORD

		거스름돈	monnaie 모내	소요시간	temps requis 떵 흐끼
		개찰구	accès au quai 아쎄 오 깨	역무원	employé de la gare 엉플루아예 드 라 갸흐
티켓	ticket 티께	플랫폼	quai 깨	차장	contrôleur 꽁트홀러흐
승차권	carnet 꺄흐네	안내판	panneau d' information 빠노 덩포흐마씨옹	환승	changement 샹쥬멍
매표소	guichet 기셰	노선도	plan 쁠랑	입구	entrée 엉트헤
ATM	distributeur automatique 디스트히뷰떠흐 오또마띠끄	운행 시간표	horaire 오해흐	출구	sortie 쏘흑띠

대중교통을 타고 이동하기

프랑스는 전 국토에 철도망이 구축되어 있기 때문에 어디든 이동하기가 편리합니다.
목적지까지 티켓을 사서 기차에 몸을 싣고, 여행의 풍경을 느껴 봅시다.

프랑스의 기차에 대해

프랑스의 기차는 주로 프랑스 국철(SNCF)에 의해 운영되고 있습니다. 파리와 주요 도시 간을 연결한 장거리 구간은 고속 열차 TGV, 간선 열차intercities, 지방 도시 간은 쾌속 열차, 보통 열차에 해당하는 TER이 운행하고 있습니다.

TGV란?

시속 약 300km의 고속 철도. 프랑스 국내의 주요 도시를 연결하고 있습니다. 좌석은 전석 지정석으로 예약이 필수입니다.

각인을 잊지 말 것!

역에는 대부분 개찰구가 없고 자동 각인기에 자신이 티켓을 넣어 표시를 해야 합니다. 각인이 안 되어 있을 경우에는 벌금을 무는 경우가 있기 때문에 주의합니다.

내일 아침 10시에 출발하는 보르도행 TGV 좌석을 예약하고 싶습니다.
Je voudrais réserver une place dans le TGV de demain matin à dix heures pour Bordeaux.
쥬 부드해 헤제흐베 윈느 쁠라쓰 덩 르 떼줴베 드 드망 마땅 아 디 저흐 뿌흐 보흐도
I'd like to reserve a seat of TGV for Bordeaux which leaves at ten o'clock tomorrow morning.

리옹행은 얼마인가요?
Combien jusqu'à Lyon?
꽁비앙 쥬스꺄 리옹?
How much to Lyon?

유레일 패스 한 장 주세요.
Un Eurail Pass, s'il vous plaît.
어 뉴해일 빠쓰 씰 부 쁠래
One Eurail Pass, please.

매표기에서 현금을 사용할 수 있나요?
Quel distributeur accepte de l'argent liquide?
껠 디스트히뷰떠흐 악쎕뜨 드 라흐정 리키드?
Which ticket machine accept cash?

개찰기가 어디에 있나요?
Où est la machine à composter?
우 에 라 마쉰 아 꽁뽀스테?
Where is the stamp machine?

이 개찰기를 사용하는 방법을 알려 주시겠어요?
Pourriez-vous m'expliquer comment composter mon billet?
뿌히에 부 멕스쁠리꼐 꼬몽 꽁뽀스떼 몽 비예?
Could you tell me how to use the stamp machine?

마르세유행 기차를 여기서 타는 게 맞나요?
C'est bien le quai du train pour Marseille?
쎄 비앙 르 깨 뒤 트항 뿌흐 마흑세이으?
Does the train for Marseille leave from this platform?

기차를 타는 방법은?

1 예약
TGV는 예약이 필수. 성수기에는 미리 예약을 합니다.

2 티켓 구입 , 각인
시간에 여유를 가지고 역에 갑니다. 각인을 잊지 말 것!

3 승차
역의 표지판 등에서 열차의 플랫폼을 확인. 열차의 문은 수동으로 엽니다.

4 하차
내릴 때, 문은 수동으로 엽니다. 개찰구가 없기 때문에 역에서 나오면 끝!

득이 되는 패스

장기간 프랑스를 여행할 때 편리합니다.

● 유레일 글로벌 패스

유레일 가맹국에서 이용 가능한 특급, 급행을 포함한 기차 패스. 연속 이용 패스와 탑승일을 고를 수 있는 패스가 있습니다.

● 프랑스 레일 패스

TGV를 포함한 SNCF를 탈 수 있는 기차 패스로 프랑스 국내만을 돌아볼 수 있는 패스. TGV와 침대차는 예약이 필수(예약 수수료 별도) 1개월간의 유효 기간 안에 3~9일간을 선택합니다.

※ 철도는 제도나 시스템이 바뀌는 경우가 있습니다. 이용할 때에는 사전에 꼭 확인하세요.

8호칸 105번 자리를 찾고 있어요.

Je cherche la place numéro 105 dans la voiture numéro 8.
쥬 쉐흐슈 라 쁠라쓰 뉴메호 썽쌩크 덩 라 부아뛰흐 뉴메호 위뜨
I'm looking for a seat 105 on the car No. 8. 참고 P.150

침대차로 예약을 변경해도 될까요?

Je voudrais changer ma réservation pour une voiture-lit.
쥬 부드해 샹줴 마 헤제흐바씨옹 뿌흐 윈느 부아뛰흐 리
I'd like to change my reservation to Sleeping Car?

다음 정거장은 보르도역인가요?

Est-ce que la prochaine gare est Bordeaux?
에 스 끄 라 프호셴느 갸흐 에 보흐도?
Is the next station Bordeaux?

도움이 되는 단어장 WORD

편도 티켓 aller simple 알레 썽쁠르	유로스타 Eurostar 에호스따	플랫폼 quai 깨
왕복 aller et retour 알레 에 흐뚜흐	정거장 gare 갸흐	탈리스 Thalys 딸리
간이침대 couchette 꾸쉐뜨	운행 시간표 horaire 오해흐	선로 voie 부아
	노선 ligne 린느	탑승권 titre de transport 티트흐 드 트헝스뽀흐

티켓의 견본

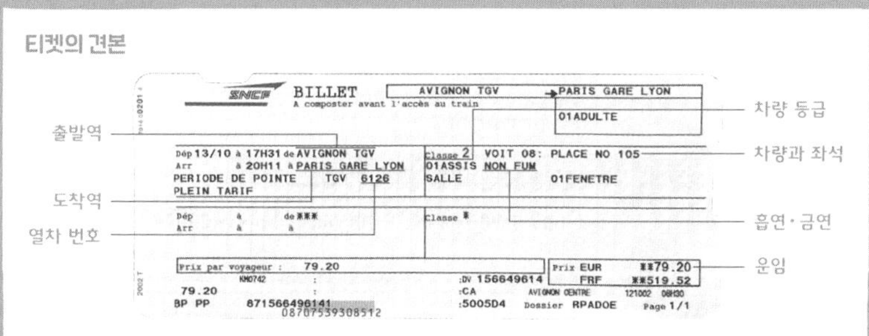

대중교통을 타고 이동하기

짐이 많을 때나 심야 시간 등에 택시는 여행자에게 중요한 교통수단입니다.
이용 방법을 알아 두고 능숙하게 활용해 봅시다.

택시를 찾아봅시다

운행 중인 택시를 잡는 것보다, 택시 타는 곳을 찾아 줄서서 타는 것이 현명합니다.

택시가 오면

파리의 경우는 차 위에 'TAXI PARISIEN' 이라고 램프가 켜져 있으면 빈차. 탑승은 3명까지로 4명이 타는 경우는 사전에 동의를 구하는 것이 필요합니다. 할증 요금도 부과됩니다.

뒷자석부터 앉습니다.

행선지를 말합니다

운전기사님은 영어를 못하는 경우가 많으므로 프랑스어가 능숙하지 않다면 행선지를 적은 메모를 보여 주는 것이 좋습니다. 차가 운행되면 미터기가 잘 움직이는지 확인하세요.

택시를 불러 주시겠어요?
Pourriez-vous m'appeler un taxi, s'il vous plaît?
뿌히에 부 마쁠레 엉 딱씨 씰 부 쁠래?
Please call me a taxi.

얼마 정도인가요?
Ça coûte combien à peu près?
싸 꾸뜨 꽁비앙 아 뿌 프헤?
How much will it be?

> 큰 짐은 트렁크에 넣습니다. 다만 수량이나 무게에 따라서는 추가 요금이 발생하는 경우도 있습니다.

시간이 얼마나 걸리나요?
Ça prend combien de temps à peu près?
싸 프헝 꽁비앙 드 떵 아 뿌 프헤?
How long will it take?

이 주소로 가 주세요.
Je voudrais aller à cette adresse, s'il vous plaît.
쥬 부드해 알레 아 세뜨 아드헤쓰 씰 부 쁠래
I want to go to this address.

루브르 박물관으로 가 주세요.
Je voudrais aller au musée du Louvre, s'il vous plaît.
쥬 부드해 알레 오 뮤제 뒤 루브흐 씰 부 쁠래
I want to go to Louvre Museum.

서둘러 주시겠어요?
Est-ce que vous pourriez vous dépêcher, s'il vous plaît?
에 스 끄 부 뿌히에 부 데뻬쉐 씰 부 쁠래?
Please hurry.

짐을 트렁크에 넣어 주세요.
Pouvez-vous mettre ma valise dans le coffre, s'il vous plaît.
뿌베 부 메트흐 마 발리즈 덩 르 꼬프흐 씰 부 쁠래
Please put my luggage in the trunk.

프랑스 택시의 요금 시스템은?

'기본 요금+1km 당 가산'이 기본입니다. 가산 요금은 시간대와 주행 구역에 따라 A~C 요금으로 나뉘어 있고, 차 위에 램프로 표시되어 있습니다. 일반적으로 심야나 아침 일찍 타는 경우는 가격이 좀 비쌉니다.

심야 택시는 혼자 탈 때 주의해야 합니다.

여기서 세워 주세요.

Arrêtez-vous ici, s'il vous plaît.

아헤떼 부 이씨 씰 부 쁠래

Stop here, please.

여기서 잠시만 기다려 주세요.

Attendez-moi ici quelques minutes, s'il vous plaît.

아떵데 무아 이씨 껠끄 미뉘트 씰 부 쁠래

Please wait here for a minute.

하차합시다

목적지에 도착했다면 요금을 냅시다. 짐이나 초과 인원에 따라 할증 요금이 미터기에 표시된 금액과 함께 청구됩니다.

얼마인가요?

Ça fait combien?

싸 패 꽁비앙?

How much is it?

영수증을 주시겠어요?

Pourriez-vous me faire une facture, s'il vous plaît?

뿌히에 부 므 패흐 윈느 팍뛰흐 씰 부 쁠래?

Could I have a receipt?

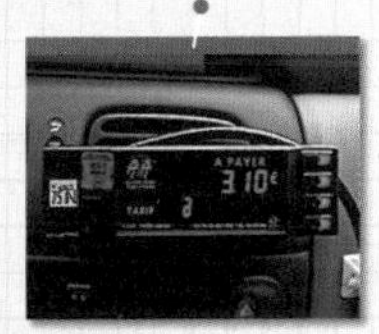

요금 미터기는 반드시 체크!

요금이 미터기와 다른데요.

Ce n'est pas ce qu'indique le compteur.

쓰 네 빠 쓰 깽디끄 르 꽁떠흐

The fare is different from the meter.

프랑스 택시 이용법

대중교통과 잘 비교해 보기

시내에는 교통 정체가 잦아 파리에서는 지하철이 더 빠른 경우도 있습니다.

비정규직 택시 주의

불필요한 문제를 줄이려면 택시 승강장에서 정규 택시를 기다리는 것이 좋습니다.

요금 지불 전에 확인하기

어떤 이유에서든 한번 지불한 요금은 환불되지 않습니다. 사전에 잘 확인해 둡시다.

팁은?

원칙은 없지만 팁을 지불한다면 요금의 10~15% 정도를 내면 됩니다. 청구되는 요금에 팁이 포함되어 있는 경우도 있습니다.

잃어버리는 물건이 없는지 주의!

대중교통을 타고 이동하기

현지인들의 생활의 발이 되는 버스를 타 봅시다.
이동의 선택지가 넓어지고, 익숙해지면 편리하게 탈 수 있습니다.

프랑스의 버스 사정

시내버스나 유럽의 각 도시와 연결된 장거리 버스도 있습니다. 시내버스는 노선이 복잡하거나 도착 시간이 잘 안 맞는 경우가 있으므로 여행 초보자에게는 진입 장벽이 높습니다.

파리의 노선 버스에 대해

시내버스는 약 60개의 노선이 있어 복잡하기 때문에 추천하지는 않지만, 지하철은 센강을 건너는 노선이 많지 않아 강을 건널 경우 버스가 편리합니다. 점심에는 배차가 많아 5~15분 간격으로 운행하고 있습니다.

버스 정류장의 간판에는 노선 번호가 써 있습니다

노선도

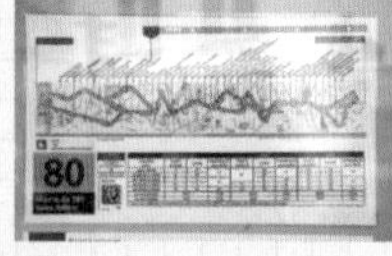

노선도는 버스 정류장에 게시되어 있습니다. 잘못 타지 않도록 잘 확인하고 탑승합니다.

노트르담으로 가는 버스 정류장은 어디에 있나요?

Où est l'arrêt d'autobus pour Notre-Dame?

우 에 라헤 도또뷔스 뿌흐 노트흐 담?

Where does the bus for Notre-Dame leave?

표는 어디서 살 수 있나요?

Où est-ce que je peux acheter un ticket?

우 에 스 끄 쥬 뿌 아슈떼 엉 티께?

Where can I buy the ticket?

차내에서도 티켓을 살 수 있나요?

Puis-je acheter un ticket dans le bus?

쀠 쥬 아슈떼 엉 티께 덩 르 뷔스?

Can I buy the ticket in the bus?

승차권이 있나요?

Avez-vous un carnet?

아베 부 엉 꺄흐네

Do you have a carnet?

이 버스가 개선문을 가나요?

Est-ce que ce bus va à l'Arc de Triomphe?

에 스 끄 쓰 뷔스 바 아 라흐크 드 트히옹프?

Does this bus go to the Arch of Triumph?

퐁피두 센터에 가려면 어디서 내려야 하나요?

Où faut-il descendre pour aller au Centre Geroges Pompidou?

우 포띨 데썽드흐 뿌흐 알레 오 썽트흐 조흐쥬 퐁삐도?

Where should I get off to go to Centre Pompidou?

버스 노선도를 보여 주시겠어요?

Pourriez-vous me donner un plan de bus, s'il vous plaît?

뿌히에 부 므 도네 엉 쁠랑 드 뷔스 씰 부 쁠래

Can I have a bus route map?

그곳에 가려면 몇 호선을 타야 하나요?

Pour aller là, il faut prendre quelle ligne?

뿌흐 알레 라 일 포 프헝드흐 껠 린느?

Which line do I have to take to go there?

버스를 탑시다

버스가 오면 버스 정면의 노선 번호와 행선지를 확인합니다. 탑승할 때에는 손을 들어 의사를 알립니다.

환승을 해야 하나요?

Dois-je faire un changement?

두아 쥬 패흐 엉 샹쥬멍?

Do I have to transfer?

어디서 환승을 해야 하나요?

Il faut changer où?

일 포 샹줴 우?

Where should I make a transfer?

파리 시내의 버스에 승차할 때 각인기에 티켓을 넣습니다.

표가 제대로 찍히지 않았어요.

Mon billet n'est pas bien composté.

몽 비예 네 빠 비앙 꽁뽀스떼

I'm afraid my ticket won't get stamped.

버스의 창밖으로 경치를 만끽하세요.

보르도역에 도착하면 알려 주시겠어요?

Pourriez-vous me faire signe quand on arrivera à la gare de Bordeaux?

뿌히에 부 므 패흐 씬느 껑 또 나히브하 아 라 갸흐 드 보흐도?

Please tell me when we arrive at Bordeaux Station.

하차합시다

하차할 때에는 빨간 하차 버튼을 누르고 운전기사의 오른쪽 상단에 있는 빨간 램프가 켜지는 것을 확인합시다.

여기서 내릴게요.

Je vais descendre ici.

쥬 배 데썽드흐 이씨

I'll get off here.

다음은 무슨 역인가요?

Quel est le prochain arrêt?

껠 레 르 프호샹 아헤?

What is the next stop?

무사히 도착했습니다!

돌아오는 정류장은 어디인가요?

Où est l'arrêt d'autobus pour revenir?

우 에 라헤 도또뷔스 뿌흐 흐브니흐?

Where is the bus stop for the opposite way?

환전은 이렇게 하세요.

화폐와 환전 monnaie et change 모내 에 샹쥬

여행지에서 가장 중요한 것이 바로 돈. 시장 같은 곳에서는 카드를 사용하지 못하는 가게가 많아 현금을 준비해야 합니다. 입국하면 먼저 공항을 나와 호텔에서 휴식을 취하면서 사용할 예산과 돈을 준비해 봅시다.

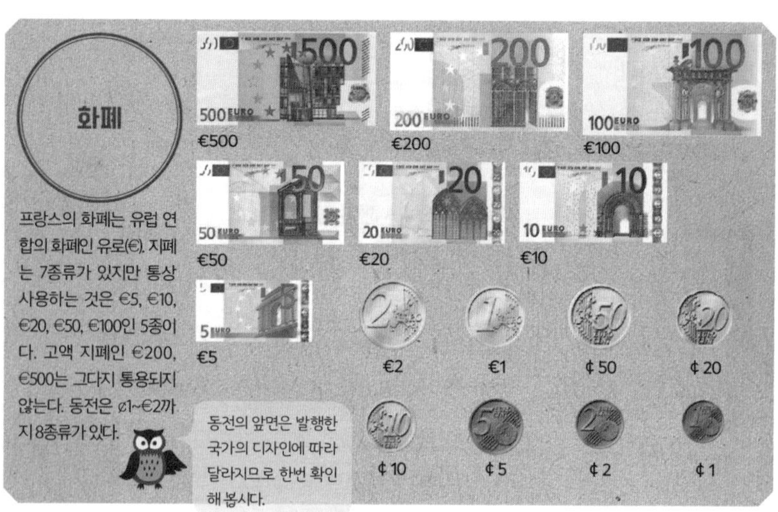

환전을 할 때는?

여권을 제시하는 것이 필수입니다. 재환전의 경우는 환전할 때 주는 외화 교환 증명서가 필요한 경우도 있습니다. 환전은 공항, 호텔, 번화가의 은행이나 공인 환전소 등에서 가능합니다.

환전소가 어디에 있나요?

Où se trouve le bureau de change?
우 쓰 트후브 르 뷔호 드 샹쥬?
Where is the money exchange?

원화를 500유로어치 환전하고 싶어요.

Je voudrais changer 500 euros en won.
쥬 부드해 샹줴 쌩크썽 에호 엉 원
I'd like to buy 500 euros with won.
참고 P.150

어떻게 할까요?

Comment le voulez-vous?
꼬몽 르 불레 부?
How would you like it?

10유로짜리 지폐 10장과 50유로 6장으로 주세요.

Je voudrais dix billets de 10 euros et six billets de 50.
쥬 부드해 디 비예 드 디 제호 데 씨 비예 드 쌩껑뜨
I'd like ten 10 euro bills and six 50 euro bills.

원화를 유로화로 바꿔 주세요.
Pouvez-vous changer dans won en euros?
뿌베 부 샹줴 덩 원 엉 에호?
Can you change won into euro?

이 여행자 수표를 현금으로 바꿔 주세요.
Je voudrais encaisser ce chèque de voyage.
쥬 부드해 엉깨쎄 쓰 쉐크 드 부아야쥐
I'd like to cash this traveler's check.

호텔에서 환전 시 환율은 그다지 좋지 않지만 24시간 이용이 가능하기 때문에 편리합니다.

이 지폐를 동전으로 바꿔 주세요.
Pouvez-vous me faire de la monnaie?
뿌베 부 므 패흐 드 라 모내?
Please change this bill into coins.

계산이 틀린 것 같아요.
Je crois qu'il y a une erreur.
쥬 쿠아 낄 리 야 윈느 에허
I think this is incorrect.

영수증 주세요.
Je voudrais une facture.
쥬 부드해 윈느 팍뛰흐
Could I have the receipt?

무사히 환전을 끝냈습니다!

20유로 (10장) 주세요.
(Dix) billets de vingt euros, s'il vous plaît.
(디) 비예 드 방 떼호 씰 부 쁠래
(Ten) 20 euro, please.
참고 P.150

신용 카드로 현금 서비스를?

국제 브랜드의 신용 카드나 그 제휴 신용 카드를 사용하면 길거리 여기저기에서 볼 수 있는 ATM기에서 현금 서비스가 가능하다. 필요한 금액만큼 인출할 수 있기 때문에 여유분의 현금이 없어도 걱정이 없다.

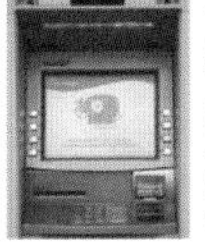

24시간 이용 가능한 ATM기가 있기 때문에 편리하지만 노상에 위치한 ATM기를 이용하거나 너무 늦은 시간에 이용하는 것은 피하는 것이 좋다.

1. 신용 카드를 넣는다.
2. 비밀번호를 입력한다.

4개의 비밀번호 (PIN)를 입력.

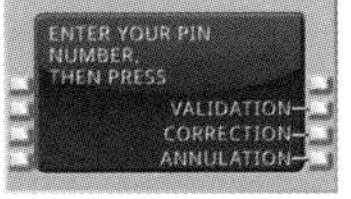

3. 인출 내용을 선택한다.

현금 서비스를 원하는 경우는 'WITHDRAWAL'를 선택한다.

4. 금액을 입력한다.

숫자 버튼으로 금액을 입력하고 현금 서비스의 경우는 'CREDIT'을 선택한다.

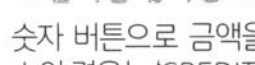

편지나 소포를 보내 봅시다.

우편과 배송 courrier et livraison 꾸히예 에 리브해종

해외에서 편지로 여행지의 기분을 전하세요.
사 두었던 기념품을 소포로 보내면, 가벼운 몸으로 여행을 할 수 있겠죠.

우체국을 찾아요

프랑스의 우체국 La Poste의 마크는 노란색 바탕에 파란색 제비가 그려져 있습니다. 영업시간은 평일의 경우 08:00~19:00, 토요일은 12:00까지입니다. 파리의 중앙우체국은 24시간 영업합니다.

어디서 우표를 살 수 있나요?
Où puis-je acheter des timbres?
우 쀠 쥬 아슈떼 데 떵브흐?
Where can I buy some stamps?

우체국은 어디에 있나요?
Où se trouve la poste?
우 쓰 트후브 라 뽀스트?
Where is the post office?

이것을 한국으로 보내고 싶어요.
Je voudrais envoyer ceci au Corée.
쥬 부드해 엉부아예 쎄씨 엉 꼬헤
I'd like to send this to Korea.

우체국에서는?

창구에 들고 가면 무게를 잰 후에 요금을 알려 줍니다. 우체국이 북적이는 경우가 많기 때문에 엽서만 보내는 경우 우체국 안에 있는 자동판매기에서 우표를 산 후에 길거리에 있는 우체통에 넣는 편이 빠릅니다.

그곳에 도착하려면 얼마나 걸리나요?
Combien de temps faut-il pour que ça arriver?
꽁비앙 드 떵 포띨 뿌흐 끄 싸 아히베?
How long does it take to get there?

특급으로 보내 주세요.
En exprès, s'il vous plaît.
어 넥스프헤 씰 부 쁠래
Can you send it by express?

프랑스의 우체통

오른쪽이 국제 우편 투입구. 한국에 보내는 우편은 이쪽으로

한국행 운행 요금은 얼마인가요?
Quel est le tarif pour la Corée?
껠 레 르 따히프 뿌흐 라 꼬헤?
How much is the postage to Korea?

비행기로는 50유로, 배로는 40유로입니다.
Cinquant euros par avion et quarante euros par bateau.
쌩껑 떼호 빠흐 아비옹 에 꺄형 떼호 빠흐 바또
Fifty euros by air, and forty euros by ship.
참고 P.150

배송 소요 일수에 대해

배송 완료까지 소요 일수는 항공편으로 약 1주일 정도입니다.

국제 택배

우체국에 비해 비싸긴 하지만, 집하를 부탁하거나 포장 자재를 구입할 수 있기 때문에 편리합니다.

무사히 보냈습니다!

한국으로 소포를 부치고 싶어요.
Je voudrais expédier un paquet en Corée.
쥬 부드해 엑스뻬디에 엉 빠께 엉 꼬헤
I'd like to send a package to Korea.

상자와 접착테이프 좀 주시겠어요?
Puis-je avoir un carton et du ruban adhésif?
쀠 쥬 아부아흐 엉 까흐똥 에 뒤 휘벙 아데지프?
Could I have a box and a tape?

송장을 작성하는 방법을 알려 주시겠어요?
Pouvez-vous me dire comment remplir la fiche?
뿌베 부 므 디흐 꼬몽 헝쁠리흐 라 피슈?
Could you tell me how to write an invoice?

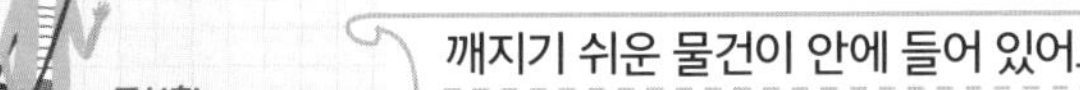

깨지기 쉬운 물건이 안에 들어 있어요.
Il y a des objets fragiles dedans.
일 리 야 데 조브제 프하쥘르 드덩
There is a fragile item in here.

주소 쓰는 방법

● **엽서나 편지의 경우**

도움이 되는 단어장 WORD

엽서	carte postale 꺄흐뜨 뽀스딸
우표	timbre 떵브흐
편지	lettre 레트흐
인쇄물	Imprimés 엉프히메
파손 주의	Fragile 프하쥘르
취급 주의	à manipuler avec précaution 아 마니쀨레 아베끄 프레꼬씨옹
소포	colis 꼴리

전화를 걸어 봅시다.

전화 **téléphone** 뗄레폰

가고 싶은 곳을 확실하게 가기 위해, 레스토랑이나 에스테틱 등의 예약은 필수.
긴급한 순간에도 전화를 사용하면 편리하고 안심되므로, 전화 거는 법을 마스터해 둡시다.

전화를 찾아봅시다

공중전화는 파란색 수화기로 되어 있고, 대부분이 전화카드식으로 카드는 우체국이나 담배가게에서 살 수 있습니다. 또 대부분의 호텔은 객실에서 다이얼 직통 국제전화를 걸 수 있습니다.

전화를 걸어 봅시다

※ 국제 전화

○다이얼 직통 전화

・일반 전화

(예) 서울 02-1234-5678 에 걸 때

호텔에서 걸 때, 호텔의 외선 번호 / 한국의 국가 번호

●-00-82-2-1234-5678

국제 전화 식별 번호 / 지역 번호에서 처음의 0을 빼고 누른다

・휴대 전화

(예) 010-1234-5678 에 걸 때

호텔에서 걸 때, 호텔의 외선 번호 / 한국의 국가 번호

●-00-82-10-1234-5678

국제 전화 식별 번호 / 010에서 처음의 0을 빼고 누른다

○ 국제 전화 회사의 서비스

신용 카드나 전용 카드를 사용해 한국에 있는 국제 전화 서비스를 이용한다.

※ 국내 전화

프랑스의 전화번호는 10자리로 같은 시내에 전화를 걸 때도 모든 번호를 누른다.

공중전화기가 어디에 있나요?

Où se trouve la cabine téléphonique?

우 쓰 트후브 라 꺄빈 뗄레포니끄?

Where is the pay phone?

여보세요. 쉐라톤 호텔인가요?

Allô, est-ce bien l'Hôtel Sheraton?

알로 에 스 비앙 로뗄 쉐하똥?

Hello. Is this the Sheraton Hotel?

1102호에 있는 지혜씨와 전화를 할 수 있을까요?

Puis-je parler à Madame Ji hye de la chambre 1102 .

쀠 쥬 빠흘레 아 마담 지혜 드 라 샹브흐 밀 썽 두

May I speak to Ms. JiHye in room 1102 ? 참고 P.150

잠시만 기다려 주세요.

Un instant, s'il vous plaît.

어 넝스떵 씰 부 쁠래

Just a moment, please.

메시지를 남길 수 있나요?

Puis-je laisser un message?

쀠 쥬 래쎄 엉 메싸쥬?

Can I leave a message?

잠시 후 다시 전화할게요.

Je rappellerai plus tard.

쥬 하쁠르해 쁠뤼 따흐

I'll call again later.

준호한테 전화가 왔었다고 전해 주세요.

Dites-lui que JunHo a appelé.

디뜨 뤼 끄 준호 아 아쁠레

Please tell her that JunHo called.

※ 프랑스 국가 번호
33

휴대 전화를 이용할 때

국제 로밍 가능 기종이라면 보통 사용하고 있는 휴대 전화를 그대로 이용할 수 있습니다. 출발 공항에서 대여도 가능합니다. 다만 빈번하게 프랑스 국내 전화를 사용한다면 프리페이드식 전화를 구입하는 것이 더 저렴합니다.

조금만 더 천천히 말씀해 주시겠어요?
Pouvez-vous parler plus lentement, s'il vous plaît?
뿌베 부 빠흘레 쁠뤼 렁뜨멍 씰 부 쁠래?
Could you speak more slowly?

죄송합니다. 잘못 걸었습니다.
Je suis désolé(e). Faux numéro.
쥬 쉬 데졸레 포 뉴메호
I'm sorry. I have the wrong number.

전화기를 좀 빌려 주세요.
Je voudrais louer un téléphone portable.
쥬 부드해 루예 엉 뗄레폰 뽀흐따블르
I'd like to rent a cell phone.

전화 카드 한 장 주세요.
Je voudrais une télécarte, s'il vous plaît.
쥬 부드해 윈느 떼레꺄흐뜨 씰 부 쁠래
A phone card, please.

콜렉트 콜로 한국에 전화하고 싶습니다.
Je voudrais appeler en PCV en Corée.
쥬 부드해 아쁠레 엉 뻬쎄베 엉 꼬헤
I'd like to make a collect call to Korea.

이 전화기로 전화할 수 있나요?
Peut-on téléphoner de cet appareil?
뿌똥 떼레포네 드 쎄 따빠헤?
Can I make a call from this phone?

무사히 전화를 끝냈습니다!

한국어를 할 수 있는 사람이 있나요?
Est-ce qu'il y a quelqu'un qui parle coréen?
에 스 낄 리 야 껠껑 끼 빠흘르 꼬헤앙?
Is there anyone speaks Korean?

인터넷을 사용해 봅시다.

인터넷 internet 앵떼흐네

현지에서 정보를 얻을 때는 물론, 통신 수단으로도 여행지에서 인터넷을 이용하는 것을 빠뜨릴 순 없죠!

인터넷을 이용하려면?

● 호텔에 따라 객실에서 LAN이나 WIFI 접속이 가능합니다. 투숙객이 이용 가능한 PC가 로비에 설치되어 있는 경우도 있습니다. 호텔 예약 시 확인해 보세요.

● 인터넷 카페(PC방)
여행자가 많기 때문에 프랑스에서는 인터넷 카페를 찾는 것이 비교적 쉽습니다.

● FREE-WIFI 사용하기
호텔이나 카페 등 무료 접속 서비스를 제공하는 곳도 있습니다. 보라색의 간판에 쓰여 있으며 공원이나 도서관, 시립 미술관 등에서 접속할 수 있습니다.

스마트폰은 전원을 켜는 것만으로도 자동으로 데이터를 보내는 경우가 있어 모르는 사이에 고액의 요금이 청구될 수 있으니 사전에 설정을 잘 해야 합니다.

이 호텔에서 인터넷을 사용할 수 있나요?
Puis-je accéder à internet dans cet hôtel?
쀠 쥬 악쎄데 아 엉떼흐네 덩 쎄 또뗄?
Can I use the Internet in this hotel?

이 주변에 인터넷 카페가 있나요?
Est-ce qu'il y a un café internet par ici?
에 스 낄리 야 엉 꺄페 엉떼흐네 빠히 씨?
Is there an Internet cafe around here?

제가 따로 가져온 노트북을 사용할 수 있나요?
Est-ce que je peux brancher mon ordinateur?
에 스 끄 쥬 뿌 브헝쉐 모 노흐디나떠흐?
Can I use my own PC?

한 시간에 얼마인가요?
Combien est-ce que c'est pour une heure?
꽁비앙 에 스 끄 쎄 뿌흐 위너흐?
How much is it for an hour?
참고 P.152

한국어로 설정할 수 있나요?
Est-ce qu'il peut afficher les caractères coréen?
에 스 낄 뿌 아피쉐 레 꺄학떼흐 꼬헤앙?
Can this PC display Korean characters?

무료 와이파이 서비스가 있나요?
Avez-vous le WiFi gratuit?
아베 부 르 위피 그하뛰?
Do you have a free WiFi service?

무선 공유기를 빌리고 싶습니다.
Je voudrais louer un routeur à WiFi.
쥬 부드해 루예 엉 후떠흐 아 위피
I'd like to rent a WiFi router.

인터넷과 메일을 쓸 때는?

프랑스는 인터넷 환경은 자유롭지만 한국어로 메일을 주고 받는 것이 어려운 경우가 많습니다(글자가 깨지는 경우).

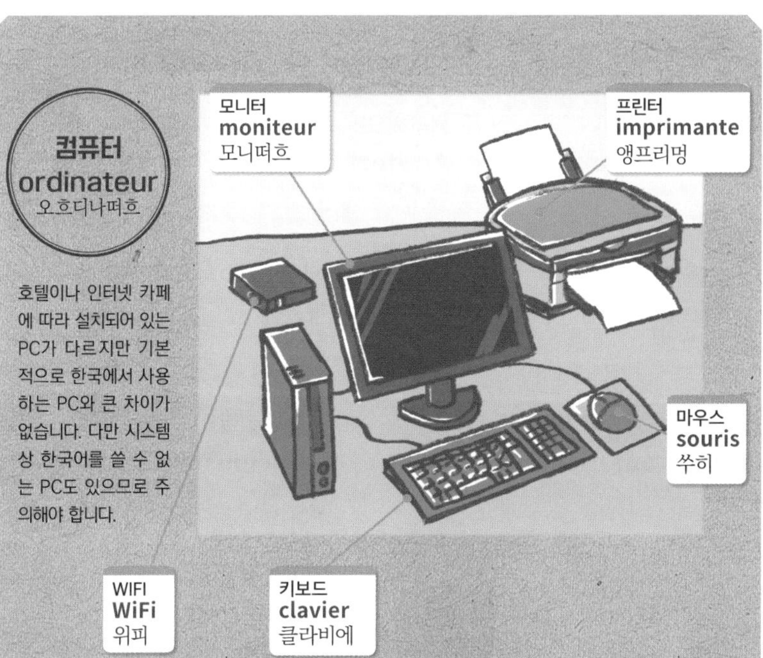

곤란한 일이 생겼을 때 바로 사용하는 표현

와이파이가 연결되지 않습니다. 봐 주실 수 있으신가요?
Je ne peux pas me connecter au WiFi. Pourriez-vous l'examiner?
쥬 느 뿌 빠 므 꼬넥떼 오 위피
뿌히에 부 래그자미네?

마우스가 잘 작동되지 않아요.
La souris ne marche pas bien.
라 쑤히 느 막슈 빠 비앙

제 컴퓨터가 다운되었습니다.
Mon ordinateur s'est planté.
모 노흐디나떠흐 쎄 쁠랑떼

긴급 상황·문제 발생에 대비하자.

만일의 경우 자신의 몸을 보호하기 위해 알아 두면 좋은 표현을 모았습니다.
위험한 일이 생겼을 때 대처할 수 있도록 여기 있는 표현들을 꼭 알아 둡시다.

도움을 요청할 때

도와주세요!
Aidez moi!
애데 무아
Help me!

멈추세요!
Arrêtez!
아헤떼
Stop it!

저를 따라오세요!
Venez avec moi!
브네 아베끄 무아
Come with me!

들어 주세요!
Ecoutez!
에꾸떼
Listen!

경찰을 불러 주세요!
Appelez la police!
아쁠레 라 뽈리쓰
Call the police!

도둑이야!
Au voleur!
오 볼러흐
Thief!

저 남자[여자] 잡아요!
Attrapez-le[la]!
아트하뻬 르[라]
Catch that man[woman]!

누구 없어요!
Quelqu'un!
껠껑
Somebody!

돈이 없어요.
Je n'ai pas d'argent sur moi.
쥬 내 빠 다흐정 쉬흐 무아
I don't have any money.

이게 전부예요.
C'est tout.
쎄 뚜
That's all.

죽이지 마세요.
Ne me tuez pas!
느 므 뛰에 빠
Don't kill me!

나가!
Sortez là!
쏘흐떼 라
Get out!

의사를 불러 주세요.
Veuillez appeler un medécin.
뷔이에 아플레 엉 메데쌍
Call a doctor!

경고할 때

움직이지 마!

Ne bougez pas!
느 부제 빠
Don't move!

멈춰 !

Arrêtez-vous!
아헤떼 부
Stop!

돈 내놔!

Donnez-moi de l'argent!
도네 무아 드 라흐정
Give me the money!

조용히 해 !

Taisez-vous!
떼제 부
Be quiet!

손 들어!

Levez les mains!
르베 레 망
Hands up!

숨어!

Cachez-vous!
까쎄 부
Hide!

분실, 도난

여권을 잃어버렸어요.

J'ai perdu mon passeport.
재 뻬흐뒤 몽 빠쓰뽀흐
I lost my passport.

여기로 전화하세요.

Appelez ici.
아쁠레 이씨
Call here.

제 가방을 도둑맞았어요.

On m'a volé mon sac.
옹 마 볼레 몽 싹
I had my bag stolen.

한국어를 할 수 있는 사람이 있나요?

Est-ce qu'il y a quelqu'un qui parle coréen
에 스 낄 리 야 껠껑 끼 빠흘르 꼬헤앙?
Is there anyone speaks Korean?

한국 대사관이 어디 있나요?

Où se trouve l'ambassade de Corée?
우 쓰 트후브 렁바싸드 드 꼬헤?
Where is the Korean Embassy?

긴급 상황·문제 발생에 대비하자.

분실, 도난

경찰에 신고하고 싶습니다.

Je voudrais le signaler à la police.

쥬 부드해 르 씨날레 아 라 뽈리쓰

I'd like to report it to the police.

도난 증명서를 만들어 주시겠어요?

Puis-je avoir une attestation de vol?

쀠 쥬 아부아흐 윈느 아떼쓰따씨옹 드 볼?

Could you make out a report of the theft?

제 가방을 찾지 못하겠습니다.

Je ne trouve pas ma valise.

쥬 느 트후브 빠 마 발리즈

I can't find my baggage.

어디에서 잃어버렸는지 확실하지 않아요.

Je ne suis pas où je l'ai oublié.

쥬 느 쉬 빠 우 쥬 래 우블리에

I'm not sure where I lost it.

저기 분실물 센터에 신고해 주세요.

Veuillez le signaler au bureau d'objet perdu.

뷔이에 르 씨날레 오 뷔호 도브제 뻬흐뒤

Please report to the lost-and-found over there.

찾는대로 제 호텔로 전화 주세요.

Veuillez appeler mon hôtel dès que vous l'aurez retrouvé.

뷔이에 아쁠레 모 노뗄 데 끄 부 로헤 흐투흐베

Please call my hotel as soon as you find it.

어디에 신고해야 하나요?

Où dois-je le signaler?
우 두아쥬 르 씨냘레?
Where should I report to?

택시에 제 가방을 놓고 내렸어요.

J'ai oublié mon sac dans le taxi.
재 우블리에 몽 싹 덩 르 딱씨
I left my bag in the taxi.

여기에 가방을 놓았는데 없어졌어요.

J'ai laissé mon sac ici et maintenant il n'y est plus.
재 래쎄 몽 싹 이씨 에 맹뜨넝 일 니 에 쁠뤼스
I left my bag here and now it's gone.

도움이 되는 단어장
WORD

경찰 police 뽈리쓰	전화 téléphone 뗄레폰	한국 대사관 ambassade de Corée 엉바싸드 드 꼬헤
구급차 ambulance 엉뷸렁스	돈 argent / monnaie 아흐정 / 모내	여권 passeport 빠스뽀흐
분실 perte 뻬흐뜨	주소 adresse 아드헤쓰	소매치기 pickpocket 픽뽀께트
	여행자 수표 chèque de voyage 쉐크 드 부아야쥐	보안 garde 갸흐드
	신용 카드 carte de crédit 꺄흐뜨 드 크헤디	보험 회사 compagnie d'assurance 꽁빠니 다슈헝스

memo

신용 카드를 잃어버렸을 때 연락처

항공사

호텔

해외여행 보험

한국어가 가능한 의료 기관

memo

긴급 상황·문제 발생에 대비하자.

아픔, 부상

몸이 좋지 않아요.
Je me sens malade.
쥬 므 썽 말라드
I feel sick.

머리가 아파요.
J'ai mal à la tête.
재 말 라 라 떼뜨
I have a headache.

어지러워요.
J'ai le tournis.
재 르 뚜흐니
I feel dizzy.

토할 것 같아요.
J'ai la nausée.
재 라 노제
I feel nauseous.

열이 있어요.
J'ai de la fièvre.
재 드 라 피에브흐
I think I have a fever.

배가 아파요.
J'ai mal au ventre.
재 말 로 벙트흐
I have a stomachache.

칼을 사용하다 손을 베였어요.
Je me suis coupé(e) le doigt en utilisant un couteau.
쥬 므 쉬 꾸뻬 르 두아 엉 위띨리정 엉 꾸또
I cut my finger with a knife.

진단 증명서를 주시겠어요?
Pourriez-vous me donner un certificat medical?
뿌히에 부 므 도네 엉 세흐티피까 메디깔?
Can I have a medical certificate?

이가 아파요.
J'ai mal aux dents.
재 말 로 덩
I have a toothache.

발목을 접질렸어요.
Je me suis tordu la cheville.
쥬 므 쉬 또흐뒤 라 슈비으
I sprained my ankle.

팔이 부러진 것 같아요.
Je crois que je me suis cassé(e) le bras.
쥬 쿠아 끄 쥬 므 쉬 까쎄 르 브하
I think I broke my arm.

손을 데였어요.
Je me suis brûlé(e).
쥬 므 쉬 브휠레
I burned my hand.

혈액형은 B형입니다.
Mon groupe sanguin est B.
몽 그호프 썽걍 에 베
My blood type is B.

머리	tête	떼뜨
관자놀이	tempe	떵쁘
이마	front	프홍
볼	joue	주
눈	œil / yeux	어이으/이유
귀	oreille	오헤이으
코	nez	네
이	dent	덩
턱	menton	멍똥
목	cou	꾸
인후	gorge	고흐쥬

______가 아파요.

J'ai mal à ______.
재 말 라 ______

______ hurts.

발	pied	피에
허벅지	cuisse	뀌쓰
무릎	genou	쥬누
정강이	tibia	티비아
종아리	mollet	몰레
발목	cheville	슈비으
발끝	pointe des pieds	뿌앙트 데 피에
발뒤꿈치	talon	딸롱

어깨	épaule	에뽈
가슴	poitrine	뿌아트린느
배	ventre	벙트흐
팔	bras	브하
팔꿈치	coude	쿠드
손	main	망
손목	poignet	뿌아녜
손가락	doigt	두아
손톱, 발톱	ongle	옹글르
등	dos	도
겨드랑이	aisselle	에쎌르
피부	peau	뽀
아랫배	abdomen	압도멘
윗배	épigastre	에삐갸스트흐
배꼽	nombril	농브힐르
허리	reins	항
엉덩이	fesse	페쓰
음부	parties sexuelles	빠흐띠흐 섹슈엘르

도움이 되는 단어장 WORD

시차증	décalage horaire	데깔라쥐 오해흐
수면 부족	manque de sommeil	멍끄 드 소메이으
설사	diarrhée	디아헤
감기	rhume	휨므
골절	fracture	프학크튀흐
삐다	entorse	엉또흐쓰
치통	maux de dents	모 드 덩
오한	froid	푸아
벤 상처	coupure	꾸쀠흐
약	médicament	메디꺄멍

한국을 소개해 봅시다.

여행지에서 잘 모르는 외국인들에게 현지 언어로 한국을 소개해 봅시다.

[ ] 는 한국에서 매우 인기 있는 요리입니다.

[ ] **est un plat très populaire en Corée.**

에 떵 쁠라 트레 뽀쀨래흐 엉 꼬헤

Point 프랑스에 가면, 혹시 한국에 대해서 물어볼지도 몰라요. 그럴 때, 조금이라도 소개해 주는 것이 좋겠죠. 먼저 음식 소개입니다.

김밥 Kimbap 김밥은 밥 안에 각종 재료를 넣어서 김으로 말아서 먹는 음식입니다.

Le Kimbap est un plat où de différents légumes sont entourés de riz d'une feuille d'algue séchée.
르 김밥 에 떵 쁠라 우 드 디페헝 레귬므 쏭 엉투헤 드 히 에 뒨느 푸이으 달그 세쉐

불고기 Bulgogi 불고기는 소고기를 간장과 설탕으로 만든 소스에 각종 야채와 볶아서 만든 음식입니다.

C'est du bœuf grillé accompagné de légumes variés et d'une sauce faite de sauce de soja et de sucre.
쎄 뒤 붸프 그히에 아꽁빠녜 드 레귬므 바히에 에 뒨느 소스 패뜨 드 소스 드 소자 에 드 쉬크흐

비빔밥 Bibimbap 밥 위에 다양한 재료를 올리고 고추장 소스와 함께 비벼서 먹는 색이 다채로운 음식입니다.

C'est un plat fait de riz sur lequel on ajoute des légumes variés et une pâte de piment.
쎄 떵 쁠라 패 드 히 쉬흐 르껠 오 나쥬뜨 데 레귬므 바히에 에 뉜느 빠뜨 드 삐멍

김치 Kimchi 채소를 소금에 절인 뒤 여러 가지 양념을 묻힌 한국의 가장 대표적인 음식입니다.

C'est le plat le plus représentative de la Corée composé de plusieurs légumes saumurés et assaisonnés de différentes épices.
쎄 르 쁠라 르 쁠뤼 흐프헤정따띠브 드 라 꼬헤 꽁뽀제 드 쁠뤼지어흐 레귬므 쏘뮤헤 에 아쌔조네 드 디페헝뜨 에삐쓰

삼계탕 Samgyetang 닭과 인삼을 함께 오래 끓여서 먹는 한국 전통 음식입니다.

C'est un plat traditionnel coréen où l'on fait bouillir pendant longtemps un poulet avec du ginseng.
쎄 떵 쁠라 트하디씨오넬 꼬헤앙 우 롱 패 부이흐 뻥덩 롱떵 엉 뿔레 아베끄 뒤 진쎙

[   ] 는 한국에서 매우 인기 있는 관광지입니다.

[   ] est un site touristique très populaire en Corée.

[   ]에 떵 씨트 뚜히스띠끄 트레 뽀쀨래흐 엉 꼬헤

한국의 지명이나 관광지에 대해서도 알아 두는 것이 좋겠죠?

명동　Myeong-dong 명동은 서울의 대표적인 쇼핑 거리로, 다양한 상점들이 있습니다.

Myeong-dong est une rue commerciale typique de Séoul et il y a de nombreux magasins.
명동 에 뛴느 휘 꼬메흐씨알 티삐크 드 세울 에 일 리야 드 농브후 마가장

한강 공원　Parc de fleuve Hangang 빠흐크 드 플러브 한강
한강은 서울에 있는 큰 강으로, 공원에서 다양한 체험을 할 수 있습니다.

Vous pouvez faire diverses activités dans le Parc de fleuve Hangang où se trouve à Séoul.
부 뿌베 패흐 디베흐쓰 작띠비떼 덩 르 빠흐크 드 플러브 한강 우 쓰 트후브 아 세울

인사동　Insa-dong 서울에서 가장 한국적인 모습을 가지고 있는 곳입니다.

C'est l'endroit le plus typique de Séoul.
쎄 렁두화 르 쁠뤼 티피끄 드 세울

제주도　Jeju-do 한국에서 가장 큰 섬으로, 다양한 문화 활동을 할 수 있습니다.

C'est l'une des plus grandes îles de Corée où vous pouvez faire diverses activités culturelles.
쎄 륀느 데 쁠뤼 그헝드 일 드 꼬헤 우 부 뿌베 패흐 디베흐쓰 작띠비떼 뀔뛰헬르

부산　Busan 한국에서 두 번째로 큰 도시로, 바다를 즐길 수 있습니다.

C'est la deuxième plus grande ville de Corée, et vous pouvez profiter de la mer.
쎄 라 두지엠므 쁠뤼 그헝드 빌 드 꼬헤 에 부 뿌베 프호피떼 드 라 메흐

한국을 소개해 봅시다.

[   ] 는 한국의 전통문화입니다.

[   ] **est une culture traditionnelle coréenne.**

[   ]에 뛴느 뀔뛰흐 트하디씨오넬 꼬헨느

'전통문화'를 소개하는 것은 조금 어려울지도 몰라요. 그렇지만, 전통문화를 소개하는 것만큼 의미있는 일도 없겠지요.

한복 Hanbok 한국의 전통적인 의복으로 남자는 저고리와 바지, 여자는 저고리와 치마를 입습니다.

Le Hanbok est un vêtement traditionnel coréen, les hommes portent un jeogori
르 한복 에 떵 베뜨멍 트하디씨오넬 꼬헤앙 레 좀므 뽀흐뜨 엉 저고리
et un pantalon, et les femmes portent un jeogori et une jupe.
에 엉 빤딸롱 에 레 팜므 뽀흐뜨 엉 저고리 에 뛴느 쥐쁘.

사물놀이 Samulnori 북, 장구, 징, 꽹과리로 하는 전통 음악 놀이입니다.

Le Samulnori est un jeu de musique traditionnel qui consiste en le tambour, le
르 사물놀이 에 떵 쥬 드 뮤지끄 트하디씨오넬 끼 꽁씨스뜨 엉 르 떵부흐 르
janggu, le jing et le kkwaenggwari.
장구 르 징 에 르 꽹과리

판소리 Pansori 노래와 이야기로 이루어진 한국의 민속 음악입니다.

C'est une musique folklorique coréenne faite de chansons et d'histoires.
쎄 뛴느 뮤지끄 폴크로히크 꼬헨느 패뜨 드 샹쏭 에 디스뚜아흐

태권도 Taekwondo 손과 발을 이용한 한국의 전통 무예입니다.

C'est une arts martiaux traditionnels coréens utilisant les mains et les pieds.
쎄 뛴느 아흐 마흑씨오 트하디씨오넬 꼬헤앙 위띨리정 레 망 에 레 삐에

한글 Hangeul (alphabet coréen) 한국을 대표하는 문자입니다.

C'est une lettre représentative de la Corée.
쎄 뛴느 레트흐 흐프헤정따띠브 드 라 꼬헤

한국의 인구는 5200 만 정도입니다 (2020년 기준)

Il y a environ 52 millions d'habitants en Corée. (sur la base de 2020 ané).
일 리 야 엉비홍 쌩꼉뜨 두 밀리옹 다비떵 정 꼬헤(쉬흐 라 바즈 드 두밀 방 따네)
Population of South Korea is estimated at 52 million (2020).

한국의 수도는 서울입니다.

La capitale de la Corée est Séoul.
라 꺄삐딸르 드 라 꼬헤 에 세울
The capital of South Korea is Seoul.

여름이 되면, 한국에는 비가 많이 내립니다.

Il pleut beaucoup en Corée en été.
일 쁠루 보꾸 엉 꼬헤 어 네떼
During the summer time, it rains a lot in Korea.

남산 서울 타워는 한국의 관광 명소입니다.

La tour Namsan est un site touristique pour la Corée.
라 뚜흐 남산 에 떵 씨뜨 뚜히스띠끄 뿌흐 라 꼬헤
Namsan Seoul Tower is a tourist attraction in Korea.

BTS는 한국의 유명한 아이돌 그룹입니다.

BTS est un groupe d'idoles célèbres en Corée.
비티에스 에 떵 그후프 디돌르 쎌레브흐 엉 꼬헤
BTS is a famous Korean Idol group.

한글은 세종대왕이 만든 한국 고유의 글자입니다.

Le Hangeul est un caractère unique créé par le roi Séjong.
르 한글 에 떵 꺄학떼흐 위니끄 크헤 빠흐 르 후아 세종
Hangul is an intrinsic Korean writing system created by King Sejong.

서울은 산이 많아서 등산을 즐길 수 있습니다.

Comme il y a beaucoup de montagnes à Séoul, vous pouvez apprécier la montagne.
꼼므 일 리 야 보꾸 드 몽딴느 아 세울 부 뿌베 아쁘레씨에흐 라 몽딴느
Seoul is surrounded by a mountainous landscape that allows hiking experience.

한국은 전 세계에서 유일한 분단 국가입니다.

La Corée est le seul pays divisé au monde.
라 꼬헤 에 르 썰 뻬이 디비제 오 몽드
Korea is the only divided country in the world.

김치는 발효 식품으로, 다양한 종류가 있습니다.

Kimchi est un aliment fermenté et il y a différents types de plats.
김치 에 떵 알리멍 페흐멍떼 에 일 리 야 디페헝 팁 드 쁠라
Kimchi is a fermented food, and there are numerous kinds.

대중교통 환승을 무료로 이용할 수 있습니다.

En Corée, on peut utiliser gratuitement les transports en commun.
엉 꼬헤 옹 뿌 위 띨리제 구하뛰드멍 레 트헝스뽀흐 정 꼬멍
Transferring Public transportation is free.

한국은 어디에서나 인터넷을 이용할 수 있습니다.

En Corée, vous pouvez utiliser internet n'importe où.
엉 꼬헤 부 뿌베 위띨리제 앵떼흐네 냉뽀흐뜨 우
Internet access is possible anywhere in Korea.

한국에서는 늦은 시간까지 음식점이 열려 있습니다.

En Corée, les restaurants sont ouverts jusqu'à tard.
엉 꼬헤 레 헤스또헝 쏭 우베흐 쥬스꺄 따흐
In Korea, the restaurants are open late at night.

기본 단어를 자유자재로 써 봅시다.

숫자, 월, 요일이나 시간 등 어떤 상황에도 필요한 기본적인 단어는
사전에 알아 둔다면 여행지에서 아주 편리합니다.

숫자

0	1	2	3	4
zéro	**un**	**deux**	**trois**	**quatre**
제호	엉	두	투와	꺄트흐
5	6	7	8	9
cinq	**six**	**sept**	**huit**	**neuf**
쌩크	씨스	쎄뜨	위뜨	너프
10	11	12	13	14
dix	**onze**	**douze**	**treize**	**quatorze**
디(스)	옹즈	두즈	트헤즈	꺄또즈
15	16	17	18	19
quinze	**seize**	**dix-sept**	**dix-huit**	**dix-neuf**
깽즈	쎄즈	디세뜨	디즈위뜨	디즈너프
20	21	22	30	40
vingt	**vingt et un**	**vingt-deux**	**trente**	**quarante**
방	방떼엉	방두	트헝뜨	꺄헝뜨
50	60	70	77	80
cinquante	**soixante**	**soixante-dix**	**soixante-dix-sept**	**quatre-vingts**
쌩껑뜨	수아썽뜨	수아썽드 디(스)	수아썽 디 쎄뜨	꺄트흐 방
88	90	100	1000	10000
quatre-vingt-huit	**quatre-vingt-dix**	**cent**	**mille**	**dix mille**
꺄트흐 방 위뜨	꺄트흐 방 디스	썽	밀	디밀
10만	100만	2배	3배	
cent mille	**un million**	**double**	**triple**	
썽 밀	엉 밀리옹	두블르	트리쁠르	

첫 번째	두 번째	세 번째
premier (première)	**deuxième**	**troisième**
프허미에(프허미에흐)	두지엠므	투와지엠므

여러 번 사용해서
외워 둡시다!

프랑스어 숫자의 기본

- 21~71까지는 어미가 1일때만 et(영어로 and)를 쓴다.
- 70~99까지는 60진법, 20진법을 기준으로한 프랑스어 특유의 표기법이다.
- 80의 경우만 vingt에 s를 붙인다.
- 200이상의 수는 딱 맞을 때만 cent의 복수형인 s를 붙인다.

월, 계절

1월	2월	3월	4월
janvier	**février**	**mars**	**avril**
쟝비에	페브히에	마흐	아브릴
5월	6월	7월	8월
mai	**juin**	**juillet**	**août**
매	쥐앙	쥐에	우뜨
9월	10월	11월	12월
septembre	**octobre**	**novembre**	**décembre**
쎕떵브흐	옥또브흐	노벙브흐	데썽브흐
봄	여름	가을	겨울
printemps	**été**	**automne**	**hiver**
프랭떵	에떼	오똔느	이베

저는 한국에 2월 9일에 돌아갑니다.

Je retourne en Corée le neuf février.
쥬 흐뚜흔 엉 꼬헤 르 너프 페브히에
I'm going back to Korea on February 9th.

요일

일	월	화	수	목	금	토
dimanche	**lundi**	**mardi**	**mercredi**	**jeudi**	**vendredi**	**samedi**
디멍슈	렁디	마흐디	메크허디	쥬디	벙드허디	쌈디

평일	주말	공휴일
jour de semaine	**fin de semaine**	**jour férié**
쥬흐 드 쓰맨느	팡 드 쓰맨느	쥬흐 페히에

오늘[내일/어제]은 무슨 요일인가요?

Quel jour de la semaine sommes-nous aujourd'hui[sera-t-il demain/était-ce hier]?
껠 쥬흐 드 라 쓰맨느 쏨므 누 오쥬흐디 [스하 띨 드망 / 에때 쓰 이에]?
What day is today[is tomorrow / was yesterday]?

오늘[내일 / 어제]은 월요일입니다.

Aujourd'hui[Demain/Hier] est[sera/était] lundi.
오쥬흐디 [드망/이에] 에 [스하/에때] 렁디
Today is [Tomorrow is / Yesterday was] Monday.

기본 단어를 자유자재로 써 봅시다.

때

아침	정오	저녁	밤	오전
matin	midi	soir	nuit	matin
마땅	미디	수아흐	뉘	마땅
오후	어제	오늘	내일	모레
après-midi	hier	aujourd'hui	demain	après-demain
아프레 미디	이에흐	오쥬흐디	드망	아프레 드망

하루 전	이틀 뒤	세 번째 날	한 시간
un jour avant	deux jours après	troisième	une heure
엉 쥬흐 아벙	두 쥬흐 아프레	투와지엠	위 너흐

시간

시	분	30분	전[후]
heure	minute	et demie	moins[et]
어흐	미뉘트	에 드미	무앙 [에]

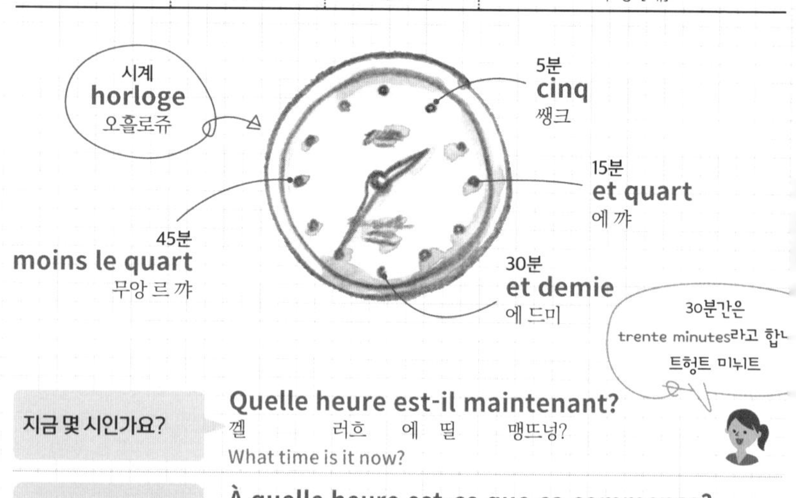

지금 몇 시인가요?

Quelle heure est-il maintenant?
껠 러흐 에 띨 맹뜨넝?
What time is it now?

몇 시에 시작하나요?

À quelle heure est-ce que ça commence?
아 껠 러흐 에 스 끄 싸 꼬멍쓰?
What time does it start?

8시 20분	**huit heures vingt** 위 떠흐 방 eight twenty
어제 11시	**hier, à onze heures** 이에 아 옹저흐 yesterday at eleven
9시 반	**neuf heures et demie** 너 버흐 에 드미 nine thirty
10시 5분 전	**dix heures moins cinq** 디 저흐 무앙 쌩끄 five to ten
오전 11시	**onze heures du matin** 옹 저흐 뒤 마땅 eleven a.m.
15분 후에	**dans quinze minutes** 덩 깽즈 미뉘트 fifteen minutes later

측량 단위의 차이

◦길이

미터	인치	피트	야드	마일
1	39.37	3.28	1.094	0.00062
0.025	1	0.083	0.028	0.0000158
0.305	12	1	0.333	0.000189
0.914	36	3	1	0.00057
1609.3	63360	5280	1760	1

◦무게

그램	킬로그램	온스	파운드
1	0.001	0.035	0.002
1000	1	35.274	2.205
28.3495	0.028	1	0.0625
453.59	0.453	16	1

◦부피

cc	리터	쿼터	갤런(미국)
1	0.001	0.0011	0.00026
1000	1	1.056	0.264
946.36	0.946	1	0.25
3785.4	3.785	4	1

◦속도(시속)

킬로미터	마일	노트	킬로미터	마일	노트
10	6.2	5.4	60	37.3	32.4
20	12.4	10.8	70	43.5	37.8
30	18.6	16.2	80	49.7	43.2
40	24.9	21.6	90	55.9	48.6
50	31.1	27.0	100	62.1	54.0

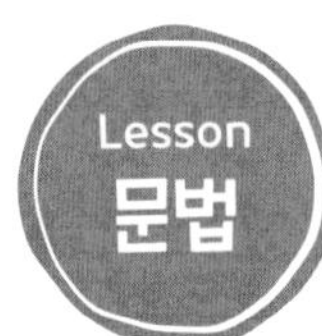

쏙쏙 프랑스어 강좌

Lesson 문법

프랑스어의 중요한 특징은 주어에 따라 동사의 형태가 바뀌는 것과 모든 단어에 성별이 있다는 것입니다. 이것들은 프랑스 사람들도 틀리는 경우가 있을 정도로 완벽한 습득에는 시간이 좀 걸립니다. 그러나 관광 여행에서 어려운 문법을 사용해 의사소통을 할 필요까지는 없습니다. 필요한 것은 딱딱한 표현일지라도 상대방에게 자신의 의사를 전달하려고 하는 마음과 약간의 배짱일지도 몰라요.

1. 프랑스어의 알파벳

● 프랑스어에서 사용하는 알파벳은 26글자입니다. 각각 대문자와 소문자가 있습니다.

Aa [아] **Bb** [베] **Cc** [세] **Dc** [데] **Ee** [으] **Ff** [에프] **Gg** [제]
Hh [아쉬] **Ii** [이] **Jj** [쥐] **Kk** [꺄] **Ll** [엘] **Mm** [엠] **Nn** [엔]
Oo [오] **Pp** [뻬] **Qq** [뀌] **Rr** [에흐] **Ss** [에쓰] **Tt** [떼] **Uu** [위]
Vv [붸] **Ww** [두블루베] **Xx** [익스] **Yy** [이그혝] **Zz** [제드]

※ 그 외에도 a, e, i, o, u에 특수 기호(악상)를 붙인 글자도 합쳐서 사용합니다.

é [에] à [아] è [에] ù [위] â [아] ê [에] î [이] ô [오] û [위] ë [에] ï [이] ü [위] ç [쓰] œ [위]

※ 프랑스어의 명사는 남성 명사와 여성 명사가 있습니다. 규칙성이 없으므로 외울 수밖에 없습니다. 관사는 남성 명사는 le, 여성 명사는 la, 복수형은 les, 부정 관사의 경우 남성 명사는 un, 여성 명사는 une, 셀 수 없는 명사에 붙이는 부분관사의 경우 남성 명사는 du(de+le), 여성 명사는 de la가 명사 앞에 붙습니다.

2. 회화 표현의 시작은 의문사부터

누군가에게 무언가를 부탁하고 싶을 때 편리하게 사용할 수 있는 의문사를 알아 둡시다.

무엇 — **que** 끄 (이렇게 사용합니다.)
이것은 무엇인가요?
예 **Qu'est-ce que c'est?**
께 쓰 끄 쎄?

누구 — **qui** 끼 (이렇게 사용합니다.)
이 사람은 누구인가요?
예 **Qui est cette personne?**
끼 에 쎄뜨 뻬흐쏜느?

왜 — **pourquoi** 뿌흐꾸아 (이렇게 사용합니다.)
왜 그런가요?
예 **Pourquoi ça?**
뿌흐꾸아 싸?

어디 — **où** 우 (이렇게 사용합니다.)
화장실은 어디에 있나요?
예 **Où sont les toilettes?**
우 쏭 레 뚜알레뜨?

어떻게/어느 정도 — **comment／combien** 꼬몽 ／ 꽁비앙 (이렇게 사용합니다.)
얼마인가요?
예 **C'est combien?**
쎄 꼬비앙?

언제 — **quand** 껑 (이렇게 사용합니다.)
언제 출발하나요?
예 **Quand partez-vous?**
껑 빠흐떼 부?

3. 세 가지 기본 문장을 외워 둡시다.

긍정문, 의문문, 부정문의 기본 문장을 마스터하면 기본적인 회화 표현을 할 수 있습니다.

1. **~입니다.**

어순의 기본은 영어와 같습니다.
주어(나는, 당신은 등) + 동사(~합니다) + 접속 보어(~을/를)의 어순이 기본입니다.
접속 보어는 영어의 직접 목적어와 같습니다.

예 **Je suis Lee YuJung.** (저는 이유정입니다.)
쥬 쉬 이유정

Je chante une chanson. (저는 노래를 부릅니다.)
쥬 샹뜨 윈느 샹쏭

2. **~입니까?**

만드는 방법은 3가지가 있습니다.
① 그대로 어미를 올려 발음하는 것, ② 문장 첫머리에 Est-ce que를 붙이는 것
③ 동사를 주어의 앞에 두는 것입니다.

예 ① **Vous êtes français?** (당신은 프랑스 사람인가요?)
부제뜨 펑쎄?

② **Est-ce que vous êtes français?**
에 스 끄 부 제뜨 펑쎄?

③ **Etes-vous français?**
에뜨 부 펑쎄?

3. **~가 아닙니다.**

부정문은 동사를 ne와 pas 사이에 끼워 넣습니다.

예 **Je ne suis pas japonais(e).** (저는 일본 사람이 아닙니다.)
쥬 느 쉬 빠 쟈뽀내(즈)

Je ne comprends pas. (이해하지 못했습니다.)
쥬 느 꽁프헝 빠

4. 문장 요소를 넣어 말해 봅시다.

전하고 싶은 내용의 뉘앙스를 표현하거나 의미를 추가하거나 회화 표현에 악센트를 넣어봅시다.

Puis-je~?
뿨 쥬
~해도 되나요?

예 **Puis-je m'asseoir ici?** (여기에 앉아도 되나요?)
뿨 쥬 마쑤아흐 이씨?

Pouvez-vous~?
뿌베 부
~해 주시겠습니까?

예 **Pouvez-vous répéter?** (다시 말씀해 주시겠어요?)
뿌베 부 헤뻬떼?

원포인트 주어와 동사의 관계를 시원하게 마스터!

프랑스어의 동사는 인칭에 따라 변화합니다.
-er이나 -ir등을 붙이는 규칙동사와 형태가 바뀌는 불규칙동사가 있습니다.

• 주어의 인칭대명사
주어의 인칭대명사는 인칭과 수에 따라 구별되고 표의 오른쪽열의 8종류가 있습니다.

• 2인칭은 '친밀도'에 따라 나뉩니다.
상대방이 가족이나 친구의 경우의 친한 사이일때는 tu를 사용하지만 윗사람이나 잘 알지못하는 사람의 경우는 vous를 사용합니다.

• 표에 따르면 주어에 따라 동사의 어미가 변합니다. chanter처럼 어미가 -er로 끝나는 동사는 변화가 규칙적이므로 -er규칙동사라고 부릅니다.

주어	동사 : chanter(노래하다) / 샹떼
je / 쥬(나는)	chante / 샹뜨
tu / 뛰(너는)	chantes / 샹뜨
il / 일(그는)	chante / 샹뜨
elle / 엘(그녀는)	chante / 샹뜨
nous / 누(우리는)	chantons / 샹똥
vous / 부 (당신(들)은)	chantez / 샹떼
ils / 일(그들은)	chantent / 샹뜨
elles / 엘(그녀들은)	chantent / 샹뜨

단어장

Korean → French

	ㄱ
가게	magasin 매가장
가격	prix 프히
가격	tarif 따히프
가격표	tarif 따히프
가격 할인	réduction 헤뒥씨옹
가구	meuble 머블르
가구점	magasin de meubles 매가장 드 머블르
가난한	pauvre 뽀브흐
가능성	possibilité 뽀씨빌리떼
가라테	karaté 꺄하테
가렵다	ça gratte 싸 그하트
가루	poudre 뿌드흐
가면	masque 마스크
가방	sac 싹
가벼운	léger(ère) 레제(흐)
가솔린	essence 에썽쓰
가수	chanteur(se) 샹떠흐(즈)
가스	gaz 가즈
가위	ciseaux 씨조
가을	automne 오똔느
가이드 북	guide touristique 기드 뚜히스띠크
가이드 비용	frais de guide 프해 드 기드
가이드 포함 투어	excursion avec un guide 엑스뀌흐씨옹 아베끄 엉 기드
가장 앞줄	premier rang 프허미에 헝
가전 제품	appareil électrique 아빠헤이 엘렉트히끄
가정	famille 파미으
가정부	femme de chambre 팜 드 샹브흐
가족	famille 파미으
가죽	cuir 퀴흐
가죽 제품	article en cuir 아흐띠끌 엉 뀌흐
가죽으로 만든 베스트	veste en cuir 베스트 엉 퀴흐
간격	intervalle 엉때흐발르
간단한 식사	collation 꼴라씨옹
간장	sauce de soja 쏘스 드 쏘자
간판	enseigne 엉쎈느
간호사	infirmière(e) 엉피흐미예(흐)
감기	rhume 휨므
감기약	médicament pour le rhume 메디꺄멍 뿌흐 르 휨므
감사하다	remercier 허멕씨
감시하다	garder 갸흐데
감자	pomme de terre 뽐 드 떼흐
감정	sentiment 썽티멍
감칠맛이 좋다	agréable au palais 아그헤아블르 오 빨래
값을 깎다	réduction, remise, rabais 레뒥씨옹, 흐미, 하베
강	fleuve 플러브
강	rivière 휘비에흐

강도	**cambriolage**	껑브히올라쥬
강의	**cours**	꾸흐
강한	**fort(e)**	포흐(뜨)
같은	**même**	멤므
개	**chien**	샹
개구리	**grenouille**	그허누이으
개성	**personalité**	뻬흐쏜날리떼
개인용	**à usage individuel**	아 위자쥬 엉디비듀엘
개장 시간	**heure d'ouverture**	어흐 두베흐뛰흐
개찰구	**accès aux quais,contrôle**	악세 오 깨, 꽁트홀
갤러리	**galerie(de peinture)**	갤러히 (드 뻥뛰흐)
거리	**distance**	디스떵쓰
거리	**avenue**	아브뉴
거리	**rue**	휘
거리에서	**dans la rue**	덩 라 휘
거부하다	**refuser**	헤퓨제
거북이	**tortue**	또흑뛰
거울	**miroir**	미후아흐
거주자	**habitant**	아비떵
거짓말쟁이	**menteur**	멍떠흐
거짓말하다	**mentira**	멍띠흐
건강	**santé**	썽떼
건강한	**en bonne santé**	엉 본느 썽떼
건물	**bâtiment**	바띠멍
건물 지도	**plan du bâtiment**	쁠랑 뒤 바띠멍
건배	**À votre santé!**	아 보트흐 썽떼
건성 피부	**peau sèche**	뽀 쎄슈
건전지	**batterie**	바뜨히
건전지	**pile**	삘르
건조기	**séchoir**	쎄슈아흐
건축	**architecture**	악쉬텍뛰흐
건축가	**architecte**	악쉬떼크트
걷다	**marcher**	막쉐
검사	**examen**	에그자멍
검소한	**modeste**	모데스뜨
검역	**quarantaine**	꺄헝땐느
검은	**noir(e)**	누아(흐)
게시판	**panneau d'affichage**	빠노 다피샤쥬
겨울	**hiver**	이베
결과	**effet**	에페
결혼	**mariage**	마히아쥬
경기장	**stade**	스따드
경보	**alarme**	알라흠므
경비	**frais**	프해
경제	**économie**	에코노미끄
경찰	**police**	뽈리쓰
경찰관	**agent de police**	아정 드 뽈리쓰
경찰서	**commissariat**	꼬미싸히야
경치	**paysage**	뻬이자쥬
계단	**escalier**	에스깔리에
계란	**œuf**	어프
계란 프라이	**œuf au plat**	어프 오 쁠라
계산대	**comptoir**	꽁뚜아흐
계산서	**note**	노뜨
계산하다	**calculer**	깔뀰레

계속하다	**continuer** 꽁티뉴에
계약	**contrat** 꽁트하
계약금	**acompte** 아꽁뜨
계절	**saison** 쌔종
계좌	**compte** 꽁트
계좌번호	**numéro de compte** 뉴메호 드 꽁트
계획	**projet** 프로제
고급	**premier ordre** 프허미에 오드흐
고등학생	**lycéen(ne)** 리쎄앙(느)
고래	**baleine** 발렌느
고무	**caoutchouc** 꺄오트슈
고무	**gomme** 곰므
고무줄	**elastique** 엘라스티크
고속도로	**autoroute** 오또후뜨
고양이	**chat** 샤
고원	**plateau** 쁠라또
고장	**panne** 빤느
고장나다	**tomber en panne** 똥베 엉 빤느
고찰	**considération** 꽁씨데하씨옹
(빨간) 고추	**piment (rouge)** 삐멍 (후즈)
고충	**réclamation** 헤끌라마씨옹
고층 빌딩	**gratte-ciel** 그하뜨 씨엘
고치다	**guérir** 게히
고통	**douleur** 둘러흐
고혈압	**hypertension** 이뻬흐떵씨옹
곡식	**céréales** 쎄헤알르
곤충	**insecte** 엉섹크트
골동품	**antique** 엉띠끄
골동품점	**magasin d'antiquité, antiquaire** 매가장 덩띠끼떼, 엉띠깨흐
골절	**fracture** 프학크튀흐
골판지	**carton ondulé** 꺄흐똥 옹될레
골프	**golf** 골프
골프공	**balle de golf** 발 드 골프
골프장	**terrain de golf** 떼헝 드 골프
공공요금	**tarif des services publics** 따히프 데 쎄흐비스 쀠블릭
공기	**air** 에흐
공동의	**commun** 꺼멍
공사	**travaux** 트하보
공석	**place libre** 쁠라쓰 리브흐
공연	**représentation publique** 흐프헤정따씨옹 쀠블리끄
공연 중인	**en représentation** 엉 흐프헤정따씨옹
공예품 판매점	**magasin de produits artisanaux** 매가장 드 프호뒤 아흑티자노
공원	**jardin** 쟈흐당
공원	**parc,jardin, publique** 빠흐크, 쟈흐당, 쀠블리끄
공인 환전소	**bureau de change agréé** 뷔호 드 샹쥬 아그헤
공작	**paon** 뻥
공장	**usine** 위진느
공중 목욕탕	**bain public** 방 쀠블릭
공중 샤워실	**douche publique** 두슈 쀠블리끄
공중전화	**téléphone publique** 뗄레폰 쀠블리끄
공중화장실	**toilettes publiques** 뚜알레뜨 쀠블리끄
공항	**aéroport** 아에호뽀흐

한국어	Français	발음
공항세	taxe d'aéroport	딱쓰 다에호뽀흐
곶	cap	꺄프
과로	surmenage	쉬흐메나쥬
과세	taxe	딱쓰
과일	fruit	프휘
과일 쥬스	jus de fruit	쥬 드 프휘
과자	pâtisserie	빠띠쎄히
과자	snacks soufflés	스낵 쑤플레
관광	tourisme	뚜히즘
관광 안내서	office du tourisme	오피쓰 뒤 뚜히즘므
관광 크루즈	croisière touristique	쿠와지에흐 뚜히스띠크
관광 투어	excursion	엑스뀌흐씨옹
관광 팸플릿	dépliant touristique	데쁠리엉 뚜히스띠크
관광버스	autocar de tourisme	오또꺄 드 뚜히즘
관광지	site touristique	씨떼 뚜히스띠크

한국어	Français	발음
관내전화	communication interne	꼬뮤니꺄씨옹 앵떼흔
관람객	visiteur(se)	비지떠흐
관람석	salle	쌀
관리	contrôle	꽁트홀
관리인	gardien	갸흐디앙
관세	douane	두안느
관절을 삠	entorse	엉또흐쓰
광고	publicité	쀠블리씨떼
교사	professeur	프호페써흐
교실	(salle de) classe	(쌀 드) 끌래쓰
교외	banlieue	벌류
교육	éducation	에듀꺄씨옹
교통사고	accident de traffic	악씨덩뜨 드 트하픽
교통혼잡	embouteillage	엉부떼이야쥐
교환	échange	에샹쥬
교환하다	changer	샹줴
교회	église	에글리즈
구간	tronçon	트홍쏭
구경	visite	비지뜨

한국어	Français	발음
구급차	ambulance	엉뷸렁스
구름	nuage	뉴아쥐
구멍	trou	트후
구명조끼	gilet de sauvage	질레 드 소브따쥬
구분	catégorie	꺄떼고히
구운	cuit	뀌
구입	achat	아샤
구토	nausée	노제
구토	vomissement	보미쓰멍
국가	État	에따
국경	frontière	프홍띠에흐
국경일	fête nationale	페뜨 나씨오날
국기	drapeau national	드하뽀 나씨오날
국내선	vols intérieurs, domestique	볼 엉떼히여흐, 도메스띠끄
국내의	domestique	도메스띠끄
국도	route nationale	후뜨 나씨오날
국립 공원	parc national	빠흐크 나씨오날
국립의	national	나씨오날

국산 맥주	**bière nationale** 나씨오날
국적	**nationalité** 나씨오날리떼
국제	**international** 엉떼흐나씨오날
국제선	**vols internationaux** 볼 엉떼흐나씨오노
국제운전 면허증	**permis de conduire international** 뻬흐미 드 꽁뒤흐 엉떼흐나씨오날
국제 전화	**appel international** 아뻴 엉떼흐나씨오날
국회의사당	**Assemblée Nationale** 아썽블레 나씨오날
굴뚝	**cheminée** 슈미네
궁전	**palais** 빨래
권투	**boxe** 복쓰
권하다	**recommander** 헤꼬몽데
귀걸이	**boucles d'oreilles** 부끌르 도헤이으
귀금속	**métal précieux** 메탈 프헤씨유
귀여운	**mignon(e)** 미뇽(느)
귀중품	**objet de valeur** 오브제 드 발러흐
규칙	**règle** 헤글
그 이하로	**au-dessous** 오 드수
그다지	**tellement** 뗄르멍
그램	**gramme** 그햄므
그릴	**grillé(e)** 그히에
그림	**tableau, peinture** 따블로, 뺑뛰흐
그림책	**livre d'image** 리브흐 디마쥬
그물, 망	**filet** 필레
그저께	**avant-hier** 아벙 이에흐
극	**drame** 드함므
극장	**théâtre** 떼아트흐
근무 중	**au travail** 오 트라바이
근육	**muscle** 뮈스클르
금	**or** 오흐
금고	**coffre de sécurité** 꼬프흐 드 쎄큐히떼
금고	**coffre-fort** 꼬프흐 포흐
금액	**somme** 쏨
금연	**non-fumeur** 농 퓨메흐
금연석	**siège non-fumeur** 씨에쥬 농 퓨메흐
금연차	**voiture non-fumeur** 부아뛰흐 농 퓨메흐
금전	**argent** 아흐정
급여	**salaire** 쌀래흐
급행 요금	**supplément pour train express** 쉬쁠레멍 뿌흐 트항 엑스프헤
기간	**durée** 듀헤
기계	**machine** 마쉰
기관지염	**bronchite** 브홍쉬트
기내 수하물	**bagage à main** 바가쥬 아 망
기내식	**repas en vol** 흐빠 엉 볼
기념비	**monument** 모뉴멍
기념우표	**timbre de collection** 떵브흐 드 꼴렉씨옹
기념일	**anniversaire** 아니벡쎄흐
기념품	**souvenir** 수브니흐
기념품 상점	**magasin de souvenirs** 매가장 드 수브니흐

기다리다	attendre 아떵드흐
기록	record 헤꼬흐
기록하다	prendre note 프헝드흐 노트
기름	huile 윌
기미	tache 따슈
기분이 안 좋은	se sentir mal 쓰 썽띠흐 말
기사	article 아흑띠끌르
기술	technique 떼끄니크
기술사	ingénieur 앵제니어흐
기억하다	se souvenir 쓰 수브니흐
기온	température 떵뻬하뛰흐
기증	don 동
기질	tempérament, nature 떵뻬하멍, 나뛰흐
기침	toux 뚜
기타	guitare 기따흐
기후	climat 끌리마
긴	long (ue) 롱(그)
긴급	urgence 위흐정스
긴급한	urgent(e) 위흐정(뜨)
긴 바지	pantalon 뻥딸롱

긴팔	manche longue 멍슈 롱그
길	chemin 슈망
길을 잃은	perdu 뻬흐뒤
김	algue séchée 알그 세쉐
깃발	drapeau 드하뽀
깜빡거리는	clignotant 끌리노떵
깡통 따개	ouvre-boîte 우브흐 부아뜨
깨지기 쉬운 물건	objet fragile 오브제 프해쥘르
껌	chewing-gum 츄잉 검므
꽃	fleur 플러흐
꽃병	vase 바즈
꽃집	boutique de fleuriste 부띠끄 드 플러히스뜨
꽉 끼는	serré(e) 쎄헤
꿀	miel 미엘
꿈	rêve 헤브
끈	lacet 라쎄
끊임없이	toujours 뚜쥬흐
끝나다	finir 피니흐

ㄴ	
나라	pays 뻬이
나쁜	mauvais(e) 모배(즈)
나이	âge 아쥐
나이트 스팟	lieu de vie nocturne 리유 드 비 녹뛰흔
나이트 투어	excursion de nuit 엑스뀌흐씨옹 드 뉘
나이트클럽	boîte de nuit 부아뜨 드 뉘
나이프	couteau 쿠또
나일론	nylon 닐롱
낚시꾼	pêcheur 뻬셔흐
난방	chauffage 쇼파쥬
날것	denrées périssables 덩헤 뻬히싸블르
날것의	cru(e) 크휘
날짜	date 다뜨
날짜	date 다트
남녀	hommes et femmes 옴므 에 팜므
남녀공통	mixte 믹스트
남자	homme 옴므

남쪽	**sud** 쉬드
남편	**mari** 마히
내년	**l'année prochaine** 라네 프호셴느
내리다	**descendre** 데썽드흐
내용물	**contenu** 꽁뜨뉘
내일	**demain** 드망
내일 밤	**demain nuit** 드망 뉘
내일 오후	**demain après-midi** 드망 아프레 미디
내일 저녁	**demain soir** 드망 수아흐
냄비	**marmite** (양손잡이 냄비), **casserole** (한 손잡이 냄비) 마흐미트 꺄쓰홀르
냅킨	**serviette de table** 쎄흐비에뜨 드 따블르
냅킨	**serviette en papier** 세흐비에뜨 엉 빠삐에
냉장고	**frigidaire, frigo** 프히지대흐, 프히고
널빤지	**planche** 쁠렁슈
넘어지다	**tomber** 똥베

넥타이	**cravate** 크하바트
노랑	**jaune** 죤느
노래	**chanson** 샹쏭
노래방	**karaoké** 가하오케
노래하다	**chanter** 샹떼흐
노선도	**carte routière** 꺄흐뜨 후띠에흐
노선도	**plan des lignes** 쁠랑 데 린느
노인	**personne âgée** 뻬흐쏜 나줴
놀다	**jouer** 쥬예
놀라다	**s'étonner** 쎄또네
농담	**plaisanterie** 쁠레정트해
농업	**agriculture** 아그히뀔뛰흐
농촌	**campagne** 껑빤느
높다(높이)	**haut (e)** 오
놓아 주다	**lâcher** 라쉐
뇌	**cerveau** 쎄흐보
뇌졸중	**apoplexie cérébrale** 아뽀쁠렉씨 쎄헤브할
뇌진탕	**commotion cérébrale** 꼬모씨옹 쎄헤브할

눈	**neige** 네쥬
눈물	**larme** 라흠므
눕다	**s'allonger** 쌀롱제
뉴스	**nouvelles** 누벨르
늙다	**vieux(vieille)** 비유(비에이)
늦다	**être en retard** 에트흐 엉 흐따흐

ㄷ

다도	**cérémonie du thé** 쎄헤모니 뒤 떼
다리	**pont** 뽕
다리미	**fer(à repasser)** 페흐 아 흐빠쎄
다리미질 하다	**repasser** 흐빠쎄
다시 전화하다	**faire un retour d'appel** 패흐 엉 흐뚜흐 다뻴
다양한	**divers(e)** 디베흐
다음 달	**le mois prochain** 르 무아 프호샹
다음 주	**la semaine prochaine** 르 쓰맨느 프호센느
다음의	**prochain(e)** 프호샹
다이아몬드	**diamant** 디아멍
단단한	**dur(e)** 뒤흐

단어	**mot** 모
단짝	**ami(e) intime** 아미 엉띰므
단체	**groupe** 그호프
단체 여행	**voyage en groupe** 부아야쥐 엉 그호프
단추	**bouton** 부똥
단풍	**feuilles d'automne** 퓨이으 도똔느
닫다	**fermer** 페흐메
달	**lune** 륀느
달다	**doux, douce** 두, 두스
달력	**calendrier** 깰렁드히예
닭고기	**poulet** 뿔레
담배	**tabac** 따바
당기다	**tirer** 티헤
당뇨병	**diabète** 디아베뜨
당일치기 여행	**excursion d'une journée** 엑스뀌흐씨옹 뒨느 쥬흐네
대기실	**salle d'attente** 쌀 다떵뜨
대기표	**liste d'attente** 리스뜨 다떵뜨
대답하다	**répondre** 헤뽕드흐

대로	**boulevard, avenue** 불르바흐, 아브뉴
대사관	**ambassade** 엉바싸드
대성당	**cathédrale** 꺄떼드할르
대성당	**basilique** 바질리크
대통령	**président** 프헤지덩
대학	**université** 위니베흑씨떼
대학 강사	**maître assistant** 매트흐 아씨스떵
대학생	**étudiant(e)** 에뛰디엉(뜨)
대형 차량	**poids lourd** 뿌아 루흐
더 싼	**moins cher** 뮈 쉐흐
더 작은	**plus petit** 쁠뤼 쁘띠
더 좋은	**mieux** 미유
더 큰	**plus grand** 쁠뤼 그헝
더러운	**sale** 쌀
더러움	**tache** 타슈
더치페이	**partager la note** 빠흐따줴 라 노뜨
더하다	**additionner** 아디씨오네
덥다	**chaud(e)** 쇼(드)
도구	**instrument** 앙스트휘멍

도난 증명서	**déclaration de vol** 데끌라하씨옹 드 볼
도둑	**voleur** 볼러흐
도둑맞은 물건	**articles volés** 아흑띠끌 볼레
도로	**route** 후뜨
도보	**à pied** 아 피에
도서관	**bibliothèque** 비블리오떼끄
도시	**ville** 빌
도시락	**casse-croûte, panier-repas** 꺄쓰 크후트, 빠니예 흐빠
도시의	**urbain** 위흐방
도자기	**porcelaine** 뻑썰렌느
도자기 가게	**magasin de poteries et de porcelaines** 먀가장 드 뽀트히 에 드 뽀흐쓸랜느
도장	**cachet** 꺄쉐
도착	**arrivée** 아히베
도착 시간	**heure d'arrivée** 어흐 다히베
도착이 늦다	**arriver en retard** 아히베 엉 흐따흐
도착하다	**arriver** 아히베

독실	**compartiment** 꽁빠띠멍
독특한 선물	**cadeau original** 꺄도 오히지날
돈	**argent** 아흐정
돈 지갑	**porte-monnaie** 뽀흐뜨 모내
돈을 걸다	**parier** 빠히예
돌다	**tourner** 뚜흐네
돌아오다	**revenir** 흐브니흐
돕다	**aider** 애데
동료	**collègue** 꼴레그
동물	**animal** 아니말
동물원	**zoo** 주
동반자	**compagnon** 꽁빠뇽
동상	**statue** 스따뛰
동전	**monnaie, pièce** 모내, 삐에쓰
동전	**petite monnaie** 쁘띠뜨 모내
동전 반환 레버	**levier de retour de la monnaie** 르비에 드 흐뚜흐 드 라 모내
동전 투입구	**fente d'insertion de la monnaie** 펑뜨 덩쎄흐씨옹 드 라 모내
동쪽	**est** 에스트
되돌아가다	**retourner** 흐뚜흐네
(~로) 되어 있다	**en** ~엉
되짚어 돌아가다	**par retour** 빠흐 흐뚜흐
된장	**pâte de soja fermenté** 빠뜨 드 쏘자 페흐멍떼
두 번째	**seconde** 스공드
두고 가다	**laisser** 래쎄
두드러기	**urticaire** 위흐띠깨흐
두통	**mal de tête** 말 드 떼뜨
둥근	**rond** 홍
뒤에	**derrière** 데히에흐
드라이	**brushing** 브혀씽
드라이 클리닝	**nettoyage à sec** 네뚜아야쥐 아 쎅
드럼	**bidon** 비동
드레스	**robe** 호브
듣다	**entendre,écouter** 엉떵드흐, 에꾸떼
들어가다	**entrer** 엉트헤
등	**dos** 도
디자이너	**styliste** 스띨리스뜨
디자인	**dessin** 데쌍
디저트	**dessert** 데세흐
디저트 스푼	**cuiller à dessert** 뀌이에 아 데세흐
디지털 카메라	**appareil photo numérique** 아빠헤이 포또 뉴메히끄
따뜻하다	**chaud(e)** 쇼(드)
따로 결제하다	**payer séparément** 뻬이예 쎄빠헤멍
따로따로	**séparément** 쎄빠헤멍
딱히 싸지 않은	**pas tellement cher** 빠 뗄르멍 쉐흐
딸	**fille** 피으
땀	**sueur** 쉬어흐

ㄹ

라구	**ragoût** 하구
라디오	**radio** 하디오
라이터	**briquet** 브히께
램프	**lampe** 렁프
레귤러 가솔린	**essence ordinaire** 에썽쓰 오흐디내흐

레몬	**citron** 시트홍
레시피	**recette** 흐쎄뜨
레이어	**pli** 쁠리
레이온	**viscose** 비스코즈
레일 패스	**Rail Pass** 하이 빠쓰
렌즈	**objectif** 오브젝띠프
렌터카	**voiture de location** 로까씨옹 드 부아뛰흐
로마자	**caractère romain** 꺄학떼흐 호망
로비	**hall de départ** 올 드 데빠
로비	**hall** 올
로션	**lait de beauté** 래 드 보떼
로커	**vestiaire** 베스띠애흐
롤빵	**pain mollet** 빵 몰레
룰렛	**roulette** 훌레뜨
룸 공유	**partage d'une chambre** 빠흐따쥬 뒨느 샹브흐
룸메이트	**compagnon de chambre** 꽁빠뇽 데 샹브흐
룸서비스	**service en chambre** 쎄흐비스 엉 샹브흐

룸서비스 요금	**frais de service en chambre** 프해 드 쎄흐비스 엉 샹브흐
리무진 버스	**autocar, limousine** 오또꺄흐, 리무진
리스트	**liste** 리스트
린스	**après-shampooing** 아프레 셩뿌앙
립스틱	**rouge à lèvres** 후즈 아 레브흐
마개	**bonde** 봉드
마늘	**ail** 아이
마당	**jardin** 쟈흐당
마라톤	**marathon** 마하똥
마멀레이드	**marmelade** 마흐믈라드
마사지	**massage** 마싸쥬
마시다	**boire** 부아흐
마요네즈	**mayonnaise** 마요내즈
마우스	**souris** 쑤히
마을	**village** 빌라쥬
마을	**ville** 빌
마지막 열차	**dernier train** 데흐니에흐 트항

마지막의	**dernier** 데흐니에흐
막간	**entracte** 엉트학트
막다른 길	**cul-de-sac** 뀌드싹
막대기	**bâton** 바똥
막차	**dernier train** 데흐니에흐 트항
만나다	**voir, rencontrer** 부아흐, 헝꽁트헤
만년필	**stylo** 스틸로
만석	**complet** 꽁쁠레
만족한	**heureux, content** 어헤, 꽁떵
만족한	**satisfait(e)** 싸티스페
만화	**bande dessinée** 벙 데씨네
많이	**beaucoup** 보꾸
말	**cheval** 슈발
말썽	**ennuis** 엉뉘이
맑음	**beau temps** 보 떵
맛	**goût** 구
맛있는	**délicieux** 델리시유
맡기다	**confier** 꽁피에
맡긴 짐	**bagages à consigner** 바가쥬 아 꽁씨녜

매뉴얼	**manuel** 마뉴엘
매니큐어	**vernis à ongles** 베흐니 아 옹글르
매력적인	**délicieux** 델리시유
매우 아프다	**avoir très mal** 아부아흐 트레 말
매일	**tous les jours** 뚜 레 쥬흐
매표소	**billetterie** 비예트히
매표소	**guichet** 기셰
맥박	**pouls** 뿔
맥주	**bière** 비에흐
맹장염	**appendicite** 아뻥디씨뜨
머리	**cheveux** 슈부
머리	**tête** 떼뜨
머리빗	**brosse à cheveux** 브호쓰 아 슈부
머물다	**rester** 헤스떼
머스터드	**moutarde** 무따흐드
머플러	**foulard** 풀라흐
먹다	**manger** 멍줴
먼지	**poussière** 뿌씨에흐
멀리	**loin** 루앙
멀미	**mal des transports** 말 데 트헝스뽀흐
멈추다	**Stop ╱ Arrêt** 스땁 아헤
멈춰서다, 쉬다, 끝나다	**s'arrêter** 싸헤떼
멋진	**chouette** 슈에뜨
메뉴판	**menu** 므뉴
메시지	**message** 메싸쥬
메인 스탠드	**tribune principale** 트휘빈느 프행시빨
면	**nouilles** 누이으
면 소재	**en coton** 엉 꼬똥
면도칼	**rasoir** 하주아흐
면세	**détaxe** 데딱쓰
면세점	**boutique hors taxe** 부띠끄 오흐 딱쓰
면세품	**article détaxé** 아흑띠끌 데딱쎄
명령	**consigne** 꽁씬느
명절	**fête** 페뜨
모기	**moustique** 무스띠크
모닝콜	**service de réveil** 쎄흐비쓰 드 헤베이
모든	**tout(e)** 뚜(뜨)
모래사장	**plage** 쁠라쥬
모레	**après demain** 아프레 드망
모방	**imitation** 이미따씨옹
모서리	**coin** 쿠앙
모양	**forme** 퍼흠므
모자	**chapeau** 샤뽀
모포	**couverture** 꾸베흐뛰흐
모피	**fourrure** 푸휘흐
목	**cou** 꾸
목	**gorge** 고흐쥬
목걸이	**collier** 꼴리에
목소리	**voix** 부아
목이 아프다	**avoir mal à la gorge** 아부아흐 말 라 라 고흐쥬
목적	**but** 뷔
목적지	**destination** 데스티나씨옹
몸	**corps** 꼬흐
못	**clou** 클루
묘지	**cimetière** 씸티에흐

무거운	**lourd(e)** 루흐(드)
무게	**poids** 뿌아
무늬	**dessin** 데쌍
무늬 없는	**uni** 위니
무대	**scène** 쎈느
무료	**gratuit(e)** 그하뛰(뜨)
무료의	**gratuit** 그하뛰
무색소	**sans colorant** 썽 꼴로헝
무언가	**quelque chose** 껠끄 쇼즈
무역	**commerce extérieur** 꼬메흐쓰 엑스떼히어
무제한	**illimité** 리미떼
무첨가	**sans additif** 썽 자디티프
무효	**périmé** 뻬히메
문	**porte** 뽀흐뜨
문방구점	**papeterie** 빠쁘트히
문법	**grammaire** 그하매흐
문자	**lettre** 레트흐
문화	**culture** 뀔뛰흐
물	**eau** 오
물가	**les prix** 레 프히
물가	**prix des consommations** 프히 데 꽁쏘마씨옹
물건 상자	**caisse** 깨쓰
물품	**article** 아흑띠끌
뮤지컬	**comédie musicale** 코메디 뮤지깔
미끄러지기 쉬운	**glissant(e)** 글리썽(뜨)
미네랄 워터	**eau minérale** 오 미네할
미니 바	**minibar** 미니바
미술관	**musée** 뮤제
미아	**enfant perdu** 앙펑 뻬흐뒤
미용실	**salon de beauté** 쌀롱 드 보떼
미지근한	**tiède** 티에드
민감성 피부	**peau sensible** 뽀 썽씨블르
밀	**blé** 블레
밀가루	**farine** 파힌느
밀다	**pousser** 뿌쎄
밀크티	**thé au lait** 떼 오 래

ㅂ

바	**bar** 바
바겐세일	**solde** 썰드
바구니	**corbeille** 꼬흐베이으
바구니	**panier** 빠니에
바꾸다	**changer** 셩줴
바늘	**aiguille** 에귀이으
바다	**mer** 메흐
바닥	**fond** 퐁
바닥	**sol** 쏠
바닷가	**sur la mer** 쉬흐 라 메흐
바둑	**(jeu de) go** (쥬 드)고
바람	**vent** 벙
바람이 분다	**Il fait du vent** 일 패 뒤 벙
바로	**immédiatement** 이메디아뜨멍
바쁘다	**occupé(e)** 오큐뻬
바위	**rocher** 호쉐
박람회	**exposition** 엑스뽀지씨옹
박물관	**musée** 뮤제
박수	**applaudissements** 아쁠러디쓰멍
반	**demi** 드미
반나절의	**d'une demi-journée** 뒨느 드미 쥬흐네

기본 회화 / 관광 / 맛집 / 쇼핑 / 엔터테인먼트 / 뷰티 / 호텔 / 교통수단 / 기본 정보 / 단어장

반입금지품	**articles interdits à l'importation** 아혹띠끌 앵떼흐디아 앵뽀흐따씨옹
반지	**bague** 바그
반창고	**sparadrap** 쓰빠하드하
반팔	**manche courte** 멍슈 꾸흐뜨
반품하다	**retourner une marchandise** 흐뚜흐네 윈느 마혹셩디즈
받다	**recevoir** 흐쓰부아흐
발	**pied** 피에
발레	**ballet** 발레
발목	**cheville** 슈비으
발신인	**expéditeur** 엑스뻬디떠흐
발코니	**balcon** 발콩
밝은	**clair(e)** 끌래흐
밤	**nuit** 뉘
방	**chambre** 샹브흐
방 번호	**numéro de chambre** 뉴메호 드 샹브흐
방 열쇠	**clé de la chambre** 끌레 드 라 샹브흐
방값	**prix de la chambre** 프히 드 라 샹브흐
방문	**visite** 비지뜨
방법	**façon** 파쏭
방향	**direction** 디혝씨옹
배	**bateau** 바또
배(과일)	**poire** 뿌아흐
배고프다	**faim** 펑
배기량이 작은 차	**petite cylindrée** 쁘띠뜨 씰렁드헤
배에 타다	**embarquer** 엉바흐께
배우	**acteur(남), actrice(여)** 악떠흐, 악트히쓰
배터리	**batterie** 바뜨히
배편	**par bateau** 빠흐 바또
배표	**billet de bateau** 비예 드 바또
백화점	**grand magasin** 그형 매가장
밴(차)	**fourgonnette** 푸흐고네뜨
뱀	**serpent** 쎄흐뻥
뱃멀미	**mal de mer** 말 드 메흐
버섯	**champignon** 셩삐뇽
버스	**autobus** 오또뷔스
버스 노선도	**plan de bus** 쁠랑 드 뷔스
버스 정거장	**arrêt d'autobus** 아헤 도또뷔스
버스 정류소	**arrêt** 아헤
버터	**beurre** 베흐
번역	**traduction** 트하뒥씨옹
번역하다	**traduire, interprèter** 트하뒤흐, 앵떼흐프헤떼
번호	**numéro** 뉴메호
번호 안내	**renseignements téléphoniques** 헝쎄뉴멍 뗄레포니끄
번화가	**quartier animé** 꺄흐띠에흐 아니메
법률	**loi** 루아
벚나무	**cerisier** 써히지에
베개	**oreiller** 오헤이예
베란다	**balcon** 발콩
벤치	**banc** 벙
벼락	**foudre** 푸드흐
벽난로	**cheminée** 슈미네
벽장	**placard** 쁠라꺄흐

벽지	**mur** 뮈흐
벽지	**papier peint** 빠삐에 빵
변기	**siège des toilettes, cuvette** 씨에쥬 데 뚜알레뜨, 뀌베트
변명	**excuse** 엑스큐즈
변비	**constipation** 꽁스띠빠씨옹
변비약	**médicament contre la constipation** 메디꺄멍 꽁트흐 라 꽁스띠빠씨옹
변상	**indemnisation** 앙데미자씨옹
변상하다	**indemniser** 앙데미제
별	**étoile** 에뚜알
별관	**autre chambre** 오트흐 샹브흐
병	**bouteille** 부떼이으
병	**maladie** 말라디
병원	**hôpital** 오삐딸
보관함	**vestiaires** 베스띠애흐
보내다	**envoyer** 엉부아예
보내주다	**apporter** 아뽀흐떼
보다	**voir** 부아흐
보드카	**vodka** 버드꺄
보석	**pierre précieuse** 삐에흐 프헤씨유
보석점	**bijouterie** 비주트히
보안	**sécurité** 세큐히떼
보조 침대	**lit supplémentaire** 리 쉬쁠레멍때흐
보증금 (선금)	**caution** 꼬씨옹
보증서	**garantie** 갸헝띠
보트	**bateau** 바또
보행자 우선	**priorité aux piétons** 프히오히떼 오 삐에똥
보험	**assurance** 아쓔헝쓰
보험 회사	**compagnie d'assurance** 꽁빠니 다쓔헝쓰
보호	**garde** 갸흐
복도	**couloir** 꿀루아흐
복사	**copie** 꼬삐
복통	**mal au ventre** 말 로 벙트흐
본토	**pays d'origine** 뻬이 오히진
볼펜	**stylo** 스틸로
봄	**printemps** 프랭떵
봉인한 편지	**lettre cachetée** 레트흐 꺄슈떼
봉지	**sac** 싹
봉투	**enveloppe** 엉블로프
부드럽다	**gentil** 정띠
부모	**parent(s)** 빠헝
부서지기 쉬운	**fragile** 프해질르
부엌칼	**couteau de cuisine** 꾸또 드 뀌진느
부재중	**absence** 압썽쓰
부족하다	**manquer** 멍께
북쪽	**nord** 노흐
분수	**jet d'eau** 제 도
분실물	**objets perdus** 오브제 뻬흐뒤
분실물 보관소	**bureau des objets trouvés** 뷔호 데 조브제 투흐브
분실 신고서	**déclaration de perte** 데끌라하씨옹 드 뻬흐트
분위기	**ambiance** 엉비엉쓰
분유	**lait en poudre** 래 엉 뿌드흐
불	**feu** 푸

기본 회화 관광 맛집 쇼핑 엔터테인먼트 뷰티 호텔 교통수단 기본 정보 단어장

불량품	**article défectueux** 아흑띠끌 데펙뜌
불만	**plainte** 쁠렁트
불빛	**lumière** 뤼미에흐
불태우다	**brûler** 부휠레
불행히도	**malheureusement** 말러허즈멍
붐빔	**encombrement** 엉꽁브허멍
붕대	**pansement** 뻥쓰멍
뷔페	**buffet** 뷔페
브래지어	**soutien-gorge** 수띠앙 고흐쥬
브랜드	**marque** 마흐끄
브레이크	**frein** 프항
브로치	**broche** 브호쉬
블라우스	**chemisier** 슈미지에
블록 (거리 구역)	**pâté de maison** 빠떼 드 매종
비	**pluie** 쁠뤼
비극	**tragédie** 트하제디
비누	**savon** 싸봉
비단	**soie** 쑤아
비단,실크	**soie** 쑤아

비디오 카메라	**caméra vidéo** 꺄메하 비데오
비밀	**secret** 씨크헤
비밀번호	**code** 꼬드
비상 버튼	**bouton d'urgence** 부똥 뒤흐정
비상구	**sortie de secours** 쏘흐띠 드 스꾸흐
비싸다 (가격)	**cher** 쉐흐
비용	**frais** 프해
비자	**visa** 비자
비행	**vol** 볼
비행기	**avion** 아비옹
빈	**vide** 비드
(자리가) 빈	**libre** 리브흐
빈방	**chambre libre** 샹브흐 리브흐
빈혈	**anémie** 아네미
빌리다	**louer** 로예
빗	**peigne** 뻰느
빨강	**rouge** 후즈
빨대	**paille** 빠이으
빨리	**vite** 비뜨

빵	**pain** 빵
뼈	**os** 오쓰
뾰족한	**piquant(e)** 삐껑(뜨)

ㅅ

사각의	**carré** 꺄헤
사거리	**croisement** 쿠화즈멍
사건	**accident** 악씨덩
사건	**affaire** 아페흐
사고 증명서	**constat d'accident** 꽁스따 닥씨덩
사기	**fraude** 프호드
사다	**acheter** 아슈떼
사막	**désert** 데제흐
사무실	**bureau** 뷔호
사슬	**chaîne** 쉔느
사용 중	**occupé** 오큐뻬
사용료	**prix de location** 프히 드 로까씨옹
사용할 수 없는	**hors service, en panne** 옥쎄흐비스, 엉 빤느
사우나	**sauna** 써나
사원	**temple** 떵쁠르

사이즈	**pointure** 뿌앙뛰흐
사이클	**cyclisme** 씨클리즘므
사장	**président-directeur général (P.D.G.)** 프헤지덩 디헥떠 제네할 (뻬 데 줴)
사적	**endroit d'intéret historique** 엉두화 댕떼헤 이스토히크
사전	**dictionnaire** 딕씨오내흐
사진	**photo** 포또
사촌	**cousin(ne)** 꾸장(꾸진느)
사탕	**bonbon** 봉봉
사회 복지	**bien-être public** 비앙 에트흐 쀠브릭
산	**montagne** 몽딴느
산부인과 의사	**gynécologue** 지네콜로그
산소 마스크	**masque à oxygène** 마스끄 아 옥시젠느
산쪽	**côté montagne** 꼬떼 몽딴느
산호초	**récif de corail** 헤씨프 드 꼬하이으
살다	**habiter** 아비떼

살아있는	**animé(e)** 아니메
삶	**vie** 비
삶은	**bouilli(e)** 부이
삶은 달걀	**œuf dur** 어프 뒤흐
삼각대	**trépied** 트헤피에
삼각형	**triangle** 트히엉글르
삼촌	**oncle** 옹클르
상급의	**supérieur(e)** 수뻬히어흐
상세	**détail** 데따이으
상연	**représentation** 흐프헤정따씨옹
상용약	**médicament usuel** 메디꺄멍 위지엘
상의	**veste** 베스트
상인	**vendeur(se)** 벙더흐(즈)
상자	**boîte** 부아뜨
상자	**caisse** 깨쓰
상점가	**quartier commerçant** 꺄띠에 꼬메흐썽
상처	**blessure** 블레쉬흐
상처입은	**blessé(e)** 블레쎄
상태	**situation** 씨뜌아씨옹

상황	**circonstances** 씨흐꽁쓰떵쓰
새	**oiseau** 우아조
새로운	**nouveau, nouvelle** 누보, 누벨르
새롭다	**intime** 엥띰므
새해	**nouvel an** 누벨 렁
색	**couleur** 꿀러흐
색칠하다	**peindre** 뻥드흐
샌드위치	**sandwich** 썽드위치
샐러드	**salade** 쌀라드
생강	**gingembre** 쟝정브흐
생과일 쥬스	**jus de fruits frais** 쥬 드 프휘 프해
생년월일	**date de naissance** 아뜨 드 내썽쓰
생리	**règles** 헤글르
생리용품	**serviette hygiénique** 쎄흐비에뜨 이지에니크
생리통	**douleur menstruelle** 둘러흐 멍스트루엘르
생물	**être animé** 에트흐 아니메

생산지	**pays producteur** 뻬이 프호뒥떠흐
생선	**poisson** 뿌아쏭
생일	**anniversaire** 아니벡쎄흐
샤워	**avec douche** 아베끄 두슈
샴푸	**shampooing** 셩뿌앙
샹송	**chanson** 샹송
서기	**ère chrétienne** 에흐 크헤티엔느
서늘한	**frais(fraîche)** 프해 (프해슈)
서두르다	**se dépêcher** 쓰 데뻬쉐
서랍	**tiroir** 티후아흐
서류	**document** 도큐멍
서머타임	**heure d'été** 어흐 데떼
서명	**signature** 씨냐뛰흐
서비스	**service** 쎄흐비스
서비스업	**service** 쎄흐비스
서점	**librairie** 리브해히
서쪽	**ouest** 웨스트
서커스	**cirque** 씨흐끄
서핑	**surf** 써흐프
석쇠에 구운, 탄	**grillé(e)** 그히에
선글라스	**lunettes de soleil** 뤼네뜨 드 쏠레이
선물	**cadeau** 꺄도
선불	**pré-paiement** 프헤 빼이멍
선장	**capitaine** 꺄삐땐느
선크림	**crème solaire** 크헴 쏠래흐
선택식의	**à la carte** 아 라 꺄흐트
선택하다	**choisir** 슈아지흐
선풍기	**ventilateur** 벙띨라떠흐
설명서	**instruction** 엉스트휙씨옹
설사	**diarrhée** 디아헤
설사약	**laxatif** 락싸띠프
설치	**établissement** 에따블리쓰멍
설탕	**sucre** 쉬크흐
섬	**île** 일
성	**château** 샤또
성(씨)	**nom (de famille)** 농(드 파미으)
성냥	**allumette** 알류메뜨
성별	**sexe** 섹쓰
성인	**adulte** 아뒬뜨
성장	**développement** 데블로프멍
세계	**monde** 몽드
세계 유산	**patrimoine mondial** 빠트히무안 몽디알르
세관	**douane** 두안
세관 신고서	**déclaration en douane** 데끌라씨옹 엉 두안
세금	**taxe** 딱쓰
세금을 부납하다	**payer la taxe** 뻬이에 라 딱쓰
세우다	**construire** 꽁스뜨휘흐
세일즈맨	**représentant de commerce** 흐프헤정떵 드 꼬메흐쓰
세척 버튼	**bouton de chasse d'eau** 부똥 드 샤즈 도
세척제	**détergent** 데떼흐정
세탁	**lavage** 라바쥬
세탁	**nettoyage** 네뚜아야쥐
세탁기	**machine à laver** 머쉰 아 라베
세탁물	**lessive** 레씨브
세탁비	**frais de nettoyage** 프해 드 네뚜아야쥐

세탁하다	laver 라베
세팅 (머리의)	mise en plis 미 정 쁠리
셀프 서비스	libre service 리브흐 쎄흐비스
셔츠	chemise 슈미즈
셔터	déclencheur 데끌렁쉐흐
셔틀버스	navette 나베뜨
소개하다	présenter 프헤정떼
소고기	bœuf 붸프
소금	sel 쎌
소년	garçon 갸흐쏭
소독액	désinfectant 데정펙떵
소리	son 쏭
소매치기	pickpocket 픽뽀께뜨
소방서	caserne des sapeurs-pompiers 꺄세흔 드 싸뻐흐 뽕삐에
소유권	propriété 프호프히에떼
소작인	fermier 페흐미에
소파	canapé 꺄나페
소포	paquet,colis 빠께, 꼴리
소프라노	soprano 쏘프하노
소화기	extincteur 엑쓰떵크떠흐
소화불량	indigestion 엥디제스띠옹
소화제	médicament pour la digestion 메디꺄멍 뿌흐 라 디제스띠옹
속달	exprès 엑스프헤
속담	proverbe 프호베흐브
속도계	indicateur de vitesse 엉디꺄떠흐 드 비떼쓰
속옷	sous-vêtements 수 베뜨멍
손님	client 클리엉
손목시계	montre 몽트흐
손수건	mouchoir 무슈아
손자	petit-enfant 쁘띠 앙펑
손전등	lampe de poche 렁쁘 드 뽀슈
손톱,발톱	ongle 옹글르
손톱깎이	coupe-ongles 꾸쁘-옹글르
솔직한	franc 프헝
솜	coton 꼬똥
쇼	spectacle 스펙따클르
쇼핑	courses 꾸흐쓰
쇼핑몰	centre commercial 썽트흐 꼬멕씨알
수	nombre 농브흐
수도꼭지	robinet 호비네
수도의	métropolitain(e) 메트호뽈리땅(느)
수락하다	accepter 악셉떼
수령	réception 헤셉씨옹
수리하다	réparer 헤빠헤
수면	sommeil 쏘메이으
수면 부족	manque de sommeil 멍끄 드 쏘메이으
수면제	somnifère 쏨니페흐
수상	premier ministre 프허미에 미니스트흐
수수료	commission 꼬미씨옹
수술	opération 오뻬하씨옹
수신인	destinataire 데스띠나때흐
수영	natation 나따씨옹
수영복	maillot de bain 마이요 드 방

수영장	**piscine** 삐씬느
수영하다	**nager** 나줴
수입	**importation** 엉뽀흐따씨옹
수정	**cristal** 크히스딸
수정하다	**modifier** 모디피에
수족관	**aquarium** 아꾸아히움
수준	**niveau** 니보
~수집	**collection de ~** 꼴렉씨옹 드 ~
수채화	**aquarelle** 아꽈헬르
수첩	**carnet** 꺄흐네
수표	**chèque** 쉐크
수하물	**bagage à main** 바가쥬 아 망
수하물 배달	**livraison de bagages** 리브해종 드 바가쥬
수하물 보관소	**consigne** 꽁씬느
수하물 보관증	**talon d'identification des bagages** 딸롱 디덩띠피꺄씨옹 데 바가쥬
수하물 보관표	**un reçu** 엉 헤쉬
수하물 영수증	**talon de bagages** 딸롱 드 바가쥬
수혈	**transfusion de sang** 트헝스퓨지옹 드 썽
수화기	**combiné** 꽁비네
숙모	**tante** 떵뜨
숙박 요금	**prix de la chambre** 프히 드 라 샹브흐
숙박 카드	**fiche d'inscription** 피슈 덩포흐마씨옹
숙박하다	**séjourner, rester** 쎄쥬흐네, 헤스떼
숟가락	**cuiller** 뀌이에
술	**alcool** 알꼴
술	**boisson alcoolisée** 부아쏭 알꼴리제
술에 취하다	**être ivre** 에트흐 이브흐
숫자	**chiffre** 쉬프흐
숲	**bois,forêt** 부아, 포헤뜨
쉬운	**facile** 파씰
슈퍼마켓	**supermarché** 슈뻬흐막쉐
스낵 바	**snack-bar** 스낵바
스웨이드	**peau de daim** 뽀 드 덩
스웨터	**pull-over** 쀨로버흐
스위치	**allumer** 알뤼미에
스카프	**écharpe** 에샤흐쁘
스케줄	**emploi du temps** 엉쁠루아 뒤 떵
스케치 금지	**dessin interdit** 데쌍 앵떼흐디흐
스코어 보드	**tableau d'affichage** 따블로 다피샤쥬
스크램블	**œuf brouillés** 어흐 브휘예
스키	**ski** 스키
스타디움	**stade** 스타드
스타일	**style** 스띨
스타킹	**bas,collant** 바, 꼴렁
스탠드 등	**lumière de veille** 뤼미에흐 드 베이
스테이플러	**agrafeuse** 아그하퍼흐
스포츠	**sport** 스포흐
스포츠 물품 가게	**magasin de sport** 매가장 드 스포흐
스피커	**haut-parleur** 오 빠흘러흐
슬리퍼	**pantoufles** 뻥뚜플르
슬픈	**triste** 트히스트
습관	**habitude** 아비뛰드
습도	**humidité** 위미디떼

습포	**compresse** 꽁프헤쓰
습한	**humide** 위미드
승객	**passager(ère)** 빠싸줴(흐)
승마	**équitation** 에끼따씨옹
승무원	**personnel de cabine** 뻬흐쏘넬 드 꺄빈느
승무원	**personnel de bord,équipage** 뻬흐쏘넬 드 보흐, 에끼빠쥬
승차권	**carnet** 꺄흐네
시가	**cigare** 씨갸흐
시각	**heure** 어흐
시각의	**optique** 옵티크
시간	**heure** 어흐
시간	**temps** 떵
시간표	**horaire** 오해흐
시계	**montre, horloge** 몽트흐, 오흘로쥬
시계 가게	**horlogerie** 오흘로쥬히
시끄러운	**bruyant(e)** 브휘엉(뜨)
시내	**ville** 빌
시내 중심가	**centre ville** 성트흐 빌

시내 지도	**plan de ville** 쁠랑 드 빌
시내 통화	**communication urbaine** 꼬뮤니꺄씨옹 위흐반느
시내로	**en ville** 엉 빌
시외통화	**interurbain** 엉떼휘흐방
시원한	**frais** 프해
시작하다	**commencer** 꼬멍쎄
시장	**marché** 막쉐
시차 증후군	**décalage horaire** 데꺌라쥐 오해흐
시청	**Hôtel de ville** 오뗄 드 빌
시청	**mairie** 매히
시트	**drap** 드하
시합	**match** 마취
시험하다	**essayer** 에쎄이예
식기류	**vaisselle** 배쎌르
식기점	**magasin de vaisselles** 매가장 드 배쎌르
식다	**se refroidir** 쓰 흐푸아디흐
식당	**salle à manger** 쌀 라 멍줴
식당차	**wagon-restaurant** 바공 헤스또헝

식물	**végétal,plante** 베지딸, 쁠렁뜨
식물원	**jardin botanique** 쟈흐당 보따니끄
식사	**repas** 흐빠
식욕	**appétit** 아뻬띠
식중독	**intoxication alimentaire** 엉톡씨꺄씨옹 알리멍때흐
식초	**vinaigre** 비내그흐
식탁보	**nappe** 나쁘
(맛이) 신	**acide** 아씨드
신	**dieu** 디유
신발	**chaussures** 쇼쉬흐
신발 가게	**magasin de chaussures** 매가장 드 쇼쉬흐
신분	**condition** 꽁디씨옹
신분증	**carte d'identité** 꺄흐뜨 디덩디떼
신사용	**hommes** 옴므
신선식품	**produits frais** 프호뒤 프해
신용 카드	**carte de crédit** 꺄흐뜨 드 크헤디
신청	**souscription** 쑤스크힙씨옹
신청서	**déclaration** 데끌라하씨옹

신청하다	**déclarer** 데끌라헤
신호	**feu** 푸
신혼 여행	**voyage de noces** 부아야쥐 드 노쓰
실	**fil** 필
실습	**stage** 스따쥬
실업	**chômage** 쇼마쥬
실제로	**effectivement** 에펙띠브멍
실패하다	**échouer** 에쓔에
싫어하다	**détester** 데떼스떼
심장	**cœur** 꿰흐
싱글 룸	**chambre à un lit** 샹브흐 아 엉 리
싸다	**bon marché** 봉 막쉐
쌀	**riz** 히
쌍안경	**jumelles** 쥐멜
썩다	**pourrir** 뿌히흐
쑤시듯 아프다	**douleur aiguë** 둘러흐 애귀
쓰다	**écrire** 에크리흐
쓰레기	**ordures** 오흐뒤흐
쓰레기통	**poubelle** 뿌벨르
쓴(맛이)	**amer(ère)** 아메(흐)
쓸모없음	**inutilité** 이뉘틸리테
씨	**semence** 쓰멍쓰
씻다	**laver** 라베

ㅇ

아기	**bébé** 베베
아들	**fils** 피스
아래	**sous** 수
아래의	**sous** 수
아마 섬유	**lin** 렁
아무나	**n'importe quoi** 냉뽀흐뜨 꾸아
아버지	**père** 뻬흐
아보카도	**avocat** 아보꺄
아스피린	**aspirine** 아쓰피힌
아울렛	**magasin solderie** 매가장 쏠데히
아이	**enfant** 앙펑
아이 옷	**vêtement enfant** 베뜨멍 앙펑
아이스 하키	**hockey sur glace** 오끼 쉬흐 글라쓰
아치형	**cintre** 썽트흐
아침 나절	**matinée** 마티네
아침	**matin** 마땅
아침 식사	**petit dèjeuner** 쁘띠 데쥬네
아케이드	**arcades** 아꺄드
아프다	**avoir mal** 아브아흐 말
악기점	**magasin d'instruments de musique** 매가장 당스트휘멍 드 뮤지크
악수	**poignée de main** 뿌아녜 드 망
악수하다	**serrer la main** 쎄헤 라 망
악취	**puer** 쀠에
악취를 풍기다	**puer** 쀠에
안개	**brouillard** 브휘야흐
안경	**lunettes** 뤼네뜨
안과 의사	**oculiste** 오뀔리스뜨
안내	**annonce** 아농쓰
안내	**guide** 기드
안내소	**bureau d'information** 뷔호 댕포흐마씨옹
(여자) 안내원	**ouvreuse** 우브허즈

안락한	confortable 꽁뽀흐따블르
안약	gouttes pour les yeux 꾸뜨 뿌흐 레 지유
안전벨트	ceinture de sécurité 쌩뛰흐 드 쎄큐히떼
안전핀	épingle de sûreté 에빵글르 드 쉬헤떼
안전한	sûr 쉬흐
앉아	s'asseoir 싸쑤아흐
알다	connaître 꼬내트흐
알레르기	allergie 알레흐쥐
알레르기성의	allergique 알레흐쥐크
알약	pilule 삘륄르
알코올	alcool 알꼴르
압착된	pressé 프헤쎄
앞머리	cheveux de devant 슈부 드 벙
애니메이션 영화	dessin animé 데썽 아니메
액세서리	accessoire 액쎄수아흐
액셀	accélérateur 악셀레하떠흐
앤티크	antiquité 엉띠끼떼
앨범	album 알범므
야간	nuit 뉘
야경	vue nocturne 뷔 녹뛰흐
약	médicament 메디꺄멍
약국	pharmacie 파흐마씨
약속	acteur(trice) 프허메쓰
얇게 썬	émincé(e) 에망쎄
얇은	mince 망쓰
얇은 천	gaze 갸즈
양념을 한	épicé(e) 에삐쎄
양말	chaussettes 쇼쎄뜨
양복장	armoire 아흐무아흐
양복점 (여성복)	tailleur pour dames 따이어흐 뿌흐 담므
양복점 (신사복)	tailleur 따이어흐
양초	bougie 부지
양털	laine 랜느
양털 직물	tissu de laine 띠슈 드 랜
양파	oignon 오니옹
어느 정도	combien 꽁비앙
어댑터	adaptateur 아답따떠흐
어두운	sombre 쏭브흐
어려운	difficile 디피씰
어린이 요금	prix enfant 프히 앙펑
어린이와 함께	avec un enfant 아베끄 앙펑
어머니	mère 메흐
어제	hier 이에
언덕	colline 콜린
언어	langue 렁그
언제	quand 껑
얼굴	visage 비자쥬
얼굴 관리	soin de visage 수앙 드 비자쥬
얼리다	geler 쥴레
얼린	glacé(e) 글라쎄
얼음	glace 글라쓰
엄지손가락	pouce 뿌쓰
~에 반대하다	s'opposer à 쏘뽀제 아
에센스	essence 에썽쓰
에스컬레이터	escalier roulant 에스깔리에 훌렁
에어컨	climatisation 클리마티자씨옹

에어컨	**climatiseur** 클리마띠저흐
에어컨이 포함된	**avec climatiseur** 아베끄 클리마띠저흐
에티켓	**étiquette** 에띠께트
에티켓	**savoir-vivre** 싸부아흐 비브흐
엔진	**moteur** 몽떠흐
엘리베이터	**ascenseur** 아썽쉬흐
여객선	**paquebot** 빠끄보
여권	**passeport** 빠스뽀흐
여기	**ici** 이씨
여드름	**acné** 아크네
여름	**été** 에떼
여보세요	**allô** 알로
여성용	**dame** 담므
여윈 몸	**amincissement** 아멍씨쓰멍
여자의	**femme, féminin** 팜, 페미닌
여정	**itinéraire** 이띠네해흐
여주인공	**héroïne** 에호인느
여행	**voyage** 부아야쥐
여행 경비	**prix du voyage** 프히 뒤 부아야쥐
여행 선물	**souvenir** 수브니흐
여행 코스	**itinéraire** 이띠네해흐
여행 가방	**sac de voyage** 싹 드 부아야쥐
여행사	**agence de voyage** 아졍쓰 드 부아야쥐
여행용 가방	**valise** 발리즈
여행자 수표	**chèque de voyage** 쉐크 드 부아야쥐
역	**gare, station de métro** 갸흐, 스따씨옹 드 메트흐
역무원	**employé(e) de la gare** 엉플루아예 드 라 갸흐
역사	**histoire** 이스뚜아흐
역에	**à la gare** 아 라 갸흐
연고	**pommade** 뽀마드
연극	**pièce de théâtre** 삐에쓰 드 떼아트흐
연극 의상	**costume de théâtre** 꼬스뚬 드 떼아트흐
연락처	**coordonnées** 꼬흐도네
연료 정지	**panne d'essence** 빤 데썽쓰
연못	**étang** 에떵
연속	**suite** 쉬트
연속으로 숙박하다	**passer plus d'une nuit** 빠쎄 쁠뤼 뒨느 뉘
연장	**prolongement** 프홀롱쥬멍
연주회	**concert** 꽁쎄흐
연중 행사	**événement annuel** 에벤멍 아뉴엘르
연필	**crayon** 크래용
연한색	**couleur pâle** 꿀러흐 빨르
연휴	**jours fériés consécutifs** 쥬흐 페히에 꽁쎄뀨띠프
열	**fièvre, chaleur** 피에브흐, 샬러흐
열다	**ouvrir** 우브히흐
열쇠	**clé, clef** 끌레
염증	**inflammation** 엉플라마씨옹
엽서	**carte postale** 꺄흐뜨 뽀스딸
영상	**image** 이마쥬
영수증	**reçu** 헤쉬
영양	**nutrition** 뉘트리씨옹
영어	**anglais** 엉글래
영업 시간	**heure d'ouverture** 어흐 두베흐뛰흐

영업 중	**ouvert(e)** 우베흐(뜨)
영화	**cinéma** 씨네마
영화	**film** 필므
옆	**côté** 꼬떼
예매권	**billet vendu à l'avance** 비예 벙뒤 아 라벙쓰
예비 열쇠	**double clef** 두블르 끌레
예쁜	**joli(e)** 졸리
예산	**budget** 뷔제
예술가	**artiste** 악띠스뜨
예약	**réservation** 헤제흐바씨옹
예약 리스트	**liste de réservation** 리스뜨 드 헤제흐바씨옹
예약 확인표	**coupon** 쿠뽕
예약석	**place réservée** 쁠라쓰 헤제흐바씨옹
예약하다	**réserver** 헤제흐베
예측	**prévision** 프헤비지옹
옛날	**aller chercher** 오뜨흐푸아
오늘	**aujourd'hui** 오쥬흐디
오늘 밤	**ce soir** 쓰 수아흐
오늘 아침	**ce matin** 쓰 마땅
오늘 오후	**cet après-midi** 쎄 따프레 미디
오렌지	**orange** 오헝쥬
오르골	**boîte à musique** 부아뜨 아 뮤지크
오른쪽	**droite** 두화뜨
오리	**canard** 꺄나흐
오염	**pollution** 뽈루씨옹
오일	**huile** 윌
오전	**matin** 마땅
오전편	**vol du matin** 볼 뒤 마땅
오줌	**urine** 위힌
오케스트라	**orchestre** 옥께스뜨흐
오토매틱 자동차	**voiture automatique** 베후이아쥬 오또마티크
오페라	**opéra** 오뻬하
오한	**frissons** 프히쏭
오후	**après-midi** 아프레 미디
오후편	**vol de l'après-midi** 볼 드 라프레 미디
옥상	**toit** 투아
온도	**température** 떵뻬하뛰흐
온도계	**thermomètre** 떼흐모메트흐
온천 마을	**station thermale** 스따씨옹 떼흐말
올라타다	**monter** 몽떼
올림픽	**les Jeux Olympiques** 레 쥬 올랑피크
옳다	**juste** 쥐스뜨
옷깃	**col** 꼴르
와이너리	**chai** 쉐
와인	**vin** 방
와인 가게	**magasin de vin** 매가장 뒤 방
와인 오프너	**tire-bouchon** 티흐 부숑
와인 한 잔	**un verre de vin** 엉 베흐 드 방
와플	**gaufre** 구프흐
완구점	**magasin de jouets** 매가장 드 쥬에
완벽한	**complet** 꽁쁠레
왈츠	**valse** 발스
왕복	**aller-retour** 알레 흐뚜흐

왕복표	**billet aller-retour** 비예 알레 흐뚜흐
외과 의사	**chirurgien** 쉬흐쥐앙
외국인	**étranger(ère)** 에트헝제(흐)
외부	**extérieur** 엑스떼히여흐
외상	**mise** 미즈
외출하다	**sortir** 쏘흐띠흐
외투 보관실	**vestiaire** 배스띠에흐
외화	**monnaie étrangère** 모내 에트헝줴흐
외화 신고	**déclaration des devises** 데끌라하씨옹 데 드비즈
외화교환 증명서	**bordereau de change** 보흐데호 드 샹쥐
왼쪽	**gauche** 고쉬
요구르트	**yaourt** 야우흐
요리	**cuisine** 뀌진느
요일	**jour de la semaine** 쥬흐 드 라 쓰맨느
욕실	**salle de bain** 쌀 드 방
욕실 수건	**serviette de bain** 쎄흐비에뜨 드 방
욕실이 있는	**avec bain** 아베끄 방
욕조	**baignoire** 배뉴아
욕조	**bain** 방
욕조가 있는	**avec baignoire** 아베끄 배뉴아
용품	**équipements** 에끼쁘멍
우산	**parapluie** 빠하쁠뤼
우연히	**par hasard** 빠하자흐
우유	**lait** 래
우정	**amitié** 마이띠에
우주	**univers** 위니베흐
우체국	**bureau de poste** 뷔호드 뽀스트
우편	**poste** 뽀스트
우편 번호	**code postal** 꼬드 뽀스딸
우편 요금	**tarifs postaux** 따히프 뽀스또
우편함	**boîte aux lettres** 부아뜨 오 레트흐
우표	**timbre** 떵브흐
우푯값	**frais d'affranchissement** 프해 다프헝쉬쓰멍
우회전	**tourner à droite** 뚜흐네 아 두화뜨
우회전하다	**tourner à droite** 뚜흐네 아 두화뜨
욱신욱신 아프다	**douleur lancinante** 둘러흐 렁씨넝뜨
운동	**mouvement** 무브멍
운동화	**chaussures de sport** 쇼쉬흐 드 스뽀흐
운동화	**sneaker** 스니커
운반차	**chariot** 샤히오
운전면허	**permis de conduire** 뻬흐미 드 꽁뒤흐
운전사	**chauffeur** 쇼퍼흐
운하	**canal** 꺄날
울다	**pleurer** 쁠러헤
원가	**prix de revient** 프히 드 흐브니
원숭이	**singe** 썽쥬
원주민	**indigène** 엥디젠
원피스	**robe** 호브
웨이터 (남자)	**garçon** 갸흐쏭
웨이터 (여자)	**serveuse** 세흐버즈
위	**estomac** 에스또막
위경련이 일어나다	**crampe d'estomac** 끄헝쁘 데스또막

위급	**urgent** 위호정
위생봉투	**sac hygiénique** 이지에니크
위성	**satellite** 싸뗄리뜨
위스키	**whisky** 위스키
위에	**sur** 쉬흐
위층에	**en haut** 어노
위치	**position** 뽀지씨옹
위통	**mal d'estomac** 말 데스또막
위험	**danger** 덩줴
유람선	**bateau touristique** 바또 뚜히스띠크
유료 도로	**route à péage** 후뜨 아 뻬아쥬
유료의	**payant(e)** 뻬이영(뜨)
유료 화장실	**toilettes payantes** 뚜알레뜨 뻬이영뜨
유리	**verre** 베흐
유머	**humeur** 위머흐
유명	**célèbre** 셀레브헤
유명한	**bien connu(e)** 비앙 꼬뉘
유모차	**poussette** 뿌쎄뜨

유스호스텔	**auberge de jeunesse** 오베흐쥬 드 쥐네쓰
유원지	**parc d'attractions** 빠흐끄 다타학씨옹
유적	**ruines** 휜느
유적	**vestiges** 베스띠쥬
유화	**peinture à l'huile** 뼁뛰흐 아 륄
유효	**valable** 발라드
유효 기간	**période de validité** 뻬히오드 드 발라디떼
유효하다	**valider** 발리데
은	**argent** 아호정
은행	**banque** 방끄
은행원	**employé de banque** 엉플루아예 드 방끄
음료	**boisson** 부아쏭
음반 가게	**magasin de disques** 매가장 드 디스끄
음악	**musique** 뮤지크
응급 처치	**premiers soins** 프허미에 수앙
~의 생가	**maison natale de ~** 매종 나딸 드 ~

의견	**opinion** 오삐니옹
의료	**traitement médical** 트하트멍 메디꺌
의류	**vêtements** 베뜨멍
의사	**médecin** 멘쌍
의상	**costume** 꼬스뜜
의식이 없다	**sans connaissance** 썽 꼬내썽스
의자	**chaise** 쉐즈
의학	**médecine** 멘씬
이륙	**décollage** 데꼴라쥐
이름	**nom** 농
이름표	**étiquette d'identification** 에띠께뜨 디덩티피꺄씨옹
이민	**immigration** 이미그하씨옹
이발	**coupe de cheveux** 꾸프 드 슈부
이번 달	**ce mois** 쓰 무아
이번 주	**cette semaine** 쎄뜨 쓰맨느
이불	**couverture** 꾸베흐뛰흐
이쁜	**beau, belle, jolie** 보, 벨, 졸리

이상한	**anormal(e)** 아노흐말
이상한	**bizarre** 비자흐
이상한	**étrange** 에트헝쥬
이상한 소리	**bruit bizzare** 브휘 비자흐
이쑤시개	**cure-dent** 뀌흐 덩
이어폰	**écouteur** 에꾸떠흐
이웃	**voisin** 부아쟝
이유	**raison** 해종
이코노미 클래스	**classe économique** 끌래쓰 이코노미끄
이코노미 클래스의 자리	**place en classe économique** 쁠라쓰 엉 끌래쓰 에코노미끄
이해하다	**comprendre** 꽁프헝드흐
인공 가죽	**faux cuir** 포 퀴흐
인구	**population** 뽀쀨라씨옹
인기	**popularité** 뽀쀨라히떼
인기가 높은 투어	**excursion très populaire** 엑스뀨흐씨옹 트레 뽀쀨라히떼
인도	**trottoir** 트호뚜아
인사	**salutation** 살루따씨옹
인상	**impression** 엉프헤씨옹
인쇄물	**imprimés** 엉프히메
인스턴트 식품	**produit alimentaire instantané** 프호뒤 알리멍때흐 앵스떵따네
인원수	**nombre de gens** 농브흐 드 정
인접한	**proche** 프호쉬
인터넷	**internet** 앵떼흐네
인형	**poupée** 뿌뻬
일	**job** 조브
일	**travail** 트라바이
일기	**journal** 쥬흐날
일기 예보	**météo** 메떼오
일반의, 가정의	**médecin généraliste** 멘쌍 제네할리스뜨
일방통행	**sens unique** 썽 쥐니크
일어나다	**se réveiller** 쓰 헤베이에
일회용품	**objets d'usage courant** 오브제 뒤싸쥬 꾸헝
잃다	**perdre** 뻬흐뜨흐
임산부	**femme enceinte** 팜 엉쌍트
입구	**entrée** 엉트헤
입국 목적	**but de visite** 뷔 드 비지뜨
입국 카드	**carte de débarquement** 꺄흐뜨 드 데바흐끄멍
입국 심사	**contrôle de passeport** 꽁트홀 드 빠스뽀흐
입다	**mettre** 메트흐
입맛	**palais** 빨래
입석	**place debout** 쁠라쓰 드부
입어보다	**essayer** 에쎄이예
입원	**hospitalisation** 어스삐딸리자씨옹
입장료	**(prix de l') entrée** (프히 드 르) 엉트헤
잉크	**encre** 엉크흐

ㅈ

자극적인 음식	**nourriture épicée** 누히뛰흐 에삐쎄
자다	**dormir** 도흐미흐
자동 발매기	**distributeur automatique** 디스트히뷰떠흐 오또마띠끄
자동의	**automatique** 오또마띠끄
자동차	**automobile** 오또모빌

자르기	**taille** 따이으
자매	**sœur** 쐬흐
자명종	**réveil** 헤베이으
자발적인	**volontaire** 볼롱때흐
자석	**aimant** 애니멍
자세함	**détail** 데따이으
자수	**broderie** 브호데히
자연	**nature** 나뛰흐
자영업	**commerçant** 꼬메흐썽
자원	**ressources** 헤쑤흐쓰
자유	**liberté** 리베흐떼
자유로운	**libre** 리브흐
자유석	**place non-réservée** 쁠라쓰 농 헤제흐베
자전거	**bicyclette** 비씨클레뜨
작가	**écrivain** 에크히방
작년	**l'année dernière** 라네 데흐니에흐
작은	**petit (e)** 쁘띠(뜨)
작은 공간	**cabine** 까빈느
작은 새	**petit oiseau** 쁘띠 우아조
작은 새우	**crevette** 크헤베트
잔	**verre** 베흐
잔돈	**monnaie** 모내
잔디밭	**pelouse** 쁠루즈
잘 지내다	**aller bien** 알레 비앙
잘게 썬	**râpé(e)** 하뻬
잠금 장치	**fermeture** 페흐머뛰흐
잠옷	**pyjama** 삐쟈마
잡다	**prendre** 프헝드흐
잡지	**magazine** 마가진느
잡화점	**droguerie** 드호게히
장갑	**gants** 겅
장거리 전화	**communication interurbaine** 꼬뮤니꺄씨옹 앵떼휘흐반느
장난감	**jouet** 쥬에
장난감 가게	**magasin de jouets** 매가장 드 쥬에
장마	**saison des pluies** 새종 데 쁠뤼
장소	**endroit** 엉두롸
장식	**décor** 데꼬흐
장애인용 화장실	**toilettes pour handicapés** 뚜알레뜨 뿌흐 엉디꺄뻬
장화	**boots, bottes** 부츠, 보트
재고	**stock** 스토크
재난	**désastre** 데자스트흐
재단	**fondation** 퐁다씨옹
재떨이	**cendrier** 썽드히예
재료	**matière** 마티에흐
재발행하다	**redélivrer** 흐델리브헤
재즈	**jazz** 쟈즈
재즈 클럽	**boîte de jazz** 부아뜨 드 쟈즈
재질	**matière** 마티에흐
재채기	**éternuement** 에떼흐뉘멍
재판	**justice** 쥬스띠쓰
재확인하다	**reconfirmer** 흐꽁피흐메
잼	**confiture** 꽁피뛰흐
저기에	**là-bas** 라 바
저녁 식사	**dîner** 디네
저녁 편	**vol du soir** 볼 뒤 수아흐
저울	**balance** 발렁스

적설	**enneigement** 어네쥐멍
전기	**électricité** 엘렉트힉씨떼
전망대	**belvédère** 벨베데흐
전문의	**médecin spécialiste** 멛쌍 스뻬샬리스뜨
전문점	**magasin spécialisé** 매가장 스뻬샬리제
전방	**ventilateur** 아벙
전방 좌석	**à l'avant** 아 라벙
전보	**télégramme** 뗄레그함
전시	**exposition** 엑스뽀지씨옹
전시회	**exposition** 엑스뽀지씨옹
전쟁	**bataille** 바따이으
전차	**train** 트항
전차 안에서	**dans le train** 덩 르 트항
전통	**tradition** 트하디씨옹
전통 행사	**cérémonie traditionnelle** 쎄헤모니 트하드씨오넬르
전화	**téléphone** 뗄레폰
전화 교환수	**standardiste** 쓰떵다흐디스뜨
전화 요금	**frais de télécommunication** 프해 드 뗄레꼬뮤니꺄씨옹
전화번호부	**annuaire de téléphone** 아뉴애흐 드 뗄레폰
전화부스	**cabine téléphonique** 꺄빈 뗄레포니끄
절	**temple** 떵쁠르
젊은	**jeune** 젼느
점심	**déjeuner** 데쥬네
(교통 기관의) 접속	**correspondance** 꼬헤스뽕덩쓰
접시	**plat,assiette** 쁠라, 아씨에뜨
접착테이프	**scotch** 스코치
젓가락	**baguettes** 바게트
정가	**prix marqué** 프히 마흐께
정가표	**étiquette** 에티께뜨
정각	**à l'heure** 아 러흐
정규 복장	**tenue réglementaire** 뜨뉘 헤글르멍때흐
정보	**information** 엉포흐마씨옹
정보지	**revue d'informations** 흐뷔 엉포흐마씨옹
정상	**sommet** 쏘메
정식	**menu** 므뉴
정오	**midi** 미디
정장	**grande tenue,habit de gala** 그형드 뜨뉘, 아비 드 갈라
정직한	**honnête** 오네뜨
정체	**réservée** 엉부떼이야쥐
정치	**politique** 폴리띠크
젖병	**biberon** 비브홍
제공자	**donneur** 도너흐
제과점	**pâtisserie** 빠띠쎄히
제안	**proposition** 프호뽀지씨옹
조각	**sculpture** 스뀔뛰흐
조개	**coquille** 꼬끼으
조금	**un peu** 엉 뿌
조명	**éclairage** 에끌레하쥬
조미된	**assaisonné** 아쌔조네
조미료	**assaisonnement** 아쎄조니멍
조심	**attention** 아떵씨옹
조용한	**tranquille** 트헝낄

조용함	**calme**	깔므
조용히 해!	**Silence!**	씰렁쓰
조카	**neveu**	느부
졸리다	**sommeil**	쏘메이
종교	**religion**	헐리지옹
종류	**sorte**	쏘흐뜨
종이	**papier**	빠삐에
종이 가방	**sac en papier**	싹 엉 빠삐에
종이 기저귀	**couche en papier**	꾸쥬 엉 빠삐에
종이컵	**gobelet en carton**	고블레 엉 까흐똥
종합 검진	**examen médical**	에그자멍 메디깔
좋아	**ça va**	싸 바
좌석	**place**	쁠라쓰
좌석	**siège**	씨에쥬
좌석 번호	**numéro de siège**	뉴메호 드 씨에쥬
좌석을 예약하다	**réserver une place**	헤제흐베 윈느 쁠라쓰
좌회전 금지	**interdiction de tourner à gauche**	엉때흐딕씨옹 드 뚜흐네 아 고쉬
좌회전 하다	**tourner à gauche**	뚜흐네 아 고쉬
주	**semaine**	쓰맨느
주름	**ride**	히드
주말	**week-end**	위껜드
주문	**commande**	꼬몽드
주문하다	**commander**	꼬몽데
주방	**cuisine**	뀌진느
주부	**femme au foyer**	팜 오 푸아예
주사	**piqûre**	삐뀌흐
주사위	**dé**	데
주소	**adresse**	아드헤쓰
주역	**rôle principal**	홀 프헝시빨
주연배우	**vedette**	베데뜨
주유기	**pompe à essence**	뽕쁘 아 에썽쓰
주유소	**station-service**	스따씨옹 쎄흐비스
주인	**propriétaire**	프호프히에때흐
주전자	**bouilloire**	부이우아흐
주차	**parking**	빠흐낑
주차 요금	**prix du stationnement**	프히 드 스따씨온멍
주차금지	**stationnement interdit**	스따씨온멍 엉떼흐디
주차시키다	**garer**	갸헤
주차장	**garage**	갸하쥐
주차장 (장거리 버스의)	**gare routière**	갸흐 후띠에흐
죽	**bouillie de riz**	부이 드 히
준비	**préparation**	프헤빠하씨옹
줍다	**prendre**	프헝드흐
중간	**centre**	썽트흐
중간 정도	**moyen(ne)**	무아양(느)
중고품	**article d’occasion**	아흑띠끌 오까씨옹
중국	**chinois(e)**	시누아(즈)
중국요리	**cuisine chinoise**	뀌진느 시누아즈
중학교	**collège**	꼴레쥬
중학생	**collègien(ne)**	꼴레쥐앙(느)

중형차	**voiture moyenne** 부아뛰흐 무아옌느
즐거운	**gai(e)** 개
즐거운	**intéressant(e)** 엉떼해썽
증거	**preuve** 프허브
증상	**symptôme** 썽쁘똠므
지갑	**portefeuille** 포흐뜨풔이으
지구	**Terre** 떼흐
지금	**maintenant** 맹뜨넝
지나가다	**passer** 빠쎄
지난 달	**le mois dernier** 르 무앙 데흐니에흐
지난주	**la semaine dernière** 라 쓰맨느 데흐니에흐
지도	**plan** 쁠랑
지름길	**raccourci** 하꾸흐씨
지름길로 가다	**prendre le chemin le plus court** 지름길로 가다
지면	**terre** 떼흐
지방	**graisse** 그해쓰
지방	**pays** 뻬이
지방	**province** 프호방스
지방	**région** 헤지옹
지배인	**gérant(e)** 제헝(뜨)
지병	**maladie chronique** 말라디 크호니크
지불	**paiement** 빼이멍
지불하다	**payer** 뻬이예
지붕	**toit** 투아
지사제	**médicament contre la diarrhée** 메디꺄멍 꽁트흐 라 디아헤
지역 특산 요리	**plat de pays** 쁠라 드 뻬이
지정석	**place réservée** 쁠라쓰 헤제흐베
지진	**tremblement de terre** 트헝블르멍 드 떼흐
지하	**souterrain** 수떼항
지하철	**métro** 메트호
지하철 노선도	**plan de métro** 쁠랑 드 메트호
지하철역	**station de métro** 스따씨옹 드 메트호
지휘관	**commandant(e)** 꼬몽덩
직각의	**rectangle** 헥떵글르
직업	**métier** 메티에흐
직진	**tout droit** 뚜 두화
직행버스	**bus direct** 뷔스 디헥뜨
직행편	**vol direct** 볼 디헥뜨
진단서	**certificat médical** 쎄흐띠피꺄 메디꺌
진리	**vérité** 베히떼
진열하다	**exposer** 엑스뽀제
진주	**perle** 뻬흘르
진짜의	**authentique** 오떵띠끄
진찰	**consultation** 꽁쉴따씨옹
진통제	**analgésique** 어날줴지크
진한	**foncé(색), fort(맛), épais(농도)** 퐁쎄, 포흐, 에빼
질	**qualité** 꺌리떼
질문	**question** 께스띠옹
질문하다	**questionner** 께스띠오네
짐	**bagage** 바가쥬
짐칸	**étagère** 에따줴흐
집	**chez** 쉐
집	**maison** 매종

집합 장소	**lieu de rassemblement** 리유 드 하썽블르멍
짠	**salé(e)** 쌀레
짧다	**court** 꾸흐
찐	**cuit à la vapeur** 퀴 아 라 바퍼흐

ㅊ

차	**voiture** 부아뛰흐
차도	**chaussée** 쇼쎄
차장	**contrôleur(se)** 꽁트홀러흐(즈)
착륙	**atterrissage** 아떼히싸쥬
찬	**froid(e)** 푸아(드)
참기름	**huile de sésame** 윌 드 쎄잠므
창가 좌석	**côté fenêtre** 꼬떼 프네트흐
창문	**fenêtre** 프네트흐
찾다	**chercher, se renseigner** 쉐흑슈, 쓰 헝쎄녜
찾다	**chercher** 쉐흑슈
채소	**légume** 레귬므
채식주의자	**végétarien(ne)** 베지따히앙(느)
책	**livre** 리브흐
책상	**bureau** 뷔호
책임자	**responsable** 헤스뽕싸블르
처방전	**ordonnance** 오흐도넝스
처음의	**premier(ère)** 프허미에(흐)
천식	**asthme** 아씀
천장	**plafond** 쁠라펑
철도	**chemin de fer** 슈멍 드 페흐
철도역	**gare** 갸흐
철물점	**quincaillerie** 깽꺄예히
첨가물	**addition** 아디씨옹
첫차	**premier train** 프허미에 트항
청결한	**propre** 프호프흐
청구	**demande** 드멍드
청구서	**facture** 팍뛰흐
청바지	**jean** 진
청소	**nettoyage** 네뚜아야쥐
청소 중	**nettoyer** 네뚜아야쥐 엉 꾸흐
체류 예정 기간	**durée de séjour** 듀헤 드 쎄쥬흐
체류하다	**séjourner** 쎄쥬흐네
체리	**cerise** 써히즈
체육관	**gymnase** 짐나즈
체조	**gymnastique** 짐내스띠크
체크아웃	**check-out, départ** 체크 아웃 , 데빠
체크아웃 시간	**heure de départ** 어흐 드 데빠
체크인	**check-in, enregistrement** 체크 인, 엉헤지스트흐멍
초등학교	**école primaire** 에꼴 프히메흐
초록	**vert** 베흐
초록불	**feu vert** 푸 베흐
초밥	**sushi** 스시
초상화	**portrait** 뽀흑트해
초청하다	**inviter** 앵비떼
초콜릿	**chocolat** 쇼꼴라
총	**fusil** 퓌지
촬영 금지	**défense de photographier** 데펑쓰 드 포또그하삐에흐
최근	**récemment** 헤싸멍
최대의	**maximum** 맥씨멈
최소	**minimum** 미니멈

최신의	**dernier(ère)** 데흐니에(흐)
최저 요금	**tarif minimum** 따히프 미니멈
최종 목적지	**destination finale** 데스티나씨옹 피날
추가 요금	**frais additionnels, supplément** 프해 아디씨오넬, 쉬쁠레멍
추가 요금	**supplément** 쉬쁠레멍
추시계	**pendule** 뻥뒬
추억	**souvenir** 수브니흐
추운	**froid(e)** 푸아(드)
추천	**récommandation** 헤꼼어다씨옹
추천된, 등기(우편)	**recommandé** 헤꼬몽데
축구	**football** 풋볼
축축한	**mouillé(e)** 무이예
출구	**sortie** 쏘흐띠
출국 카드	**carte d'embarquement** 꺄흐뜨 덩바흐끄멍
출국세	**taxe d'embarquement** 딱쓰 덩바흐끄멍
출발	**départ** 데빠
출발 시간	**heure de départ** 어흐 드 데빠
출발하다	**partir** 빠흐띠흐
출입국 관리	**contrôle d'immigration** 꽁트홀 대미그하씨옹
출판사	**maison d'édition** 매종 데디씨옹
출혈하다	**saigner** 싸녜
춤	**danse** 덩쓰
춤, 춤추다	**danse,danser** 덩쓰, 덩쎄
충돌	**collision** 꼴리지옹
충전기	**chargeur** 샤흐줘흐
취급하다	**traiter** 트해때
취미	**passe-temps** 빠쓰 떵
취소	**annulation** 아뉼라씨옹
취소하다	**annuler** 아뉼레
치과 의사	**dentiste** 덩띠스뜨
치마	**jupe** 쥐프
치아	**dent** 덩
치약	**dentifrice** 덩티프히쓰
치질	**hémorroïde** 에모호이드
치통	**maux de dents** 모 드 덩
친구	**ami(e)** 아미
친절	**gentillesse** 정띠에쓰
친척	**parent** 빠헝
침대	**lit** 리
침대 요금	**supplément de couchette** 쑤쁠레멍 드 꾸쉐
침대차	**wagon-lit** 바공 리
침실	**chambre(à coucher)** 샹브흐 (아 꾸쉐)
칫솔	**brosse à dents** 브호쓰 아 덩

ㅋ

카드	**carte** 꺄흐트
카드놀이	**cartes** 꺄흐뜨
카메라	**appareil photo** 아빠헤일 포또
카메라 가게	**magasin d'appareils photos** 매가장 다빠헤일 포또
카메라 가게	**magasin de photographie** 매가장 드 포또그하피
카바레	**cabaret** 꺄바헤
카지노	**casino** 까지노
카탈로그	**catalogue** 까딸로그

카페	**café** 꺄페
카페 레스토랑	**taverne** 따베흔느
카페 오레	**café au lait** 꺄페 오 래
카페리	**ferry** 페히
카페테리아	**cafétéria** 꺄페떼히아
카페트	**tapis** 따삐
칵테일	**cocktail** 꼬끄땔르
캐시미어	**cachemire** 깨슈미흐
캐쥬얼한	**style décontracté** 스띨 데꽁트학떼
커버	**couvert** 꾸베흐
커튼	**rideau** 히도
커피	**café** 꺄페
컬러 필름	**pellicule couleur** 뻴리뀔 꿀러흐
컬렉트 콜	**PCV** 뻬쎄베
컴퓨터	**ordinateur** 오흐디나떠흐
컵	**verre** 베흐
커넥팅 룸	**chambres communicantes** 샹브흐 꼬뮤니꺙뜨
케이블카	**funiculaire** 퓌니뀔래흐
케첩	**ketchup** 케쳡
코	**nez** 네
코스	**parcours** 빠흐꾸흐
코인 로커	**consigne automatique** 꽁씬느 오또마띠끄
코트(외투)	**manteau** 멍또
콘돔	**préservatif** 프레제흐바띠프
콘서트	**concert** 꽁쎄흐
콘센트	**prise** 프히즈
콘시어지	**concierge** 꽁씨에흐쥬
콘택트렌즈	**lentilles** 렁띠으
콜라	**coke** 꼬끄
쾌적한	**agréable** 아그헤아블르
쿠폰	**bon,coupon** 봉, 꾸뽕
크기	**grandeur** 그헝더흐
크루아상	**croissant** 크화쌍
크루즈	**circuit en bateau** 씨흐뀌 떵 바또
크리스마스	**Noël** 노엘
크림	**crème** 크헴
큰	**grand(e)** 그헝(드)
클래스	**classe** 끌래쓰
클래식 음악	**musique classique** 뮤지크 끌라씨크
클럽	**club** 클러브
클렌징	**démaquillant** 데마끼영

E

타다	**prendre** 프헝드흐
타박상	**contusion** 꽁튀지옹
타월	**serviette** 쎄흐비에뜨
타이어	**pneu** 프누
탁아소	**garderie** 꺄흐데히
탄산 없는 물	**eau plate** 오 쁠라뜨
탄산수	**eau gazeuse** 오 가쥬즈
탈지면	**coton** 꼬똥
탑	**tour** 뚜흐
탑승	**embarquement** 엉바흐끄멍
탑승 게이트	**porte d'embarquement** 뽀흐뜨 덩바흐끄멍
탑승 시간	**heure d'embarquement** 어흐 덩바흐끄멍
탑승권	**carte d'embarquement** 꺄흐뜨 덩바흐끄멍
탕	**eau chaude** 오 쇼드

태도	**tenue** 뜨뉘
태양	**soleil** 쏠레이
태풍	**typhon** 띠퐁
택시	**taxi** 딱씨
택시 정거장	**station de taxi** 스따씨옹 드 딱씨
택시 미터기	**taximètre** 딱씨메트흐
터짐	**crevaison** 크헤배종
턱	**menton** 멍똥
털	**poil** 푸알르
테니스	**tennis** 떼니쓰
테니스 공	**balle de tennis** 발 드 떼니쓰
테니스 라켓	**raquette de tennis** 하께트 드 떼니쓰
테니스 코트	**court de tennis** 꾸흐 드 떼니쓰
테니스 코트	**court** 꾸흐
테러리즘	**terrorisme** 떼허히즘
테이블	**table** 따블르
테이블 모퉁이	**table de coin** 쿠앙 드 따블르
테이크아웃 (포장)	**à emporter** 아 엥뽀흐떼
텔레비전	**(poste de) télévision, télé** (뽀스트 드) 뗄레비지옹, 뗄레
토끼	**lapin** 라빵
토마토	**tomate** 또마트
토스트	**pain grillé** 빵 그히에
토하다	**vomir** 보미흐
통로쪽	**côté couloir** 꼬떼 꿀루아흐
통조림	**conserve** 꽁쎄흐브
통행 금지	**route barrée** 후뜨 바헤
튀긴	**frit(e)** 프리(트)
튜브	**bouée** 부에
(자동차의) 트렁크	**coffre** 꼬프흐
트윈 룸	**chambre à deux lits** 샹브흐 아 두 리
특별 행사	**événement spécial** 에벤멍 스페씨알
특산품	**produit local** 프호뒤 로깔
특징	**caractéristique** 꺄학떼히스티크
틀리다	**avoir tort** 아부아흐 또흐
티백	**sachet de thé** 샤쎄 드 떼
티셔츠	**T-shirt** 띠 셔흐뜨
티켓	**billet,ticket** 비예, 티께
티켓 자동 판매기	**distributeur automatique** 디스트히뷰떠흐 오또마띠끄
팁	**pourboire** 뿌흐부아흐
팁 (카지노에서 의 게임 코인)	**jeton** 쥐똥

ㅍ

파도	**vague** 바그
파라솔	**parasol** 빠하쏠
파란색	**bleu** 블루
파리	**mouche** 무슈
파손 주의	**attention fragile** 아떵씨옹 프해쥘르
파운데이션	**fond de teint** 퐁 드 땅
파출소	**poste de police** 뽀스트 드 뽈리쓰
파트너	**partenaire** 빠흐뜨내흐
파티	**soirée** 쑤아헤
패스트푸드	**fast-food, restauration rapide** 패스트 푸드, 헤스 또하씨옹 하삐드
팬케이크	**pancake** 뻥케크

한국어	프랑스어
팸플릿	brochure,dépliant 브호쉬흐, 데쁠리영
펜	stylo 스틸로
펜던트	pendentif 뻥덩티프
편	vol 볼
편도	aller simple 알레 썽쁠르
편도선염	angine 엉쥔느
편도표	billet aller simple 비예 알레 썽쁠르
편리한	commode 꼬모드
편의점	supérette 쉬뻬헤뜨
편지	lettre 레트흐
편지지	papier à lettres 빠삐에 아 레트흐
평균	moyenne 무아옌
평일	jour ordinaire 쥬흐 오흐디내흐
평화	paix 빼
폐관 시간	heure de fermeture 어흐 드 페흐머뛰흐
폐렴	pneumonie 쁘누모니
포도주 리스트	carte des vins 꺄흐뜨 데 방
포장	emballage 엉발라쥬
포장하다	emballer 엉발레

한국어	프랑스어
포켓	poche 뽀슈
포크	fourchette 푸쉐트
포터	bagagiste 바가지스트
포함하다	inclus 엉클뤼
폭동	émeute 에무뜨
폭포	chute d’eau,cascade 쉬뜨 도, 꺄스꺄드
폭풍우	tempête 떵뻬뜨
폴로	polo 뽈로
폴리에스테르	polyester 뽈리에스떼흐
표	billet 비예
표백제	décolorant 데꼴로헝
표식	signal 씨냘르
표지	point de repère 뿌앙 드 흐뻬흐
풀	colle 꼴르
품절	hors stock 오흐 스토크
품질	qualité 깔리떼
풍경	vue 뷔
풍경이 좋다	avec vue 아베끄 뷔
프라이펜	poêle 뿌알르
프랑스 음식	cuisine française 뀌진느 펑쌔즈

한국어	프랑스어
프로 레슬링	catch 까취
프로그램	programme 프호그햄
프린터	imprimante 엉프히멍
플래시	flash 플라쉬
플래시 금지	flash interdit 플라쉬 앵떼흐디
플랫폼	quai 깨
피	sang 썽
피곤한	fatigué(e) 파티게
피부	peau 뽀
피부가 햇볕에 타는 것	bronzage 브홍자주
피팅룸	cabine d’essayage 꺄빈 데싸야쥐
필수품	nécessités 네쎄씨떼
필요	nécessaire 내쎄쎄흐

ㅎ

한국어	프랑스어
하늘	ciel 씨엘
하루	jour 쥬흐
하루	une journée 윈느 쥬흐네
하루권	billet d’une journée 비예 뒨느 쥬흐네
하얗다	blanc,blanche 블랑, 블랑슈

학교	école 에꼴
학문	science 썽쓰
학비	frais de scolarité 프해 드 스꼴라해떼
학생	étudiant(e) 에뛰디엉(뜨)
학생증	carte d'étudiant 꺄흐뜨 에뛰디엉
학업	études 에뛰드
한국	Corée 꼬헤
한국 대사관	ambassade de Corée 엉바싸드 드 꼬헤
한국 연락처	coordonnées en Corée 꼬오흐도네 엉 꼬헤
한국 음식	cuisine coréenne 뀌진 꼬헨느
한국어	coréen 꼬헤앙
한국인	les Coréens 레 꼬헤앙
한국 자동차	voiture coréenne 부아뛰흐 꼬헨느
한 묶음	assortiment 어쏘흐띠멍
한 번 더	encore une fois 엉꼬흐 윈느 푸아
한밤중	minuit 미뉘
한 쌍	paire 뻬흐
한약	médicament chinois 메디꺄멍 시누아
한 잔	un verre 엉 베흐
할머니	grand-mère 그헝 메흐
할아버지	grand-père 그헝 뻬흐
할인매장	(magasin) discount (매가장) 디스까운트
할증 요금	supplément 쉬쁠레멍
함께	ensemble 엉썽블르
합계	total 또딸
합류	jonction 종씨옹
핫도그	hot-dog 앗 도그
항공권	billet d'avion 비예 다비옹
항공 번호	numéro de vol 뉴메호 드 볼
항공사	compagnie aérienne 꽁빤니 아에히엔느
항공편	par avion 빠흐 아비옹
항구	port 뽀흐
항상	toujours 뚜쥬흐
항해	navigation, croisière 나비가씨옹, 쿠아지에흐
해변	plage 쁠라쥬
해수욕	bain de mer 방 드 메흐
해안	bord de la mer 보 드라 메흐
해열제	fébrifuge 페브히퓨쥬
해협	détroit 데투아
핸들	volant 볼롱
햄버거	hamburger 엉붸흐게흐
~행	pour ~ 뿌흐~
행복한	heureux(se) 어헤(즈)
행선지	destination 데스띠나씨옹
향	odeur 오더흐
향수	parfum 빠흐펑
향신료	épicerie 에삐세히
향토 요리	cuisine régionale 뀌진느 헤지오날르
허가	permission 뻬흐미씨옹
허리	reins 항
허리띠	ceinture 썽뛰흐
헐렁한	lâche 라슈
헤드폰	casque 꺄스크
헬리콥터	hélicoptère 엘리꼽떠흐

혀	**langue** 렁그
현금	**liquide,espèces** 리키드, 에스뻬쓰
현기증이 나다	**avoir le vertige** 아부아흐 르 베흐티쥬
현지 시간	**heure locale** 어흐 로꺌
혈압	**tension artérielle** 떵씨옹 악떼히엘르
혈액형	**groupe sanguin** 그후쁘 썽걍
협상하다	**négocier** 니고씨에
협탁	**table de nuit** 따블르 드 뉘
형제	**frère** 프레흐
호박	**citrouille** 씨트호이으
호박(광물)	**ambre** 엉브흐
호수	**lac** 라크
호출 버튼	**bouton d'appel** 부똥 다뻴
호텔	**hôtel** 오뗄
호텔 리스트	**liste des hôtels** 리스뜨 데 조뗄
호흡	**respiration** 헤스삐하씨옹
호흡하다	**respirer** 헤스삐헤
혼합한	**mélangé(e)** 멜랑제

홍차	**thé (noir)** 떼(누아흐)
화가	**peintre** 뼁트흐
화난	**fâché(e)** 파쉐
화단	**parterre, plate-bande** 빠흐떼흐, 쁠라뜨 벙드
화려한	**voyant** 부아영
화산	**volcan** 볼껑
화상	**brûlure** 브휠뤼흐
화장수	**lotion de beauté** 로씨옹 드 보떼
화장실	**toilettes** 뚜알레뜨
화장실 물을 내리다	**tirer la chasse d'eau** 띠흐에 라 쇼쓰 도
화장지	**papier toilettes** 빠삐에 뚜알레뜨
화장품	**produit de beauté** 프호뒤 드 보떼
화장품 회사	**entreprise de produits de beauté** 엉트흐프히즈 드 프호뒤 드 보떼
화재	**incendie** 앙썽디
화학	**chimie** 시미
확대하다	**agrandir** 아그헝디흐

확인	**confirmation** 꽁피흐마씨옹
확인하다	**confirmer** 꽁피흐메
환경	**environnement** 엉비혼느멍
환경 파괴	**destruction de l'environnement** 데스트훽씨옹 드 렁비혼느멍
환승	**changement** 샹쥐멍
환승	**transit** 트헝지
환승권	**ticket de transfert** 티께 드 트헝스페흐
환승 센터	**comptoir de correspondance** 꽁뚜아흐 드 꼬헤스뽕덩스
환율	**taux de change** 또 드 샹쥬
환자	**patient(e)** 빠씨엉(뜨)
환전	**change** 샹쥐
환전소	**bureau de change** 뷔호 드 샹쥬
환호성	**cris de joie** 크리 드 쥬아
회	**tranche de poisson cru** 트헝슈 드 뿌아쏭 크휘
회사원	**employé de bureau** 엉플루아예 드 뷔호

기본회화 관광 맛집 쇼핑 엔터테인먼트 뷰티 호텔 교통수단 기본정보 단어장

회원증	**carte d'adhérent** 꺄흐뜨 다데헝
회의	**réunion** 헤뉴이옹
회화	**conversation** 꽁베흐싸씨옹
횡단보도	**passage clouté** 빠싸쥬 끌루떼
후추	**poivre** 뿌아브흐
후회	**regret** 흐그헤
훈제	**fumé** 퓨메
훈제된	**fumé(e)** 퓨메
휘장	**écusson** 에뀌쏭
휠체어	**fauteuil roulant** 풔떠일 훌렁
휴가	**congé** 꽁제
휴가	**vacances** 바꼉쓰
휴게실	**salle de repos** 쌀 드 흐뽀
휴대 전화	**téléphone portable** 뗄레폰 뽀흐따블르
휴대용 가방	**bagage à main** 바가쥬 아 망
휴업	**fermeture** 페흐머뛰흐
휴일	**jour ferié** 주흐 페히에
휴지	**Kleenex, mouchoir de papier** 클리네, 무슈아 엉 빠삐에
휴지통	**poubelle** 뿌벨르
흐린	**nuageux** 뉴아주
흡연	**fumer** 휘메
흡연 구역	**coin fumeur** 쿠앙 퓌메
흡연석	**table fumeur** 따블르 퓌메
흡연하다	**fumer** 퓨메
희극	**comédie** 코메디

그 외

100유로 지폐	**billet de 100 euros** 비예 드 썽 떼호
10유로 지폐	**billet de 10 euros** 비예 드 디 제호
1개	**un (une)** 엉 (윈느)
1등석	**première classe** 프허미에흐 끌래쓰
1유로 동전	**pièce d'un euro** 삐에쓰 덩 에호
1인당	**par personne** 빠흐 뻬흐쏜느
1일 여행	**voyage d'une journée** 부아야쥬 뒨느 주흐네
1일의	**d'une journée** 뒨느 쥬흐네
1장	**un billet** 엉 비예
1층	**rez-de-chaussée** 헤 드 쇼쎄
24시간 영업 방	**24 heures sur** 꺄트흐 어흐 쉬흐 방 꺄트흐
2등석	**deuxième (seconde) classe** 두지엠므(스공드) 끌래쓰
2인용 룸	**chambre à un grand lit** 샹브흐 아 엉 그헝 리
2층	**premier étage** 프허미에 에따쥬
2층 전방석	**premierère loges de face** 프허미에흐 로쥬 드 파쓰
2층석	**première loges de côté** 프허미에흐 로쥬 드 꼬떼
AS 센터	**service après-vente** 쎄흐비스 아프레 벙트
CD 가게	**magasin de CDs** 매가장 드 쎄데
VAT	**TVA** 떼베아

단어장

French → Korean

2	
24 heures sur 24 방 꺄트흐 어흐 쉬흐 방 꺄트흐	24시간 영업

A	
accident 악씨덩	사고
accident de la route 악씨덩 드 라 후뜨	교통사고
acheter 아슈떼	사다
acidulé(e) 아씨듈레	시큼하다
addition 아디씨옹	합계
adresse 아드헤쓰	주소
aéroport 아에호뽀흐	공항
œuf 어프	계란
âge 아쥐	나이
ail 아이	마늘
à la carte 아 라 꺄흐뜨	일품 요리
alarme 알라흠므	경고
aller retour 알레 흐뚜흐	왕복 티켓
aller simple 알레 썽쁠르	편도
allergie 알레흐쥐	알레르기
à l'occidentale 아 록씨덩딸	양식
alpinisme 알삐니즘	등산
à manipuler avec précaution 아 마니쀨레 아베끄 프레꼬씨옹	취급주의
ambassade 엉바싸드	대사관
ambassade de Corée(du Sud) 엉바싸드 드 꼬헤 (뒤 쉬드)	한국 대사관
ambulance 엉뷸렁스	구급차
analgésique 어날줴지크	진통제
anémie 아네미	빈혈
anesthésie 아네스떼지	마취술
anglais 엉글래	영어
anniversaire 아니벡쎄흐	기념일
annoncer 아농쎄	연락하다
annuler 아뉼레	취소하다
appareil photo 아빠헤이 포또	카메라
appartement 아빠흐뜨멍	아파트
appareil photo numérique 아빠헤이 포또 뉴메히끄	디지털 카메라
appétit 아뻬띠	식욕
après demain 아프레 드멍	모레
après-shampooing 아프레 셩뿌앙	린스
aquarium 아쿠아히움	수족관
argent 아흐정	돈
argent liquide /espèce/cash 아흐정 리키드 에스뻬쓰 까슈	현금
article détaxé 아흑띠끌 데딱쎄	면세품
arrêt de bus 아헤 드 뷔스	버스 정거장
arrivée 아히베	도착

aspirine 아스피힌느	아스피린
assaisonement 아쌔존느멍	조미료
assiette 아씨에뜨	접시
assurance 아쓔헝쓰	보험
asthme 아즘므	천식
attention 아떵씨옹	주의
aujourd'hui 오쥬흐디	오늘
autocar 오또꺄흐	관광버스
autrefois 오트흐 푸아	옛날에
avion 아비옹	비행기
avoir mal 아부아흐 말	아프다

B

bœuf 붸프	소고기
bagage à main 바가쥬 아 망	수하물
bague 바그	반지
baguettes 바게트	젓가락
balance 발렁스	저울
bandage 벙다쥬	붕대
banque 방끄	은행
bar 바	바
baseball 배즈볼	야구
baseball professionnel 배즈볼 프호페씨오넬	프로 야구
basilique 바질리크	대성당
bateau 바또	배
bateau touristique 바또 뚜히스띠크	유람선
bébé 베베	아기
bibliothèque 비블리오떼크	도서관
bicyclette 비씨클레뜨	자전거
bière 비에흐	맥주
bijou 비주	보석
billet 비예	표
billet d'avion 비예 다비옹	항공권
billet ticket 비예　떼히	티켓
billetterie 비에트히	매표소
blanc/blanche 블랑, 블랑슈	하얀색
blessure 블레쉬흐	상처
bleu 블뤄	파란색
boisson 부아쏭	음료
boîte aux lettres 부아뜨 오 레트흐	편지함
boîte de nuit 부아뜨 드 뉘	나이트 클럽
bonbon 봉봉	사탕
bon marché(e) 봉 막쉐	싸다
bonrécépissé 봉 헤쎄삐쎄	교환증
boulangerie 불렁줘히	빵집
boulevard/avenue/rue 불르바흐, 아브뉴, 휘	거리
boutique hors taxes 부띠끄 오흐 딱쓰	면세점
bouton de chasse d'eau 부똥 드 샤즈 도	세탁 버튼
brochure 브호쉬흐	팸플릿
brosse à dent 브호쓰 아 덩	칫솔
brûlure 브휠뤼흐	화상
bruyant(e) 브휘영(뜨)	시끄럽다
buffet 뷔페	뷔페

bureau de change 뷔호 드 샹쥬	환전소
bureau de change agréé 뷔호 드 샹쥬 아그헤	공인환전소
bureau de poste 뷔호 드 뽀스트	우체국
bureau d'information 뷔호 덩포흐마씨옹	안내소
bus 뷔스	버스
but 뷔	목적

C

cabaret 꺄바헤	카바레
cadeau 꺄도	선물
café 꺄페	커피숍
carnet 꺄흐네	회수권
carotte 꺄호트	당근
carte 꺄흐트	메뉴
carte(de visite) 꺄흐트(드 비지뜨)	명함
carte de crédit 꺄흐뜨 드 크헤디	신용 카드
carte de débarquement 꺄흐뜨 드 데바흐끄멍	입국 카드
carte d'embarquement 꺄흐뜨 덩바흐끄멍	출국 카드 탑승권
carte des vins 꺄흐뜨 데 방	와인 리스트
carte postale 꺄흐뜨 뽀스딸르	엽서
casino 까지노	카지노
ceinture de sécurité 썽뛰흐 드 쎄큐히떼	안전벨트
ce jour-là／le jour même 쓰 쥬흐 라, 르 쥬흐 멤므	당일
célébre／connu 쎌레브흐 꼬뉘	유명한
cendrier 썽드히예	재떨이
centre 썽트흐	중심
céramique 쎄하미크	도예
cerise 쎄히즈	버찌
chambre 샹브흐	방
chambre à deux lits 샹브흐 아 두 리	트윈룸
change／monnaie 샹쥬, 모내	거스름돈
changer 샹줴	바꾸다
chapeau 샤뽀	모자
chat 샤	고양이
chaud(e) 쇼(드)	덥다
chauffage 쇼파쥬	난방
chauffeur 쇼퍼흐	운전수
chaussettes 쑈세뜨	양말
chaussures 쑈쉬흐	구두
check-in／enregistrement 체크 인, 엉헤지스트흐멍	체크인
check-out／départ 체크 아웃, 데빠	체크아웃
chemin de fer 슈망 드 페흐	철도
chemin 슈망	길
chèque 쉐크	수표
chèque de voyage 쉐크 드 부아야쥐	여행자 수표
cher(ère) 쉐(흐)	비싸다

chercher 쉐흑쉐	찾다
chewing-gum 츄잉 검므	껌
chien 샹	개
ciseaux 씨조	가위
climatiseur 클리마띠저흐	에어콘
cocktail 꼬끄땔르	칵테일
code 꼬드	비밀번호
coffre 꼬프흐	금고
colis/paquet 꼴리, 빠께	소포
colle 꼴	풀
collier 꼴리에	목걸이
commander 꼬몽데	주문하다
commissariat de police 꼬미싸히야 드 뽈리쓰	경찰서
commission 꼬미씨옹	수수료
communication interurbaine 꼬뮤니꺄씨옹 앵떼휘흐반느	장거리 전화
communication urbaine 꼬뮤니꺄씨옹 위흐반느	시내통화
compagnie 꽁빠니	회사
concierge 꽁씨에흐쥬	컨시어지
confier 꽁피에	맡기다
consigne automatique 꽁씬느 오또마띠끄	코인 로커
constat d'accident 꽁쓰따 당씨덩	사고증명서
constipation 꽁스띠빠씨옹	변비
coordonnées 꼬오흐도네	연락처
copie 꼬삐	복사
corps 꼬흐	몸
côté fenêtre 꼬떼 프네트흐	창가 쪽
coton 꼬똥	면
cou 꾸	목
coude 꾸드	팔꿈치
couler 꿀레흐	흐르다
couleur 꿀러흐	색
couloir 꿀루아흐	복도
coupon 꾸뽕	쿠폰
courir 꾸히흐	달리다
court(e) 꾸흐(뜨)	짧다
couverture 꾸베흐뛰흐	모포
cravate 크하바트	넥타이
crevette 크헤베트	작은 새우
cuiller 뀌이에	숟가락
cuisine 뀌진느	부엌/요리
culture 뀔뛰흐	문화
cuvette 뀌베뜨	변기

D

danger 덩줴	위험
danse 덩쓰	무용
date de départ 다뜨 드 데빠	출발일
décapsuleur 데깝쐴러흐	마개 따개
déclaration 데끌라하씨옹	신고
défense de stationner 데펑쓰 드 스따씨오네흐	주차금지
dehors 드오흐	밖
délicieux 델리씨유	맛있다

demain 드망	내일
dent 덩	이
départ 데빠	출발
dépôt 데뽀	예금
dernier train 데흐니에 트항	마지막 열차
dessert 데쎄흐	디저트
dessin 데쌍	디자인
destination 데스티나씨옹	행선지
développement 데블로쁘멍	성장
différence 디페헝스	차이
différent(e) 디페헝(뜨)	다르다
difficile 디피씰	어렵다
dîner 디네	저녁식사
direction 디헥씨옹	방향
discothèque 디스코떼크	무도장
distributeur automatique 디스트히뷰떠흐 오또마띠끄	자동발매기
document 도큐멍	서류

doigt 두아	손가락
douane 두안	세관
douche 두슈	샤워
douleur 둘러흐	고통
droite 두화뜨	오른쪽
durée de validité 듀헤 드 발리디떼	유효 기간

E

eau 오	물
eau chaude 오 쇼드	따뜻한 물
eau gazeuse 오 가쥬즈	탄산수
eau minérale 오 미네할	미네랄 워터
eau plate 오 쁠라뜨	탄산 없는 물
échantillon 에셩띠용	견본
écharpe 에샤흐쁘	스카프
école 에꼴	학교
écrire 에크히흐	쓰다
effet 에페	효과
église 에글리즈	교회

emballage 엉발라쥬	포장
embarquement 엉바흐끄멍	탑승
entrée 엉트헤	입구/입장/ 들어가다
enveloppe 엉블로프	봉투
envoyer 엉부아예	보내다
épais (se) 에빼(쓰)	두껍다
épaule 에뽈	어깨
épuisé/complet 에쀠제, 꽁쁠레	매진
escalier 에스꺌리에	계단
espèces 에스베쓰	현금
essence 에썽쓰	가솔린
est 에스트	동쪽
étudiant(e) 에뛰디엉(뜨)	학생
excel 액셀	액셀
exposition 엑스뽀지씨옹	전람회
exprès 엑스프헤	급행

F

facile 파씰	간단한
facture 팍뛰흐	청구서

faire des recherches 패흐 데 흐쉐흑슈	검색하다
fait à la main 패뜨 아 라 망	수제의
famille 파미으	가족
fatigué(e) 파띠게	피곤하다
fauteuil roulant 푸떼이으 훌렁	휠체어
fax／télécopie 팍쓰, 뗄레꼬삐	팩스
fébrifuge 페브히퓨쥐	해열제
femme 팜므	여성
fer à repasser 페흐 아 흐빠쎄	다리미
fermer 페흐메	닫다
fermeture 페흐머뛰흐	폐점
fête 페뜨	축제
fièvre 피에브흐	열
fille 피으	딸
film 필므	영화
fils 피스	아들
fin(e) 팡(판느)	산뜻하다
flash interdit 플라쉬 엉떼흐디	플래시 금지
fond 퐁	바닥
formulaire de déclaration douanière 포흐뮬래흐 드 데끌라하씨옹 두아니에흐	세관 신고서
fourrure 푸휘흐	모피
fragile 프하질르	깨지기 쉽다
frais 프해	운임
frais d'hôtel 프해 도뗄	숙박료
froid(e) 푸아(드)	춥다
fruit 프휘	과일

G

garçon 갸흐쏭	종업원
gare 갸흐	역
gare routière 갸흐 후티에	(장거리 버스의) 정류소
gauche 고쉬	왼쪽
gilet de sauvetage 질레 드 소브따쥬	구명조끼
glace 글라쓰	얼음
gobelet en carton 고블레 엉 꺄흐똥	종이컵
gouttes pour les yeux 구뜨 뿌흐 레 지유	안약
grand magasin 그헝 마가장	백화점
gratuit 그하뛰	무료
groupe sanguin 그후프 쌍갱	혈액형
guichet 기셰	매표소
guide 기드	가이드북

H

hall de départ 올 드 데빠	출발 로비
haut(e) 오(뜨)	비싸다
hauteur 오떠흐	높이
heure de fermeture 어흐 드 페흐머뛰흐	폐관 시간
heure d'ouverture 어흐 두베흐뛰흐	개관(영업) 시간
heure locale 어흐 로꺌	현지시간
hier 이에	어제
hôpital 오삐딸	병원
horaire 오해흐	시간표

hors taxes 오흐 딱쓰	면세
hôtel 오뗄	호텔
I	
il fait beau 일 패 보	날씨가 좋다
imitation 이미따씨옹	모조품
immigration 이미그하씨옹	입국 심사
insecte 엉쎅크트	곤충
instantané 앵스떵따네	인스턴트
instruction 엉스트획씨옹	설명서
Internet 앵떼흐네	인터넷
interprète 엥떼흐프헤뜨	통역하다
invitation 엉비따씨옹	초대
J	
jardin 쟈흐당	정원
joli(e) 졸리	귀엽다
journal 쥬흐날	신문
K	
taekwondo 태권도	태권도
ketchup 케첩	케첩
L	
laine 랜	울/모직물
lait 래	우유
lampe 렁프	램프 전등
langue 렁그	언어
large 라흐쥬	넓다
laver 라베	씻다
lég er(ère) 레줴(흐)	가볍다
lentement 렁뜨멍	천천히
les prix 레 프히	물가
lettre 레트흐	편지
l'heure d'embarquement 러흐 데바흐끄멍	탑승 시간
l'heure de départ 러흐 드 데빠	출발 시간
l'heure(fixée) 러흐(픽세)	정각
librairie 리브해히	서점
libre service 리브흐 쎄흐비스	셀프 서비스
ligne intérieure 링느 엉떼히어흐	국내선
ligne internationale 링느 엉떼흐나씨오날르	국제선
lin 렁	마
liquide 리키드	액체
liste 리스트	표
lit 리	침대
lit supplémentaire 리 쉬쁠레멍때흐	엑스트라 침대
livre 리브흐	책
local(e) 로꺌(르)	현지의
loin 루앙	멀리
long(ue) 롱(그)	길다
lourd 루흐	무겁다
lunettes 뤼네뜨	안경
M	
magasin d'alimentation 마가장 달리멍따씨옹	식료품점

magasin de vêtements 마가장 드 베뜨멍	옷가게
magasin/ boutique 마가장, 부띠끄	가게
main 망	손
maison 매종	집
mal de tête 말 드 떼뜨	두통
mal de ventre 말 드 벙트흐	복통
marché 막쉐	시장
marmelade 마흐믈라드	마멀레이드
massage 마싸쥬	마사지
matin 마땅	아침
mauvais(e) 모배(즈)	나쁜
mayonnaise 마요내즈	마요네즈
médecin 멘쌍	의사
médicament 메디꺄멍	약
médicament chinois 메디꺄멍 씨누아	한방약
médicament contre la constipation 메디꺄멍 꽁트흐 라 꽁스띠빠씨옹	변비약
médicament contre le rhume 메디꺄멍 꽁트흐 라 휨므	감기약
menu 므뉴	세트 메뉴
message 메싸쥬	메시지
météo 메떼오	일기예보
métier 메티에	직업
métro 메트호	지하철
meuble 머블르	가구
mineur 미너흐	미성년
miroir 미후아흐	거울
mise en plis 미 정 쁠리	머리 손질을 받다
monde 몽드	세계
montagne 몽딴느	산
montre/ horloge 몽트흐, 오홀로쥬	시계
mou(molle) 무(몰)	부드럽다
mouchoir 무슈아흐	손수건
moustique 무스띠크	모기
mouton 무똥	양고기
mûr(e) 뮈흐	익은
musée 뮤제	박물관
musique 뮤지크	음악

N

natation 나따씨옹	수영
national(e) 나씨오날(르)	국립의
nationalité 나씨오날리떼	국적
nature 나뛰흐	자연
navette de l'aéroport 나베뜨 드 라에호뽀흐	리무진 버스
neige 네쥬	눈
nettoyage 네뚜아야쥐	청소
nettoyage en cours 네뚜아야쥐 엉 꾸흐	청소 중
nom 농	이름
non fumeur 논 퓨머흐	금연
nord 노흐	북쪽
nouilles chinoises 누이으 시누아즈	라면

nouveau (nouvelle) 누보(누벨)	새롭다
nouvelle 누벨	뉴스
nuit 뉘	야간
numéro de chambre 뉴메호 드 샹브흐	방 번호
numéro de place 뉴메호 드 쁠라쓰	좌석 번호
numéro de porte 뉴메호 드 뽀흐뜨	게이트 번호
numéro de réservation 뉴메호 드 헤제흐바씨옹	예약 번호
numéro de téléphone 뉴메호 드 뗄레폰	전화번호
numéro de vol 뉴메호 드 볼	비행기 편명

O

objet de valeur 오브제 드 발러흐	귀중품
objet à déclarer 오브제 아 데끌라헤흐	신고품
objets perdus 오브제 뻬흐뒤	분실물
objets trouvés 오브제 트후베	분실물 취급소
occupation 오큐빠씨옹	직업
occupé 오큐뻬	사용중/통화중
office de tourisme 오피쓰 드 뚜히즘	관광안내소
oiseau 우아조	새
oncle 옹끌르	삼촌
opération 오뻬하씨옹	수술
ordinateur 오흐디나떠흐	컴퓨터
ordonnance 오흐도넝쓰	처방
oreiller 오헤이예	베개
ouest 웨스트	서쪽
ouvert 우베흐	영업중
ouvrage manuel 우브하쥬 마뉴엘	수예품
ouvrir 우브히흐	열다

P

paiement différé 페이멍 디페헤	후불
paille 빠이으	빨대
panne d'électricité 빤 델렉트힉씨떼	정전
pantalons 뻥딸롱	바지
parking 빠흐낑	주차장
parler 빠흘레	말하다
passeport 빠쓰뽀흐	여권
passe-temps favori 빠쓰 떵 패보히	취미
pâte de soja/tofu 빠뜨 드 쏘자, 또푸	두부
payant(e) 뻬이영(뜨)	유료의
pays 뻬이	국가
paysage 뻬이자쥐	경치
P.C.V. 뻬쎄베	콜렉트 콜
peau 뽀	피부
pêche 뻬슈	낚시
pellicule 뻴리뀔르	필름
permanente 뻬흐마넝뜨	파마
permis de conduire international 뻬흐미 드 꽁뒤흐 엉떼흐나씨오날	국제 운전 면허증
perte 뻬흐뜨	분실
petit déjeuner 쁘띠 데쥬네	아침 식사
peu profond 뿌 프호퐁	얕다

pharmacie 파흐마씨	약국
photo 포또	사진
photographies interdites 포또그하피 엉떼흐디뜨	촬영금지
pickpocket 픽뽀께뜨	소매치기
pièce 피에쓰	동전
piment 삐멍	고추
piqûre 삐뀌흐	주사
place 쁠라쓰	좌석
place fumeur 쁠라쓰 퓨머흐	흡연석
place libre 쁠라쓰 리브흐	공석
place non fumeur 쁠라쓰 드 퓨머흐	비흡연석
place réservée 쁠라쓰 헤제흐베	지정석 / 예약석
plafond 쁠라퐁	천장
plan 쁠랑	지도
plan de ville 쁠랑 드 빌	시내지도
plan des lignes 쁠랑 데 링느	노선도
plat d'accompagnement 쁠라 다꽁빤뉴멍	반찬
pluie 쁠뤼	비
poivre 뿌아브흐	후추
police 뽈리쓰	경찰
politesse 뽈리떼쓰	예의
porc 뽀흐	돼지고기
portable 뽀흐따블르	휴대전화
porte d'embarquement 뽀흐뜨 덩바흐끄멍	탑승 게이트
portefeuille 포흐뜨뛰이으	지갑
possible 뽀씨블르	가능
poste 뽀스트	우편
poste de police 뽀스트 드 뽈리쓰	파출소
poste d'essence／station-service 뽀스트 데썽쓰, 스따씨옹 쎄흐비스	주유소
poteries et porcelaines 뽀트히 에 드 뽀흐쓸랜느	도자기
poubelle 뿌벨르	쓰레기통
poulet 뿔레	닭고기
pourboire 뿌흐부아흐	팁
pour enfants 뿌흐 앙펑	유아용
pousser 뿌쎄	밀다
premier train 프허미에 트항	첫 차
prendre 프헝드흐	타다
préparation salée de poisson cru ou de seiche crue 프헤빠하씨옹 살레 드 뿌아쏭 크휘 우 드 쎄슈 크휘	젓갈
président 프헤지덩	대통령
prévision 프헤비지옹	예상 / 예측
prix 프히	가격
prix de la chambre 프히 드 라 샹브흐	숙박료
prix de la course 프히 드 라 꾸흐쓰	택시비
prix de voyage 프히 드 부아야쥐	여행 경비
prix marqué 프히 마흐께	정가표
prix minimum 프히 미니멈	최저 요금
programme 프호그햄	프로그램
projet／plan 피호제, 쁠랑	예정

publicité 삐블리씨떼	광고
pur(e) 쀠흐	순수한

R

radio 하디오	라디오
radiographie 하디오그하피	X선
radis 하디	무
ranger 헝줴	정리하다
rare 하흐	드물다
rasoir 하주아흐	면도칼
réception 헤셉씨옹	프론트
recevoir 흐쓰부아흐	~을 받다
reconfirmer 흐꽁피흐메	재확인하다
reçu 헤쉬	영수증
redélivrer 흐델리브헤흐	재발행
redevance téléphonique 흐드벙쓰 뗄레포니크	전화요금
réduction 헤뒥씨옹	할인
réfrigérateur ⁄ frigo 프히제하뗘흐, 프히고	냉장고
région 헤지옹	지역 / 지방
règle 헤글르	규칙
relevé ⁄ bordereau 흘르베, 보흐데호	명세서
religion 흘리지옹	종교
rencontrer 헝꽁트헤	만나다
renvoyer 헝부아예	반송하다
repas 흐빠	식사
reporter 흐뽀흐떼	연기하다
représentation 흐프헤정따씨옹	상연
réservation 헤제흐바씨옹	예약
réserver 헤제흐베	예약하다
restaurant 헤스또헝	레스토랑
réveil 헤베이으	자명종
rhume 휨므	감기
rivière 히비에흐	강
riz 히	쌀
robe 호브	원피스
rouge 후즈	빨간색
rouge à lèvres 후즈 아 레브흐	립스틱
route barrée 후뜨 바헤	통행금지
ruines 휜느	유적

S

sac 싹	가방
sac en papier 싹 엉 빠삐에	종이가방
saigner 싸녜	출혈하다
saison 쌔종	계절
saké 사케	사케
sale 쌀	더럽다
salle à manger 쌀 라 멍줴	식당
salle d'attente 쌀 다떵뜨	대기실
salle de repos 쌀 드 흐뽀	휴게실
sang 썽	피
sans additif 썽 자디티프	무첨가
sans colorant 썽 꼴로헝	무색소
savon 싸봉	비누
séchoir à cheveux 쎄슈아 아 슈부	드라이어
secret 씨크헤	비밀
sécurité 세큐히떼	안전
se dépêcher 쓰 데뻬쉐	서두르다

프랑스어	한국어
sel 쎌	소금
séparément 쎄빠헤멍	개별
service 쎄흐비스	서비스 요금
service à l'étage 쎄흐비스 아 레따쥬	룸 서비스
service de réveil 쎄흐비스 드 헤베이으	모닝콜
serviette 쎄흐비에뜨	타월
serviette de bain 쎄흐비에뜨 드 방	목욕 타월
sexe 섹쓰	성별
shampooing 셩뿌앙	샴푸
shopping 쑈삥	쇼핑
siège 씨에쥬	좌석
signature 씨냐뛰흐	사인 / 서명
simple 썽쁠르	간단한 / 솔직한
soie 쑤아	비단
solde 썰드	바겐 세일
sombre 쏭브흐	어둡다
sortie 쏘흐띠	출구
sortie de secours 쏘흐띠 드 쓰꾸흐	비상구
soupe 수프	수프
sourcil 쑥씨	눈썹
sous 수	아래
souvenir 쑤브니흐	기억
spécial(e) 스페시알	특별한
spécialité 스페시알리떼	특산품
spectateur 스펙딱떠흐	관객
station de métro 스따씨옹 드 메트흐	지하철역
station de taxi 스따씨옹 드 딱씨	택시 정거장
sucre 쉬크흐	설탕
supérette 쉬뻬헤뜨	편의점
supermarché 쉬뻬막쉐	슈퍼마켓
supplément 쉬쁠레멍	할증 요금
sur 쉬흐	위

T

프랑스어	한국어
tabac 따바	담배
table 따블르	테이블
tache 따슈	점
taille 따이으	사이즈
tante 떵뜨	고모 / 이모
tarif 따히프	가격표
tarifs postaux 따히프 뽀스또	우편요금
taux de change 또 드 샹쥬	환율
taxe 딱쓰	세금
taxe d'aéroport 딱쓰 다에오뽀흐	공항세
taxi 딱씨	택시
télégramme 뗄레그함	전보
téléphone 뗄레폰	전화
téléphoner 뗄레포네	전화를 걸다
télévision / télé 뗄레비지옹 뗄레	텔레비전
température 떵뻬하뛰흐	기온 / 체온
temple 떵쁠르	사원
temps 떵	날씨
temps libre 떵 리브흐	자유시간
tennis 떼니쓰	테니스
tension artérielle 떵씨옹 악떼히엘르	혈압

terre 떼흐	땅
thé(noir) 떼(누아흐)	홍차
théâtre 떼아트흐	극장
thermomètre 떼흐모메트흐	체온계
ticket／billet 띠케 / 비예	티켓
timbre 떵브흐	우표
tirer 티헤	당기다
toilettes 뚜알레뜨	화장실
toit 투아	지붕
tôt 또	일찍
tourisme 뚜히즘	관광
tout droit 뚜 두화	직진하다
train 트항	기차
train rapide 트항 하삐드	특급 열차
traitement 트해트멍	치료
travail 트하바이	일
TVA 떼베아	부가세 (VAT)

V

vacances 바깡쓰	휴가/ 바캉스
venir 브니흐	오다
vent 벙	바람
vernis à ongles 베흐니 아 옹글르	매니큐어
verre 베흐	유리 잔
vieux 비유	오래되다
ville 빌	거리
vinaigre 비내그흐	식초
visiteur 비지떠흐	방문객
vitraux 비트호	스테인드 글라스
voiture 부아뛰흐	자동차
voiture de location 부아뛰흐 드 로까씨옹	렌터카
vol 볼	도난
vol d'agrément 볼 다그헤멍	유람 비행
voleur 불러흐	도둑
vomir 보흐미	토하다
voyage 부아야쥐	여행

Z

zoo 주	동물원

여행 프랑스어 co-Trip ことりっぷ

초판 인쇄일 2023년 1월 15일
초판 발행일 2023년 1월 27일

지은이 코트립 편집부
옮긴이 황유진, 임휘준
발행인 박정모
등록번호 제9-295호
발행처 도서출판 혜지원
주소 (10881) 경기도 파주시 회동길 445-4(문발동 638) 302호
전화 031) 955-9221~5 팩스 031) 955-9220
홈페이지 www.hyejiwon.co.kr

기획 박혜지
진행 박혜지, 박주미
디자인 조수안
영업마케팅 김준범, 서지영
ISBN 979-11-6764-048-2
정가 13,000원

co-Trip KAIWA CHOU ことりっぷ 会話帖